李晓敏 — 主编

唐人的一天

济南出版社

图书在版编目（CIP）数据

唐人的一天 / 李晓敏主编. -- 济南：济南出版社，2025.5. -- ISBN 978-7-5488-6991-7

Ⅰ．K242.09

中国国家版本馆 CIP 数据核字第 2025CE1079 号

唐人的一天
TANG REN DE YITIAN

李晓敏　主编

出　版　人	谢金岭
图 书 策 划	张雪丽
责 任 编 辑	董慧慧　张　爽　李韫琬
封 面 设 计	纪宪丰
封面图绘制	李冉冉
出 版 发 行	济南出版社
地　　　址	山东省济南市二环南路 1 号（250002）
总　编　室	0531-86131715
印　　　刷	济南新先锋彩印有限公司
版　　　次	2025 年 5 月第 1 版
印　　　次	2025 年 5 月第 1 次印刷
成 品 尺 寸	170mm×240mm　16 开
印　　　张	21
字　　　数	280 千字
书　　　号	ISBN 978-7-5488-6991-7
定　　　价	79.00 元

如有印装质量问题　请与出版社出版部联系调换
电话：0531-86131736

版权所有　盗版必究

走近他（她）普通的一天

唐风拂面，盛世浮生。你是否曾好奇、曾想象，在那个闪耀着璀璨光芒的时空里，一个唐代人，如何在晨钟暮鼓间度过他（她）的一天？他（她）如何着装？如何饮食？如何会友？如何赚钱？如何守边疆？如何诉衷肠？在他（她）生活的时代，发生了什么历史事件？他（她）又如何被影响？丝绸之路上缓缓行进的驼队有谁曾遥望？贺兰山里纷纷落下的雪片又曾砸在谁的心上？……

"唐人的一天"，源自我所设计和教授的"中国古代史"的课程作业之一，最初的灵感源自于赓哲老师《唐人张九奴的一天》一文的启发。作业要求学生细致描写唐代某一个人某一天的生活，人物、故事均可虚构，但历史背景和生活细节都要有史料支撑，目的是让学生通过拟写历史故事，深刻体会和理解历史长河中每一个生命个体的角色和价值，对历史产生真实感、亲切感和敬畏感。同时，

在写作过程中，学生通过查阅诸多史料对历史细节进行深入刻画，能够体会历史真实、历史记录和历史书写的魅力。

这个作业的安排从设想到成熟已有十多年时间，每一年都诞生了诸多精彩之作。我们将这些精彩的故事进行了更加精心的筛选与反复修改，汇集于此，是想通过它们带大家走进千年前的唐代。这些虽然是故事，有许多虚构成分，但没有架空历史，没有张冠李戴，每一个情节都是对唐代社会的真实写照，每一处看似随意的勾勒，背后都有扎实的史料和丰厚的史学研究成果作支撑。当然，为了方便更多读者阅读，我们对史料的注释进行了简化与通俗化修改。

在创作过程中，作者们细心拾取，透过历史，展开丰富且符合史实的想象：或以第一视角"穿越"，或以第三视角旁述记录，试图真实再现一个唐人的"那天的那些事儿"。故事里的这些唐人，既有地位显赫的皇亲贵胄，也有耳熟能详的贤臣名士，但更多的是鲜为人知的市井小民，如戍边士兵、底层小吏、僧人、道士、诗人、商人、农夫、宦官、游医……透过他们生活的细节，让读者全景式感受到不同阶层的唐人真实、饱满的精神状态，近距离触摸历史画面，感受历史人物的情感变化。

"世俗味"与"烟火气"，让这些故事独具"体验性"。唐朝是我国古代最繁荣的朝代之一，大唐盛世彰显了中国风度、中国气派。一直以来，关于唐代社会生活的科普作品层出不穷，广受读者欢迎。《唐人的一天》跳出用内容分类展示社会生活的模式，将唐代的日常生活和风俗凝聚在"一个人""一天"的起居故事中，运用"虚拟历史＋学术研究"的有效融合，用微观视角生动描绘唐代历史背景、人物风貌及社会生活场景，让读者看到千年前不同身份、性别、阶层的人最细致精微的生活风貌。这些故事，就像一幅幅徐徐展开的唐人百态生活画卷，让人虽未"穿越"却身临其境。

本书在保证学术权威性和普及性的基础上，对历史普及阅读进行了创新发展，做出了新的尝试。在学术研究与大众阅读之间搭起了桥梁，希望给大家带来一堂干货满满的唐代社会生活史课。一个个鲜活的人物，一个个生动的场景，再加上符合历史背景的细节，这其实就是对中华优秀传统文化的创造性转化和创新性发展。

  林林总总，点点滴滴，让我们寻着千年未褪的茶渍与墨痕，再次走近那些湮没于史册的人。在遥远的时空里，他们像我们一样，生动地活着，谈笑着，奔波着，追寻着，守护着……

目 录

忆昔 /1
——民部尚书裴矩的一天

幽州渡二郎进城记 /7

黄沙百战穿金甲 /14
——戍边将士李仁武的一天

初识 /21
——房玄龄女儿相亲日

何况蘼芜绿，空山不见人 /29
——李桂娘夫妇和离记

正字宇文思的一天 /40

书生意气，挥斥方遒 /44
——王勃写《滕王阁序》那天

鬼蜮含沙 /54
——酷吏来俊臣的一天

开元烽堠一小兵 /62
——戍边士兵孟胜才的一天

有生于无 /85
——道士裴仲卿的一天

碎银几两为生活 /97
——胡商康禄山的一天

淬镜少年 /104
——小道士方山子的一天

药商裴三郎在西市 /109

秀才张鸣鹤的一天 /113

长安太平记 /119
——昆仑奴摩霄的一天

酒肆老板张士荣的一天 /125

忽有故人心上过 /133
——阿蛮西市遇故人

首领太监徐四的一天 /144

大漠魂 /148
——安西军校尉郭二在怛（dá）罗斯城下的第五日

残阳 /157
——宰相韦见素的一天

山雨欲来，西京仍醉 /170
——给事中裴士淹的一天

侠客行 /181
——少年游侠归心的一天

何去何从 /186
——户县主簿李质的一天

日昳兴平，暗流涌动 /191
——禁军齐泓棣在马嵬兵变这一天

何以为家 /200
——士兵刘贵的一天

万寿无疆 /217
——农妇窦二娘的一天

贺兰雪 /225
——游医沈晏的一天

民心如水国似舟 /248
——退伍士卒老李的一天

糖耗子 /261
——吹糖小贩郝祥奴的一天

罪犯梁悦的一天 /267

一日看尽长安花 /272
——诗人孟郊中榜那天

再寻一个大唐盛世 /281
——王载与好友李匡聚会的一天

长路漫浩浩 /291
——老农张荣宝被迫从军那天

画眉深浅入时无 /297
——朱可久"行卷"京城的一天

僧人释从善的一天 /304

山海不可平 /309
　　——杜牧寻茗下酒

玉楼逢春 /320
　　——郑举举做媒记

忆昔
——民部尚书①裴矩②的一天

唐十七娘有话说

①六部中民部的最高长官，掌管国家财政，包括管理户口、征收税收、统筹国家经费等。唐高宗永徽元年（650），为避讳李世民的"民"字，改民部为户部。

②裴矩（547—627），本名裴世矩，字弘大，河东闻喜（今山西闻喜）人。隋唐时期政治家、外交家、战略家、地理学家。

③唐代的五更二点是现在的五点半左右。

当朝阳的金辉还在云层中藏匿，预备着迸发时，长安城里太极宫承天门的城楼上已响起了第一声报晓鼓。此时正值五更二点③，整个长安城尚在睡梦中，但随着各条南北大街上的鼓楼依次跟进，这座偌大的、威严的皇城开始慢慢苏醒，准备迎接即将喷薄而出的朝阳和崭新又热闹的一天。

其实，早在第一声鼓响之前，裴矩就已醒来了，除了他素有早起的习惯，还有一个原因，那就是，不知道为什么，最近几天夜里，他总是睡不好，总想起一些从前的事。他想起幼时在老家跟伯父刻苦读书的日子，想起当年平定岭南、讨伐突厥的壮志雄心与满腔热血，还有那三次这辈子最难忘的西域之行，还有……

接着响起的一波报晓鼓，将裴矩的思绪拉回现实。他估摸着府中众人也应该收拾得差不多了，况且今天陛下要在宫中设宴，得提前做好充分的准备。此时，婢子和离

①唐代高级官员有一个表示身份的鱼符，以袋盛之，称为"鱼袋"。三品以上官员的鱼袋以金饰之，称为金鱼袋。五品以上官员的鱼袋以银饰之，称为银鱼袋。

②在唐代，奴仆对主人的称谓有大家、家主、主家、家长、主父、主君等。

③过水面及凉面一类食品。原为宫廷食品，唐代夏日朝会，供应给官员的食物有"槐叶冷淘"，是令人爽心适口的消暑佳食。

奴也早已备好洗漱用品和衣物在门口候着了。陛下平日里最是看重朝臣的礼俗，今日设宴，按规定得穿朝服，所以裴矩早在前一天就吩咐离奴备好了。"离奴，把朝服拿进来吧！"冠、帻、缨、簪导、皂领、襈、裾、白裙襦（即裙衫），革带、钩䚢（wěi）、假带、曲领方心、绛纱蔽膝、袜、舄（xì）、剑、珮、绶，一件都少不得。"对了，离奴，鱼符①可备好了？可万万不能忘了，今日是陛下继位以来首次设宴，若不能按时进宫赴宴，定要怪罪的。"

"放心吧，主家②，奴怕误事，昨晚就准备好了，今早又检查了好几遍，不会出差错的。"离奴答道。裴矩会心一笑，接着吩咐道："离奴，你去备马，咱们今日还是去外面吃早食。"

这个时节，家里早上只备有冷淘面③。虽然正值暑夏，但已近八旬的年龄早不允许裴矩吃生冷的东西了。近几年，每年从立夏开始，裴矩就只在外面吃早食，一来不干扰府中其他人的饮食习惯，二来也可以换换口味，顺便了解一下市井生活。此时的坊门还

唐代铜制鱼符

没开，虽然只有坊门旁边几家早餐店，早餐种类也不多，但想要饱腹还是绰绰有余的。再三检查，收拾齐整后，裴矩正式出发。"离奴，咱们今日还如常去坊门边那家胡食①店，他家的胡食最是正宗。"裴府距离坊门只有几里路，不一会儿就到了。

走进店，掌柜高鼻深目，满脸络腮胡，一看就知道来自西域。他家的胡饼在此坊若称第二，那绝无人敢称第一。你瞧，这还没到店里呢，胡饼②的香味就早已溢满整个里坊了。"掌柜，今日要一张肉胡饼。"裴矩对掌柜说，又问离奴，"离奴，你想吃什么？""主家，奴只要一张最普通的胡饼即可。"离奴高兴地说。不多时，掌柜便端来两张饼："二位的饼好了！"只见盘中整齐地摆放着裴矩主仆二人的饼，皆色泽金黄，面脆油香。尤其这肉胡饼，不但可饱腹③，味道、口感也非常正宗，饼皮酥脆焦香，内馅软糯可口，只需一口，饼香和肉香便流于唇齿间，跟裴矩当年在西域吃的一模一样。

也不知从什么时候起，或是在前朝那三次西域之行后，抑或是长安城盛行胡饼后，裴矩对西域的吃食从开始的不太适应变成现在的日日都离不开了，连他自己都说，"旁人是不可一日不读书，而我是不可一日不吃胡食"。肉胡饼吃罢，再来一杯葡萄酒④解腻，何其美哉，何其乐哉！裴矩想：陛下今日在宫中只设宴不议政事，看天色离

① 烧饼等都被唐人称为胡食。

② 胡饼类似于现代的芝麻烧饼。用白面做好面坯，抹上油，撒点芝麻，放进炉子里烤熟。唐代的胡饼有素胡饼、肉胡饼等几类。

③ 当时的胡饼，每个用面半升，个头很大。

④ 茶在唐代以前虽已出现，但远远谈不上普及，至少到武则天时期还是以酒待客，喝茶的人还很少。此时，西北民族多饮葡萄酒。

宴会开始还有一阵子，与其站在宫门与那些老家伙絮叨，还不如在这店里多待一会儿。

坊里家家户户的窗里陆续透出光亮，忙碌的声音此起彼伏。再看一旁的离奴，竟又打起瞌睡来。此时的店里只有裴矩这一桌客人，除了欣赏万家灯火和渐渐黯淡的星光，他就只能干坐着。裴矩环视了一圈，叫醒了离奴："离奴，你去问问掌柜愿不愿意跟老朽随便聊聊。""好的，主家，奴这就去问。"离奴迅速起身走向掌柜："店家，奴家主想同你随便聊聊，不知方便否？""当然当然，荣幸之至。"其实裴矩以前也跟这位掌柜的聊过几次，但每次都因为要赶着上朝，没说几句客套话便匆匆离开了。

俩人你一句我一句聊得起劲，离奴在旁边听得一脸迷惑，小声嘀咕："明明都是说话，我为何一句都听不懂呢。他们在说些什么啊？"也怪不得离奴听不懂，裴矩和掌柜说的不是唐朝的官话而是胡人的地方话。裴矩早年有在西域生活的经历，对胡人的语言早就掌握得八九不离十了。"掌柜，实不相瞒，老朽早年有幸去过几次西域，对那里的风土人情有所了解。说起来与西域也算有缘分，这辈子历经三朝，大都与西域有千丝万缕的联系。不是吹嘘，当年老朽曾一力促成西域商人的贸易盛会，现在想想，真可谓恢宏盛大，啧啧啧……"

裴矩的坦诚引得掌柜也谈兴大发，说起自己的经历：

"裴相，是愚眼拙了，今天才知道，原来您就是当年为我们西域商人开通中原经商之路的大恩人！要不是您，恐怕愚今日也到不了这长安城。实不相瞒，同愚一起来长安做生意的还有好几个老乡，他们的居所在不同的里坊，家人也都在，算是在长安城定居下来了①。虽谈不上富贵，但也衣食无忧。每年上元节，大家还可以出来小聚观彩灯，日子过得倒也算自在快活。"

听到掌柜的这番话，裴矩心中不禁涌起欣慰，自己曾经呕心沥血的付出，到今日终算有所回报。"家主，时辰不早了，该去宫里了。"离奴提醒道。

待至宫中，裴矩被宫人引到自己的坐榻前，跪坐②等待。不多时，陛下到场，宴会正式开始。宴会上美食琳琅满目，光是主食就有好几种，有正流行的雕胡饭③、蟹黄饆饠④、樱桃饆饠、蒸饼⑤等胡食，还有更为精致的清风饭、御黄王母饭、团油饭⑥……除主食外，糕点名目也丰富至极，有七返膏、水晶龙凤糕、玉露团等。但刚吃过早饭的裴矩对桌上摆的菜品并不十分在意，他本无心这种宴会，只自顾自回味着与胡食店掌柜的对话。

宴会上的乐曲一波接着一波，时而悠扬，时而激昂。忽然，在铿锵有力的《秦王破阵乐》⑦后，奏起了由西域传入的《凉州曲》⑧。这熟悉的音律，让裴矩的思绪飘回了二十年前。他想起了第一次前往张掖时的雄心壮志，想

①唐代迁居长安的胡人很多。

②唐代坐具为榻，在正式场合需采用跪坐或跽坐、正襟危坐等隆重端庄的坐姿。

③雕胡是菰这种植物的果实，又称菰米。雕胡饭为唐代人所喜爱。

④一种包有馅心的面制点心。

⑤唐代人说的蒸饼包括了现代的包子、花卷、烧卖、蒸饺等，总之都是面皮包着各种馅料，上笼蒸熟。

⑥唐代食品，又作盘游饭。以煎虾、鱼炙、鸡、鹅、姜、桂、盐、豉之类，埋在饭中食之。

⑦唐代大型宫廷乐舞，是唐代鼎盛时期的象征，气势雄浑，壮观非凡。秦王即唐太宗李世民。

⑧原是凉州一带的地方歌曲，唐开元中由西凉府都督郭知运进献给玄宗，后迅即流行。

唐代跪坐奏乐陶俑　中国国家博物馆藏

起了编撰《西域图记》时的艰辛，更想起了大业五年，焉支山下，在他为隋炀帝安排的贸易盛会上，宫廷乐师似乎也演奏了这曲《凉州曲》……细弱的丝弦拨动着裴矩苍老的心，不觉间，自己已年近八旬了……

曲终人散，裴矩登上了城楼，向西眺望，仿佛看见一队沿着丝绸之路走来的西域胡商，伴着夕阳，通过过金光门，走进了长安城的西市大街……

（张婷霞）

| 唐人的一天 |

幽州渡二郎进城记

这里是幽州城,一座充满传奇的城市,也是不亚于长安和洛阳的北方重镇。它写满了英雄的故事,但更多的,是平凡人的生活。因为地处唐朝的边疆,它注定被厮杀与寂寥笼罩;也因为地处边疆,它的文化中夹杂着异域风情,契丹人、东突厥人、靺鞨人、奚人、新罗人、高句丽人[①]等都在此处会聚。所以,它的民风是淳朴且野蛮的,它的文化也是相互交融的。

幽州城东门外的一条官道[②]上,每天来来往往着形色各异的人,有汉人、胡人,有富人、穷人,也有看不出是什么身份的人。

这是贞观六年(632)夏的一天。

寅时,城内还是一片寂静。城外的小路上,有一个快步走向城门的小郎君。且看他身着粗布麻衣,脚穿蒲鞋,样貌平平却好生健壮,稚嫩的脸上透着几分成熟。原来是渡家二郎,家里人识不得几个大字,因他生在二月,也就

唐十七娘有话说

①我国古代北方少数民族,分布在辽河上游一带,唐代初年归附唐代。

②由政府开凿修筑的道路。

唤他作二郎了。二郎住在幽州城蓟县东南方向燕台乡的安乐林，因儿时逢着打仗，战乱之中被一位老兵救了性命，便拜那老兵作了兄长，跟着学了些拳脚功夫，才好在这粗犷尚武、各色人等混杂的边疆讨口饭吃。

二郎脚步匆忙，一手从怀里摸出个蒸饼，想来是从家里带出来的，权当作早饭了。他边吃边不停地抬头看看天，估摸着时间。三两口吃完，只听他嘟囔着："再有约摸一刻的脚程，就该到城东的阿婆门了吧！"说着，他的脸上露出些许喜色。

原来，二郎前些年在战乱中失去了双亲，只剩下个小三岁的妹妹，二人相依为命，好不容易才熬到了圣人[①]平定东突厥汗国，使这幽州城迎来了暂时的安定。转眼间，小妹也将近十三。二郎对小妹向来是极其疼惜的，总是尽可能给她最好的。明日是小妹生辰，也是她及笄(jī)[②]之日，二郎想着，定要送小妹一支好看的簪子。

渐渐听到人声，已是城门口了。站定，二郎和众人一起等着城门打开。数息之后，终于传来了开城门的命令。人群被驱赶到城门左侧，一一排好队等待查验身份。到二郎时，只见他毕恭毕敬地将公验[③]递给守城的士兵，眼睛却死死盯着公验。

也不怪二郎如此，他这公验来得着实不易。他家原是从别处逃荒来到这幽州附近的，哪料到幽州兵荒马乱，

[①]指皇帝。此处指唐太宗李世民。

[②]"及笄"，指女子已到可以出嫁的年龄。古代女子待嫁的年纪是不断变化的。春秋时期，女子十五岁那天被称为及笄；到了唐代，女子十三岁以上便可嫁人。

[③]官府开具的证件。唐律明文规定：门卒如果放了没"公验"的人过关，要被处以一年的流放苦役。

就连要个身份证明都成了问题，做了一年多的黑户。好在遇到了一位心地良善的里正①，出面给他们做了担保，并日日留心着户籍的消息，这才趁着圣人大赦天下②时解决了户籍和土地的问题，也渐渐可以解决吃饭的问题。"好了，你可以过去了！下一个！"听到守卫的话，二郎终于回过神来，双手接过公验，走向城门。

不知不觉太阳已然高升，二郎眯着眼看了看天，离晌午大概还有一个时辰。站定，他想了又想，却不往城北走，而是避开人流向相反的方向走去。二郎此行，绝不只是为小妹买簪子那么简单。他七折八拐地走进了一条巷子，来到一户极为普通的房子门前，径直走了进去。空荡荡的院子里，有一位饱经沧桑的老丈和一个总角孩童。二郎举双手交叉，掌心朝身体，向老丈行了一礼③。

① 基层官职，负责调查户口、课置农桑、检查非法、催纳赋税等。

② 国家发生重大事件时，如新帝登基、立皇后、立太子、更换年号等，通常会对全国已判罪犯实行普遍赦免或减刑。

③ "叉手礼"流行于唐宋之间，属于后辈对长辈的敬重礼仪。行礼时，后辈面对前辈，举双手交叉，掌心朝向身体。

叉手礼　河南古代壁画馆藏

"来了。"老人看向二郎,"可是想好了?从军去?"

"想好了,从军。"二郎目光坚定。

没错,这是另一件大事。小妹十三岁,二郎也确然十六岁①,几个月前就已到了投军的年纪。老丈点了点头,再未说话,只是浑浊的眼睛里露出些许悲伤。原来这老丈便是当年救二郎性命的老兵的父亲。如今时局暂且安定,只是那老兵却永远地留在了战场上。

"今特来拜别,大人②照拂之恩,儿铭记在心。日后虽投军去,小妹亦可如阿兄一样侍奉大人。"二郎说罢,当即深深叩首三拜。老丈挥手,二郎会意,转身离开。

日头更盛了,合该开市了。此处距城北的幽州市并不近,二郎在门外站了小半个时辰,才匆匆赶去城北。

越往北走,人越多,也热闹得很。这幽州城的位置也是巧妙,交通南北东西,胡商云集,连通永济渠③,江南风物尽可北上。二郎心想:"自从圣人平定东突厥汗国,幽州暂定,幽州城就越发兴旺了!"

太阳越发炙热,待赶到幽州市时,二郎已然汗流浃背。从周围人的谈话中,大致可判断距离开市还有一刻的时间,他只得在拥挤的人群中等着。在二郎周围,早已聚集了十几支驼队,数十个穿着双翻领栗色短袍的胡商焦急地张望着;形形色色的小商贩三五成群地说着家长里短;苏记马车上用布严严实实地遮盖着不知什么新鲜东西……

① 唐初男子十六岁为中男,可入军。

② 唐代的大人不是指官员,是指父亲。大人、父亲都是相对正式的称呼。

③ 永济渠是隋大运河的一段,继通济渠、邗沟之后开凿,是隋唐两代调运河北地区(指当时黄河以北、太行山以东的河北道)粮食的主要渠道,也是北方用兵时输送人员与战备物资的运输线。对于大运河,后世有开通于隋而受益于唐的说法。

唐代彩绘胡人骑驼俑　大唐西市博物馆藏

　　随着一阵嘎吱声，两扇厚重的市门被缓缓推开。伙计们用牛皮小鞭把卧在地上的一头头骆驼赶起来，点数货箱，呼唤同伴，异国口音的叫嚷声此起彼伏。二郎随着人流走进了幽州市里。商人们的速度很快，他们尽管几乎是和前来市集的百姓一同进来的，却能迅速收拾好一切，呼喊招揽着客人。

　　二郎并不急着买东西回家，而是四处转了起来。走了一会儿，到了一个宽阔的十字路口，东、南、西、北四条宽巷的两侧皆是店铺行肆,有米行、肉行、油行、果子行、生铁行、磨行、布行、杂货行等,还有卖各种金属器具、生活器皿和小玩物的小摊。不知逛了多久,二郎终于想起买点什么填一下肚子了。他向一个小摊走去,那是位老熟人:"王十三郎!来份冷淘!"

"好嘞!老远就看见您了!"王十三郎热情地招呼着。说着,俩人都笑了起来……

一份冷淘下肚,二郎顿觉精神不少。

日头没那么毒了,二郎没再闲逛,而是朝着一个特定的方向走,他要去办此行最重要的事情——买簪子。说实话,二郎有些发怵,他一个男子,如何晓得给小妹买怎样的簪子才合适。他买不起贵重的,只能从路边的小摊细细挑选,可这也让他不知所措,好在摊主阿婆不曾催促。

终于,二郎做出了选择。他选了一支融合了胡人和汉人风格且看起来极为典雅的木槿花簪子,想来小妹会喜欢的。

二郎收好簪子,正准备离去,却看见了卖茶的人。幽州并不产茶,只是因了永济渠的存在,才得以从南方地区源源不断地运来大量的茶叶。二郎心血来潮,也买了包不好不差的茶叶。

市上的人渐渐稀落起来,二郎也加快了脚步,向来时的路走去。这一次,二郎没有再停下,走过檀州街,一直向南向东走,走出了幽州城。不知走了多久,二郎隐约听到城内传来闭市①的传呼声……

城外的路总是寂静的,为了快些赶到家,二郎走上了一条小道。他想象着小妹拿到簪子时开心的笑容,也忍不住露出了一丝笑意。可笑着笑着,二郎又笑不出来,因为他很快就会离开小妹,投军去了。二郎也不想这样,但他必须走,投军是大唐子民的义务,征战沙场是自己的志向,保家卫国是对阿兄的承诺。

二郎还记得幽州城东有个坊,叫作招圣里,听闻与战国时期燕昭王在蓟城筑黄金台招纳贤士的历史有关。他时常想:"我不一定会是贤士,但我至少应该成为一个像阿兄那样的好男儿吧!"

太阳摇摇欲坠,二郎吐了一口浊气,抬头辨了下方向,脚程又快了些……"穿过这片林子,就离家不远了!"二郎欣喜。然而,他忽地向前倒下,身下漫出了一片血迹……天,完全黑了。

是潜伏在幽州的高句丽人射的箭。

亥时三刻,渡家小妹正用素油炸着油子,自言自语道:"阿兄莫不是留在了城内大人的家中?"殊不知,他再也回不来了。渡二郎年少漂泊,终究还是没能到达他的渡口……

(张懿燊)

① 唐代,市有固定的开始和结束时间。日中时击鼓二百,市开始;日落前七刻击钲三百,闭市。

黄沙百战穿金甲
——戍边将士李仁武的一天

唐十七娘有话说

① 灵州为贺兰山、阴山、黄河所围绕,是唐前期协防关陇、拱卫关中的军事重镇与战略要地。突厥与薛延陀都将灵州视为侵入关陇、威胁中原的重要门户。

② 唐初实行府兵制,兵农合一,平时耕种,农隙训练,战时出仗。

③ 五十人队是唐军的基本战术单位。

④ 十人同睡一帐,也称一火(伙),设火长。非战时,五人为一队。

贞观十二年(638),朔方灵州①。西方的贺兰山南北纵横,山峦绵延,巍峨壮观。山上的松柏莽莽苍苍,山岩突兀耸立,山顶的积雪在初现朝日的映射下熠熠生辉,雄壮的山脉在冰雪晶莹之中美得动人心魄。

少顷,红日逐渐摆脱山脉的遮掩,把日光洒在贺兰山东的唐军驻地上。暮秋清晨,寒气弥漫,但将士们已开始忙碌,准备开启新一天的训练②。李仁武卷起长枪和旗帜,跟随他的五十人队③向教场奔去。

此时,教场已集结了许多兵马。营地一共有四千人,战斗兵共两千八百人,即五十六个"队"。这两千八百人,又根据基础兵种分为两大类:越骑团和步兵团。李仁武来自河陇地区,自小在马背上长大,骑技精湛,顺利加入了赤戈营第六骑兵队。他来到教场,迅速到达本队的旗帜前,与伙伴④一同分了兵器后肃然站定。待全军集结完毕,近三千名将士犹如一尊尊铁俑沉默无声,等待着高台上的指令。

　　雄浑的号角声突然撕破了寂静，回荡在教场之间。这是训练开始的标志，李仁武赶忙提起心神，迅速跟随队列引马散开，来到指定后方侧翼位置。顷刻间，五十余队前后排开，摆好阵型，井然有序。须臾间，第二声号角响起，执旗①副队头倏地卷起队旗，李仁武马上端起长枪，抖起的红缨在寒风中飘荡。陌刀②手抽刀的嗡鸣声、弓弩手上弦的铮铮声③同时响起，全营将士迅速进入战备状态。三声角响，李仁武力贯双臂，低声呼喝，挺枪向前，将士们刺出的千点寒芒在日光下似白日星辰，一片肃杀之气顿时自教场升腾。第四声角响，李仁武与将士们同时收枪，将目光凝聚于高台大总管④的大黄旗上，屏息静气等待鼓声的响起。

　　黄旗似一把刀向前压下，霎时间鼓声雷动，将士们齐唱着"呜呼！"一同前进到中界线，演练格斗进攻，冲入假想敌阵，一时间，杀声震天。突然，金钲⑤响起，他们当即停了喊杀，将长枪架在臂上，开始向后方退却。至此，一场完整的训练结束。稍作休整，全军继续投入到新的训练中去。

　　……

　　金戈之声持续响了半日，临近晌午才逐渐被伙夫准备午饭的忙碌声所代替。劳累了一上午，李仁武舒展了一

①五十人队中，有押官一人，队头一人，副队头一人，左右傔旗二人，另有士兵担任执旗。作战时，队头、执旗、左右傔旗以及五排战兵组成一个小型的矢锋阵，副队头位于队末。

②军队主要装备为横刀和陌刀。陌刀形制长重，刀柄长，刀刃短，重达五十斤，威力巨大。陌刀对身体条件有较高要求，因此只装备给少数精英部队。

③非战斗状态的弓，为了保持弹性和耐久度，一般为松弦存放。

④即大将军，军队的最高统帅。

⑤古乐器。鸣金收兵中的"金"即指此。

①帐篷。十人一伙,准备一幕。

②"喝"在唐代为呼喊之意,而"喝粥"要说"吃粥"。

③粥一般为粒食,但也可将谷物碾磨成粉,煮成粉粥。粉粥常见于唐人食馔之中。

④古代一种较力游戏。角抵在唐代社会尤其是军中盛行,主要作为日常军事训练、选拔优等军士、娱乐消遣以及汇报训练效果等使用。

⑤唐时,一尺约为30厘米。

⑥跳荡可粗略视作突击兵、先锋。

⑦"哥哥"在唐代既指父亲,又指兄长。因此这里称"兄",避免引发歧义。

⑧隋唐时期男性通用的自称。

下筋骨,与伙伴领了午饭,回到大幕①休息。他三下五除二吃②掉一枚饽饹、一碗粉粥③,来到帐外。只见不远处空地上士兵们围了几圈,热热闹闹不知在干何事。李仁武来了兴致,挤进人群,原来是有人在角抵④。他看向场内,一个六尺⑤壮汉正要将另一个大汉扳倒在地。李仁武认出壮汉是自己的同乡郭狩,因为生得一身好力气,被选了去做跳荡⑥。不一会儿,另一个大汉吃不住力气,拍打郭狩的臂膀以示认输。郭狩哈哈大笑,停了运劲。大汉这才出了口长气,叉手行了一礼:"佩服,佩服!我张三奴认输!"这张三奴与郭狩同属跳荡队,但仍是敌他不过。郭狩咧开大嘴,豪迈地推了推手,算是还礼,然后环视四周:"还有谁想试一试?"这句说得四周士兵都微微低头,却偏偏激起了李仁武的好胜心。他踏前一步:"郭兄⑦,某⑧愿一试!"郭狩看到李仁武,咧开大嘴说:"好!请上场!"李仁武刚要上前,张三奴趁与他擦肩时说道:"兄弟,不要与他拼蛮劲,尝试攻他

唐代相扑俑
西安博物院藏

下盘。"李仁武眯眯眼，暗暗捏了捏张三奴的手，示意听到。

二人就此摆开架势，皆两臂上举，两脚作弓步状，侧身站立，重心降低，注视对方，伺机进攻。郭狩率先发难，向李仁武按掌寻求对抗。

李仁武想起上场前张三奴的劝告，怎能让他得逞，便耸肩避过，并趁机伸手抓向郭狩肩头。郭狩直接迎上，抡臂将李仁武的手格开，又要将他拖入力量对抗。李仁武赶忙后撤一步，握住微微发麻的手臂，心里已暗暗惊叹。没有喘息的时间，面前的郭狩再次挺身出掌，李仁武避无可避，只得硬接，双手奋力与郭狩拉扯，脚下不断改变步法寻求主动权。可惜不待机会出现，郭狩大喝一声，双臂已将他箍起在半空中。李仁武下意识提膝，顶在郭狩腹部，郭狩吃痛，手臂便松了劲。李仁武奋力一挣，落在地面，顺势屈膝、撞肩，将郭狩的平衡破坏，同时用左手揞住他的胳膊，用右手将他的左腿抬起，侧身勾腿一气呵成，便将郭狩重重摔在地上。电光石火之间，不待围观军士反应过来，攻守易势，胜负已分。

李仁武喘着粗气，赶忙将自己的同乡拉了起来："对不住，对不住！"

郭狩却哈哈大笑，不以为意："好巧劲！再来！"正待双方拉开架势再要比拼，低沉压抑的号角声突然吹起，李郭二人对视一眼，撤了架势，与围观将士同时

①武器装备要缴纳至所在军府的武库统一保管，征行作战或宿卫轮值时再予以发放。

②在唐代，戟、矛、戈、殳等流行于前代的长兵器逐渐退出了历史舞台，被枪所替代。唐代制式的枪一共有四种，分别是漆枪、木枪、白杆枪、朴头枪。白杆枪和朴头枪是仅仗宿卫所使，质量精良，装饰豪华；军队中大规模配备的常规兵器是漆枪和木枪。

③临阵对战时，矢石未交，利箭未发，先锋挺起兵器，杀入敌军，而破贼徒，为跳荡功。

④具有高句丽血统的高仙芝曾被辱骂为"啖狗肠高丽奴！"，因而此处用突厥奴以表示战士们的愤恨之情。

⑤军队行军时，五里设马两骑，十里再加两骑。乘马人执旗，无贼将旗卷起，有贼即迅速展开。

向武库①狂奔——紧急情况！

到达武库，李仁武取了漆枪②，另一边的郭狩则扛起一把陌刀。出了武库，李仁武向郭狩拱拱手："郭兄，小心！"郭狩拍了拍李仁武的肩膀："好！待我先立一跳荡功③！"二人就此分别，来到各自队伍的旗帜前站立。队头正在通报消息："兄弟们！探马来报，突厥奴④约千骑劫掠了我大唐村县，正往敌境撤退。我方接到命令，去往其必经之地拦截，加以歼灭！"李仁武听了义愤填膺，暗暗握紧了拳头："扰我边疆，掠我村县，定叫你有来无回！"大总管留了守军，点了兵将，部队就此出征。

行军一个时辰，侦察骑兵突然打出旗号⑤：发现敌情！部队逐渐慢下步伐，原地整队。李仁武心知马上就要与敌军接触，心里也不免紧张起来。

大约一刻钟后，队头自中军归来，从腰间取了地图，召集李仁武等将士下达指令。李仁武的目光盯着队头在地图上的标注，聚精会神地记下作战任务。原来，在行营向西有一片丘陵，中间围出了一个"布袋口"地形，此次作战的大体计策即是大部队先前往目的地进行隐蔽埋伏，再派遣小股骑兵引诱敌军进入陷阱，最后将其一举歼灭。李仁武所在队列的任务就是担任诱饵，将敌人带入包围圈。

整装完毕，李仁武等百余骑与部队分离，继续朝着敌军方向突进。队头大声道:"遇敌时,首先攻击敌寇所劫的辎重,吸引贼人注意,而后迅速脱离敌阵,不得恋战,向目的地前进!"

不一会儿,敌军暴露在眼前。李仁武等将士架起漆枪,百余人分为前后两队依次排开,向着敌军发起冲锋。突厥人见一队身穿红色战袍①的人马奔袭而来,像极了火凤燎原,身后卷起漫漫沙尘,也不知来了多少唐军,顿时乱了阵脚。李仁武早早锁定目标,将枪头对准了一个突厥骑兵……待李仁武抬手举枪将他挑于马下,那突厥骑兵仍未能从错愕中反应过来。身边的战友也纷纷冲入敌阵,杀伤大片。

待得短兵相接,突厥人终于看清了到底多少兵马——区区百人,竟也敢发动冲击!他们恼羞成怒,纷纷呼喝着向唐军士兵攻去。李仁武见时机已到,护卫在队头、旗头左右②,调转马头就开始狂奔。身后的战友们来不及拨马回身的,都已被突厥骑兵团团围住,李仁武几次回头,却也无力施以救助,只能怒吼一声,快马加鞭,冲出战团。

突厥人怎舍得就此放了唐军?他们集结大批人马来追,追逐许久,将李仁武等众将士逼入山口。此处三面环山,突厥首领暗暗得意,以为已将唐军逼入绝路,却发现面前的唐军竟没有丝毫慌张,刹那间一个恐怖的想法在他的脑中闪过——中计!

①唐军为红色战袍、红色战旗。

②唐军军法严苛,尤其重视对领队将领的保护。

几乎同一时间，四周鼓声大作，山谷两面突然冲出一队队弓手，弦震如雷，箭矢如大雨般倾泻而下，瞬间铺天盖地。突厥骑兵人仰马翻，惊慌地想要逃出山谷，却发现不知何时，一支奇兵队列整肃，手持彭排①，腰悬横刀②，已拦在山口。箭雨稍歇，隐藏在山间的跳荡队一同探身，手持劲弩、陌刀，齐声高呼，向下冲杀，与敌寇战作一团。此时唐军骑兵也已集结人手，重新列队，策马冲入敌阵。山谷内杀声四起，血流倾地……

直至黄昏，喊杀声才渐止。主将点了兵马继续追击往外逃窜的敌军，其余将士则打扫战场，准备回营。李仁武狠狠擦拭掉长枪上的血渍，引马走上丘陵最高处。远方，一束狼烟孤愣愣飘摇在大唐的西北边陲。残阳如血，缓慢地坠入贺兰山上空的云翳之中，燃起一片霞光。李仁武不禁有些恍惚，方才的生死拼杀，在此刻的宁静对比之下，突然变得有些不真实。

对于李仁武而言，这仅是一场小规模的战斗，这一天也是早已习惯的一天。可每经历这样一场战斗，每经过这样的一天，就会有好儿郎血洒疆场，马革裹尸，永远留在这远离家乡的边陲。或许，历史根本不会记住今天的他们，但他们曾真实地存在，那个繁荣富强、蒸蒸日上的唐王朝，就是他们曾经存在的最佳证明。

（马成）

①古代步兵的盾牌，整体窄而高，大体为长方形。
②也叫腰刀、佩刀，是唐军普遍配备的武器。

初识
——房玄龄女儿相亲日

唐十七娘有话说

隐隐听见鼓声悠悠传开①，我却拉紧锦衾，将自己更埋了进去，依稀记得今天有什么重要的事，但也无暇顾及，只念着能多睡一会儿。

①唐代有钟鼓报晓，冬日五更三点、夏日五更二点开始报。

"二娘②，二娘，该起来了，今日要随娘子③去游春，可不能再睡了。"

"好……"

朝霞初探，染红屋檐陶瓦。微风习习，虽是春末，却已添了一丝夏的燥热。

②唐代对于女性／男性最普遍的称呼方式，即排行+娘／郎。

③唐代对一家女主人的称呼。

迷迷糊糊洗漱完毕，被婢子引至梳妆床④前坐下后，我终于想起所谓的"游春"是什么。

唐三彩梳妆女坐俑
陕西历史博物馆藏

姐姐长我五岁，今已是韩

④类似于今天的梳妆台。

① 本文设定主角为房玄龄二女房氏。成年后嫁于郑仁恺（历任詹事府主簿、莱州长史密亳二州刺史）。

② 唐代子女对父母的称呼。

③ 媒人的别称。

王妃，今年该轮到我①了。所谓游春，不过是被阿耶阿娘②带着到郑夫人和冰人③面前被相看一番，如果郑夫人点头，这亲事就算是定下了。

"阿娘。"抬头看见母亲进来，我轻唤了一声。

"娘子。"婢子们正好停手，放下钗饰退了出去。

唐鎏金透雕卷花蛾纹银梳篦　陕西历史博物馆藏

④ 古时一种密齿梳，可篦污去痒，也可当装饰。

⑤ 唐代，一些门阀士族沿袭南北朝遗风，自认"门第高贵"，不愿意与庶族通婚，甚至连皇室都看不上，而很多朝廷重臣和庶族地主则千方百计要与其结亲。当时，山东士族高门的代表为"五姓七族"，即陇西李、赵郡李、太原王、荥阳郑、范阳卢、清河崔、博陵崔。

⑥ 贞观十一年（637），房玄龄获封梁国公。

母亲缓步过来，取出螺钿盒子里的并蒂缠枝银篦子④，细细梳过我的发丝，固定在头顶，又从妆匣中选出一对八宝攒花簪要给我戴上。

"阿娘，为何如此隆重？那家人可是什么皇亲国戚？"

"荥阳郑氏高门大户，如果能得了这婚事，你也算高攀了，今日千万莫要失了体面。"⑤

大概是觉得再装扮下去就显得太殷勤也俗气，反倒失了梁国公府⑥的脸面，母亲停了手，又反复叮嘱了一番，才挽着绛紫长披走了出去。

碧溪浅浅，幼兽溪边啜水轻，春日的新芽翘在枝丫迎风颤颤,帐前两株茉莉生得茂盛,绿油油一丛惹人喜爱。在这光德坊角的高丘上,房府用障幕围起了一处空地,阻隔路人视线,母亲和来访的客人各据一席。

唐三彩披帛女俑　洛阳博物馆藏

母亲卢夫人身着绛褐色披帛襦裙,正襟危坐跟郑家娘子说话,满面堆笑,好生谦恭。她对面的郑家娘子一身朱披绿襦石榴裙,神色淡漠高傲。若是来个不知情的人见了,准以为这是哪个下属官员家的娘子正谒见上宪郑家娘子。

我暗叹了一口气,移开目光。

我父亲任开府仪同三司,授职为宋州刺史,为梁国公,食邑三千户,至从一品,又刚加封了太子少师,而这郑家人不过是寻常官吏,要论起上下官爵,点头哈腰、满脸堆笑的该是郑家人才对。世俗些说,本应是郑家来求婚事,怎是我房家上赶着送女儿给人相看?

眼前情形，却恰恰反了过来，真是令人苦笑。

"记得小娘子年初刚办了笄礼，如今待字闺中，不知以后谁家小子能有这个福气。"冰人娘子是郑夫人母家表妹，姓崔，近些年可是为山东五姓几家小辈的婚事跑断了腿、磨坏了嘴。

"说来姐姐家三郎也是长身玉立、一表人才，就是不知道有没有这个福气做房家婿了。"

"如果能成，也是一桩美事。"郑夫人端起酥酪^①抿了一口，"房夫人可记得我那大侄女？说来她嫁出去也一年多了，当时她可称得上是十里红妆，若是房二娘能有这样的嫁妆，也不遗憾了。"

"姐姐这是什么话，大侄女有万匹^②嫁妆，依着房家的条件，再多些应该也是有的。"

这姐妹二人一唱一和，说的都是些让人吃惊的话。如果这万匹多的嫁妆我房家拿不出来，这婚事定是凉了。可是父亲一生廉洁，做不得那些官场的腌臜（ā za）勾当，每月的月银都用在了府上的开销上，即便有皇帝的赏赐……这万匹嫁妆是拿不出来的，即使能拿出，也必是要"伤筋动骨"的。

这世道就是这样，努力再多、爵位再高，也比不过那几家姓氏的尊贵；挑灯夜读、征战四方换来的富贵，也攀不上人家一翻嘴皮就能定下的亲事。

① 酸奶，唐代常见饮品。

② 唐代，中等额度交易所用货币常为绢帛，计量单位为匹。

我有些恍惚，脑子里也有点乱，不知道这笔姻缘买卖谈得怎么样了，但看着崔娘子临走前眼角藏也藏不住的笑意，也知道了大概。相比之下，母亲脸色有些憔悴，又好像有一丝欣喜和如释重负。

"阿奴①，方才府里传话，尉迟将军家的小女儿来寻你。回府也无事，你且去吧。"母亲接过婢子手中的幂篱②戴上，走向来时坐着的牛车③，"以后也没什么机会了。"

"是。"我低着眉眼，轻声应道。

牛车在茶肆④门口缓缓停下，午时⑤阳光正是最明媚的。我大概是在车上小憩了一会儿还未清醒，下车时竟踩到裙摆跟跄了一下，前方骤然响起银铃般的笑声。

"噗，房二娘这是怎么了，莫不是惦念着谁家小郎君忘了看路？"尉迟循悠身着杏粉衫子鹅黄裙，挽着浅碧色长披，摇着扇子从门内出来，"巳时去寻娘子，这都午时三刻了才来。好在我先来要了这家店的碧芳酒⑥，不然又不知要等到何时才能喝到。"

"就你嘴馋。"

被尉迟循悠领着去了雅间，听她唤了博士送上一坛酒，又絮絮叨叨地讲近日遇到的新鲜事。直到进了雅间，她才一把取下头上的幂篱，停止了絮叨。"这破帘子可算能取下了，整天戴着闷得慌。"她是尉迟将军家的旁系娘

①"奴"字在唐代应用十分广泛，可作为小名、闺名的常用字，也可作为父母对子女怜爱的称呼。

②唐代贵女外出时需要戴的有垂下长罩纱的宽檐帽子，用以遮掩身形。

③隋唐时期，牛车的使用更为普遍，其车厢要比现代影视剧里使用的道具小，一般里面只能坐下一两个人。

④唐时饮食界中新增了茶馆行业。茶馆又叫茶肆、茶店、茶楼，是以聚众饮茶为主业的营业场所，同时也为人们提供休闲的环境。

⑤古人将一天一夜分为十二时辰，午时即上午十一点整到下午一点整。

⑥唐代的一种配制酒，以莲花为主料，用米酒浸泡而成，甜度高而酒度偏低。

子,行为较旁的官家娘子总是多些豪爽,眉眼间也承了武将世家特有的英气。

"二娘今早去了何处?那么早就走了。"她屏退婢子,打开酒封,抬头见我垂眼不语,惊诧道,"莫不是真的早早见小郎君去了吧?"

"也不算是……我随母亲去见了郑家夫人。"

"郑……"她抿了抿唇,换了话题,取了两只酒碗,倒起了酒,"二娘尝尝这家的招牌,清透味甘琥珀色,平日里难买得很呢。"

尉迟循悠虽然平时大大咧咧,但心思还是细腻的。外人总是不太明白安静守矩的房家二娘,为何与大大咧咧、性子直爽的尉迟家小娘子走得这么近。

唐代彩绘骑马戴帷帽(幂䍦)仕女泥俑
新疆维吾尔自治区博物馆藏

慢慢地，我们话多了起来。我好像忘了先前的事，也好像忘了……那即将被交易的未来。

"还有几日便是上巳①了，二娘与我一起去郊外吧！"

"嗯？上巳？"我怔住了。祁祁甘雨，膏泽流盈，本是女儿家年年惦着的日子，现在竟也会忘记。又想起前几日还念着要与她上巳同游，现在也失了兴致。但瞧着她那欢喜的模样，也不忍拒绝，便点了点头。

"娘子，这外头落雨了。"尉迟循悠的婢子推门进来，"婢子把伞落在了车上，请娘子再坐一时，待婢子回府取伞来。"

"落雨了？"她噘起嘴看向我，"本来还想与二娘去万宝坊看看，便让他们先回去了。这下可好，碧儿落了伞，再等她一去一回，天色也晚了。"说着，她瞪了那碧儿一眼。

"无碍，不过一个首饰铺子，改日再去也可，不必为难于她。"

"唉，罢了，不如二娘先回。若是二娘陪我等着，还不知要到几时，晚了还会惹房公②不快。"也是，比起鄂国公的洒脱大方，父亲行事总是带着几分文人的迂腐。

我重新整了衣饰，与她道了有闲再约，便出了茶肆。临走前，我鬼使神差地回头看了眼茶肆门前的招牌。

"试岚楼？倒是个好名。"心里刚闪过一个念头，

① 夏历三月三日为上巳节，唐代时成为隆重的节日之一。当时节日的活动除了修禊以外，主要是春游踏青、临水宴饮。

② 唐代对官员和男性贵人的尊称，即"姓+公"。

转身却被一青色身影摄了心魄。平日透着幂篱观物多了些模糊的意味，总是嫌这软纱遮了视线，而现在我却突然庆幸戴着它，能挡了在他转身之后自己脸上突然泛起的红晕。

"二娘，车来了。"婢子的声音突然响起，惊了我心底那些说不清道不明的情绪，连忙转头假装镇定上了车，敛着裙摆的手却越攥越紧。

在车里坐稳，心思依然放在那青衫少年身上。牛车悠悠晃动起来，雨打车板的声音中隐约夹杂着男子的呼唤声："郑三郎，看什么呢？大家都入座了……"

"郑……三郎？"幂篱下，粉唇轻抿，嘴角微扬。

暮色里，一辆牛车晃晃悠悠向着城东驶去，一声呢喃萦绕着少女的心思，淹没在春雨中。

"若是他……也没什么不好的。"

（卢近遥）

何况蘼芜绿，空山不见人
——李桂娘夫妇和离记

一

秋风生渭水，落叶满长安。贞观二十年（646）的秋天，喧嚣和蒸腾已渐散淡，来自吐蕃高地的凛冽劲风，席卷过暗黄色的安西大漠，吹过长安永昌坊，留下满地金翠。

深秋尚未至，门窗俱严实，可一阵阵的秋意却止不住钻进身躯，床前的帷帐微微摆动，像极了李桂娘那颗摇摆不定的心。

五更天的晓鼓声遥遥传来，李桂娘猛地一惊，像是被从某个悠远梦境里唤醒。她撑着床榻坐起身来，叹息一声，似要把胸中郁垒一扫而空，可无尽的愁绪又上了眉头。

听着第一波晓鼓的声音渐渐隐去，桂娘怔怔地看着窗外泛白的天空。"桂娘，是五更天了吧？"身侧突然传来一道声音。桂娘一愣，急忙回道："确是，晓鼓声刚过，该去上朝[①]了。"裴瑜闻言点点头，像是毫无察觉桂娘的异常一般，起身打理行装。

唐十七娘有话说

①男主人公裴瑜为七品官吏，按例每月初一、初五、十一、十五、二十一、二十五需要上朝。本文中的这一日为常朝，即臣子对皇帝的一般的朝见。

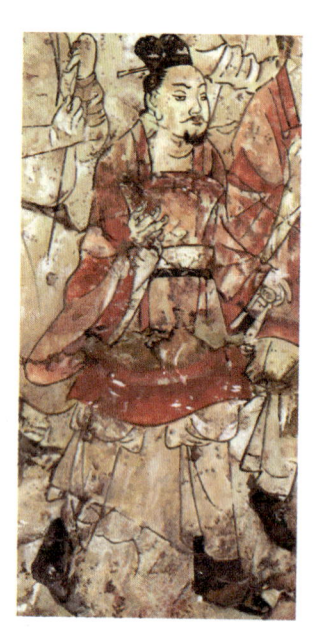

唐代李寿墓《仪仗出行图》
图中人物穿的即为袴褶

贴金彩绘釉陶文官俑
昭陵博物馆藏

桂娘起身，为他准备朝服。身为七品官吏，裴瑜的朝服是绿色的袴褶①（kù xí），干练利落。衣服整饬完毕，桂娘又细心地为他戴上进德冠②，熟练地打点好一切。

二人正梳洗打扮着，奴仆已将早饭端了上来。只见白瓷碗盛满的浓汤里，一些拇指大小的柔软面片浮浮沉沉，翠绿的葱花漂浮在上，几块猪肉隐现于汤里，这便是馎饦③（bó tuō）了。

与往常不同，裴瑜今日未急着离开，桂娘有些疑惑地看去，他却突然伸手抚平了妻子眉心的愁绪，轻声安慰道："桂娘，不必担心，若官府今日将放妻书审核完毕，

①服装名。上穿褶，下着裤，外不加裘裳，故称。李唐皇室对袴褶服颇为偏爱，玄宗时文武百官上朝需穿袴褶。
②唐时赏赐宠臣之冠。
③别名"面片汤"，一种水煮面食。

你我便可顺利和离，明日你便可启程归家。如此一来，你也不必再辗转反侧、夜不能寐了。"听了裴瑜的安慰，李桂娘却更感愧疚："既明，还是我对不住你……"裴瑜摇了摇头，打断了桂娘的话，语气不由得严肃起来："桂娘，你我夫妻一场，如今和离是我们二人共同的抉择，断没有谁亏欠谁的说法。你莫要多想，待我今日从官府回来，一切就尘埃落定了。"李桂娘看着裴瑜饱含深情的眼睛，纵有万般言语，也都隐在了复杂的心绪中。

二

李桂娘走出后室，绕过院中的四角攒尖方亭[①]，径直向大门走去，但见三彩池中的树下已经堆积了些许枯叶。李桂娘望着裴瑜的身影渐渐远去，便折回厢房内，整饬梳妆。昏黄的铜镜映出她疲惫的眉眼，她看着镜中的自己，半晌，才拿起胭脂盒，将胭脂轻轻涂匀于脸上，又饰以铅粉，便似有两团飞霞浮于脸侧，正是"薄薄施朱，以分罩之，为飞霞妆"[②]。她又从箱奁（lián）中取出一方岭南石黛，那石黛出于溪水，甚是温润松软，轻轻研磨，墨液便鲜亮遂心。桂娘用眉笔蘸取分毫，隐隐描画起来……

四角攒尖方亭（模型）
（西安中堡村出土的唐三彩建筑群）陕西历史博物馆藏

[①]本文住宅模型借鉴西安西郊中堡村出土的三彩陶宅院明器，从堂屋和厢房开间都是三间来看，此住宅为中下级官员住宅。

[②]此妆多见于成年女性。

双鬟望仙髻 　　　　　　　　交心髻

愁来髻 　　　　　　　　　　单髻

唐代女子发型图

桂娘正要拿出口脂,一支金光闪闪的步摇不知从何处掉了出来。顾不得其他,桂娘急忙拾起,待看清那步摇上娇艳的桃花与活泼的鸟雀,却是一愣——这是她成婚时佩戴的金步摇。三年前的回忆好似昨日一般鲜活,蓦地如潮水般向她袭来。

三

贞观十七(643)年,长安城永兴坊[①]。

李桂娘立在闺房的窗前,望着太阳一点点西斜,最终隐没在长安城的街坊里。黄昏时刻已经来临,想必裴郎已在迎亲的路上了。

她折回几案,娇羞地跪坐着,对着镜子细细端详自

[①] 位于唐长安朱雀街以东,主要为官吏和贵族住宅。

同心髻　　　　　义髻　　　　　惊鸿髻

圆式双髻　　　　　堕马髻

己的妆容。只见镜中人眉若远山，面似红霞，一抹嫣红附于唇上，似蝶翩然起舞。又一点花钿①委于眉心，艳红的胭脂点涂笑靥，低眉抬眼时，眼波流转，顾盼生姿。

宛若惊鸟展翅的惊鸿髻上，一支金步摇熠熠生辉。步摇呈桃花形，花面由金丝纵横交错盘叠而成，四周悬着细小的金饰，一只精雕细琢的小鸟停在步摇上部，栩栩如生。这支金步摇是阿耶阿娘特意为她打造的嫁妆，做工考究，价值不菲。发髻上还饰有两支白玉簪，另有一支以鸳鸯为首的银钗，隐隐反射着温和的光。远远望去，最引人注目的还是那朵娇艳的牡丹绢花，艳丽之中更为新嫁娘添了几分光彩。

①妇女脸上用的一种装饰，即用金翠珠宝制成的花形首饰，有红、绿、黄三种颜色，以红色为最多，唐代比较流行。

①唐代官员婚嫁，新娘的花钗礼衣亦有品级差别。文中女主角所穿为六品以下、九品以上的婚服。

②唐代新娘服装为钿钗礼衣，即宽袖对襟衫，长裙，头上簪有金翠花钿。

李桂娘轻轻抚平青色襦裙上的褶皱，金色的丝线在上面勾勒出不同的形状。①那嫁衣在阳光的反射下映出耀眼的翠色光芒，宽袖下垂，服帖地依偎在身侧，轻盈的披帛也随微风飘动。②她又站起身来，倚着窗檐向外望去，黄昏后的光影模糊在林隙间，隐隐约约瞧不真切。

恍惚间，她想起父亲尚未痊愈的身体，想起母亲操劳疲惫的神情，想起牺牲在战场上的长兄最后的嘱托，想起尚且年幼的小妹无瑕的眼眸……新婚的美好与离家的不舍交织，令李桂娘的心又不安起来……

四

"夫人，夫人？"李桂娘蓦地从旷远的回忆中惊醒，原是侍婢春桃见她昏睡在梳妆台旁，担心她着凉，劝她上床歇息，"虽是将近午时，可这日头也不算足，刚刚入秋，夫人不可大意啊……当心凉风入体，伤了身子。"李桂娘听罢点头，却一转话题道："今日裴郎倘若顺利，你我明日便可动身了。这院里的山石与花草，怕是再无缘欣赏了吧。"窗外秋风萧瑟，有金黄的叶旋着掉下。

春桃闻言落泪："夫人休要说这般丧气话，老天保佑，主人的病定有所好转，兴许……兴许夫人还能和郎君团聚。"李桂娘闻言，只轻声笑了笑，拍了拍春桃的手："罢了，罢了，既已是决定好的事情，也不必再为此烦恼。"春桃拭去眼角的泪，紧紧地握着夫人的手点头道："夫人

能想开，婢子也就放心了。午饭还有些时辰才好，夫人可再歇息片刻。"李桂娘点了点头，不再作答。

五

正午时分，李桂娘穿过回廊，坐在庭院中的八角亭里，寂然地望着水池中的花草。叶影婆娑，随风飘动，黄叶堆积，略显衰颓，又添几分凉意。

待用过午饭，一阵乏意上涌，李桂娘瞧了瞧已然整饬好的行囊，倚靠在贵妃榻上，缓缓沉入梦境。秋意正浓，系在她腰间的香囊①散发出幽幽清香。

六

不曾想，这一睡竟至哺时②，李桂娘缓缓睁眼，许是这些天和离的事情在心中缠绕，扰乱了心神，而这香出乎意料地让人心安，竟让她今日难得睡了一个好觉。

远处飘来食物的香味，李桂娘隐约记起春桃说下午会做些糕点。她有了些兴致，起身向厨房走去。只见灶台上盛着两个巨大的蒸笼，一旁正制作点心的奴仆迎上来，将今日制作的点心给李桂娘过目。

第一个蒸笼掀开，里面是把极软的面团层层涂抹油膏，再反复折叠七次后做成圆花蒸出来的七返膏③。李桂娘轻轻拾起一个，浅咬一口，甜香在口腔内溢开，松香绵软而不腻。

第二笼里则是天花饆饠，雪白的饆饠整齐地排列于

①唐代香囊制作工艺高超，当香料在银制香囊中点燃时，香烟幽幽弥散，熏人欲醉。

②午后三时至五时。

③唐代长安的一种食品。

蒸笼中，九练香①的味道从饆饠中幽幽散出，沁人心脾。

李桂娘满意地点了点头，说道："今日的点心都做得很好，你们清点一番，待裴郎回来享用吧。"厨房里的仆役闻言点头，默默加快了收拾的速度。

七

"郎君可算回来了！今日怎得这般晚，酉时②才归，是有事情耽搁了吗？"李桂娘立于院中，有些忧虑地望着裴瑜。"桂娘不必担心，只是路遇一位太原王氏的故友，多年未见，畅谈些许，耽误了时辰，没有什么要紧事。"李桂娘放下心来："如此便好。"

裴瑜知道妻子在担忧什么，他牵着桂娘走回厢房，跪坐在榻床上，从怀中取出了薄薄一页文书。桂娘的目光随薄纸而动，像是把所有的心神都凝于此。裴瑜将文书展开，放于几案之上。"娘子不必多虑，今日万般皆顺。官府里的大人不曾多言，反倒夸赞桂娘你的至纯至孝之心难得，不曾犹豫便审过了。"李桂娘闻言哽咽，倾身上前，一字一句细看那《夫妻相别书》③：

盖以伉俪④情深，夫妇义重，幽怀合卺（jǐn）之欢，念同牢⑤之乐。夫妻相对，恰似鸳鸯，双飞并膝，花颜共坐。两德之美，恩爱极重。二体一心，生同床枕于寝间，死同棺椁于坟下。三载结缘，夫妇相和。何乃结为夫妻，泰山病笃，因疾丧明。妻子兄长早年战死，小姑尚且待

①一种馅料。

②下午五点整至七点整。

③此文部分源自敦煌文书中的唐代放妻书。本文中，裴瑜始终对妻子李桂娘保有尊重和敬爱，故没有选择常用称谓"放妻书"，而以"夫妻相别书"为题。

④古时有两种含义。一指妻子、配偶；二指夫妇。本文伉俪取夫妇之意。

⑤古代婚礼中，新夫妇共食一牲的仪式。新郎新娘同吃一份肉（很可能这肉是放在一只碗里），以表示共同生活的开始。

字闺中，因是亟需子女供养。妻乃自求和离，以终侍养。聚会二亲，以作一别。① 自别以后，愿妻重梳蝉鬓，美扫峨嵋，巧逞窈窕之姿，选娉高官之主。愿泰山康健，早脱苦海。所有物色书之。所要活业，任意分将。② 伏愿③娘子千秋万岁。为留后凭，谨立。④

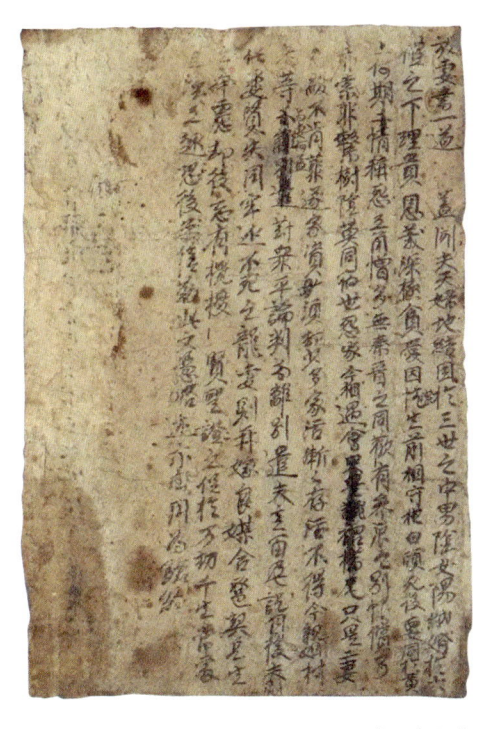

①夫妻离婚时，不论是"七出"还是"和离"，都必须有双方亲友作证，方可生效。

②此句意为家中动产任意分配，男方许可女方可随意带走夫家的一部分财产。

③体现了男子自身的谦让，及丈夫对妻子的尊敬。

④唐代夫妻和离，在立下《放妻书》之后，仍需上报官府备案，取得官方开具的离婚证明文件。本文男主裴瑜今日便是前往官府备案的。

敦煌藏经洞文书《放妻书》

李桂娘看着那份《夫妻相别书》，一行清泪缓缓落下。"既明，你何苦祝我另觅良人？我自嫁入裴家，你待我极好，就连我无子嗣，你也不曾责备于我，此生能与既明相遇，已是我极大的福分。此番和离，是为照顾因疾失明的父亲，细细想来，还是我对不住夫君。应是我祝夫君早觅佳人，鹣鲽（jiān dié）情深，琴瑟和鸣。"

裴瑜轻轻抱着李桂娘，叹息道："为人夫者，不能与娘子同担风雨，已是我的遗憾。我只愿桂娘今后能少些烦忧，愿大人的病情好转，你也不至太过劳累。桂娘，能与你相遇，也是我此生之幸。"李桂娘看着裴瑜的眼眸，不再言语，只是紧紧地抱住了他。不多时，大片的水泽便在裴瑜衣襟前漫开。

八

更深露重，待二人互诉衷肠之后，已是日暮了。李桂娘打开箱奁，最后清点自己的行囊。

裴瑜却不知何时出现，站在厢房门口，怔怔地盯着妻子的背影看了许久。他忆起新婚之夜桂娘羞涩的眼神，记得红烛摇曳下的合卺酒，想起桂娘在灯光下整理衣服时的侧脸……当真是往事如烟，天意弄人，却只道世事无常。

李桂娘似有所感，转过身来，正对上裴瑜的眼神，那些惆怅在他的眼底一闪而过，快得让她怀疑是自己看错了。

李桂娘明白裴瑜性格内敛，不喜将情绪表露于外，可如今就要分别，裴郎心里的苦楚，怕是不比她少半分。尽管如此，他还愁她所愁，事到如今，她也不应再伤感，当重振精神，为彼此留些更好的回忆。

她走过去,牵起裴瑜的手,说道:"裴郎,现今我已明白了。身为女儿,理应尽心尽力侍奉父母;身为长姊,理应做出表率抚养弟妹;身为人妇,理应操掌中馈①为夫分忧。裴家三年,桂娘扪心自问,上侍公婆,下养小姑,不曾疏漏。如今为侍养父母而去,合情合理,不曾亏欠谁半分。"她看向裴瑜,脸上是坚定而又释然的微笑。裴瑜看着她,也露出一丝笑意,对啊,他的娘子本就是这样蕙质兰心、聪明坚定的女子。

是啊,纵使明日便要分别,可两情若是长久,又岂畏山遥路远?②

窗外的秋风依然肆虐,卷起枯叶,漫天金翠,可屋里的人却再不会惧怕寒冷。正是:"得成比目何辞死,愿作鸳鸯不羡仙"③。

(杜淑珩)

① 指家中供膳诸事,因为主持酒食是古代已婚女子的主要责任之一,所以也代指妻室。

② 夫妻离婚后尚可复合。

③ 古人用比目鱼、鸳鸯比喻男女相伴相爱。

正字^①宇文思的一天

唐十七娘有话说

①官名，掌校订典籍、刊正文章。

②唐代长安城东部城墙的正门。

③长安城的布局为典型的棋盘式，其东南西北城郭方正，极为严谨。

④皇城之南的大街名叫朱雀大街。

⑤唐代长安城城门的日常警卫部队。

⑥唐代，我国的气候整体处于一个小冰河期，据推测唐前期气候相对温暖，唐中后期时气候逐渐转向寒冷。

⑦唐代弘文馆位于太极宫左延明门外。

⑧唐代长安城南北中轴线朱雀大街由坊墙、人行道、御沟、行道树以及御道组成，御道居于整条大街的中央。

    地转星移，太阳自东方升起，温暖而灿烂的金光先唤醒了春明门^②高耸的城楼，接着滑过长安城棋盘^③一样的身躯，滑过东市，滑过朱雀大街^④，滑过西市，在金华门金吾卫^⑤的注视下，完成了对东方文明大都的问候。

    纵使白日渐升，也无法驱逐那料峭春寒。"这天儿，似乎是一年比一年冷^⑥了。"看着家门前那浅浅的积雪，宇文思不禁想起应为家中妻小增添些衣物了，但想起娘子对服饰颇有些心思，他决定不担心这件事。五更早已打完，太阳渐渐升起，瞧了一下太阳的高度，是时候前去弘文馆了。

    坐马车前往左延明门^⑦的路上，要经过朱雀大街的北段，此时，中央的御道^⑧一如既往已被打扫干净，融化的雪水顺着御渠流淌，更带走了经年累月积下的污泥。宇文思略微抬头，见御渠两边的槐树已无声地凋零，他不知道这些被精心打理的街景是否还能像往年一样绽放活力，他

| 唐人的一天 |

知道的是，这寂寞的景象与那坊巷深处的乞丐一样，象征着民众的苦痛。

"多久没看到家中田亩了？"宇文思陷入了回忆，自从及第之后，进入弘文馆，挑选了一个好妻子，[①]他就已经离过去的生活很远了，也再没为自己的生计担忧过，白日入文馆，晚间访青楼[②]。他紧了紧自己的冬衣，有些庆幸，有些惭愧。

思绪万千中，车轮滚滚间，马车接近了左延明门，在弘文馆门前细听，阵阵读书声从馆内传出[③]。

"嗯，好，甚好。"宇文思初来弘文馆之时，曾听闻学士描述往年学生不务正业之"盛况"，今年学生的表现让他感觉到了一丝欣慰。来到自己的桌前，前日送来的有待勘正的文稿正整齐地摆在面前。

"李校书看过了吗？"宇文思叫住了一旁的典书。

"禀大人，李校书今日偶染风寒，特遣下人前来告知。"

"君乾有恙在身？知道了，你去吧。"宇文思的眉间出现了淡淡的皱纹。

李如清，字君乾，是今年弘文馆的新人，至于为什么前一位校书郎离职换成了他，宇文思没有了解的兴趣，他只知道这位小先生好好地完成了自己一校[④]的工作，并且也不会像其他人一样谈论秘书省同僚[⑤]的是非。

[①]唐代校书郎一职由于留任京城，工作较为清闲，俸禄较为可观，并且未来晋升前景良好，一直在青年文士群体中占有较高地位，这使得获得校书郎一职的年轻举人常会获得社会青睐。

[②]唐代校书郎一职由于职务清闲、俸禄优厚，相关的就职人员常流连于娱乐场所。

[③]唐代弘文馆负责勘正典籍、教授生徒，其学生来源主要为贵胄子弟。

[④]唐代校书郎与正字的工作内容大致相同，但在具体的分工中，正字地位较高，就文稿校对这一方面来说，校书郎一般负责初审，而正字一般负责终审。

[⑤]唐代时期，弘文馆、崇文馆、集贤殿、秘书省以及司经局多个机构都设有校书郎一职，其中以秘书省校书郎地位最高，俸禄最优，官居正九品上阶。

但是他今日因病告假，还是让宇文思略有一丝不悦，桌上的文稿虽然说不上珍贵，但也是近日来史料整理[①]的重要成果，呈上去若是出了错漏，那可不是他一个弘文馆正字能担得起的。

"今日怕是要晚归啊。"不觉轻呼一口气，遣下人告知家中妻小，宇文思迅速地投入了琐碎的校对工作中。

幽静的弘文馆中时间飞逝，除了缓缓消散的积雪、渐渐干涸的墨砚、微微冰冷的清茶，竟再没有什么提示宇文思外面早已是夕阳西下了。

"都这个时候了！"在疲惫中将目光投向外面，宇文思不禁诧异，虽然没法直接看到太阳，但天上火烧一般的晚霞还是告诉他时候不早了。急急走入大院，长安城西陇山[②]墨黑色的身躯让太阳多了一份残缺的美。

"哎呀，归矣，归矣。"向陪同着自己的众多文士道别，宇文思急忙跳上马车向家的方向赶去。

"说是要迟归，但也未曾料想是这个时候啊，娘子怕是要担忧了。"在弘文馆中任职，是午时后即可归家，现在竟拖得如此之晚，宇文思心中不觉多出了一丝惭愧。

归家的时候，宇文思特地交代了车夫不要经过朱雀大街，傍晚之时是那些身居高位之人出行的高峰时间[③]，他宁可在较为狭窄的坊间小路中穿行，也不愿意去朱雀大街凑那热闹。辗转间，宇文思回到了家中，妻子不出意

①有材料显示，唐代校书郎参与过修史工作。

②唐代长安城位于陇山以东，陇山是长安城西部防御工事中重要的组成部分。

③朱雀大街沿线均是身家显赫之人的居所，临近宵禁之时常是达官贵人归家的高峰期。

| 唐人的一天 |

外地投来了嗔怪的眼神,可身心俱疲的他只想好好地休息休息。

在与家人用过晚餐后,劳累的宇文思在妻子的服侍下沐浴更衣,终于钻进了被窝里。迷糊中,他突然想起了一件重要的事。

"身为同僚,我今天应该去探望一下君乾兄的。"

今夜的长安依旧寒冷,裹了裹被子,在温暖中,宇文思迅速地忘却了这件事。

更声[①]轻传,月色自东方升起,宇文府上的灯火渐渐熄灭,与此同时,寂静包围了大部分人的家,可若是从高空看去,在长安城棋盘似的身躯上,仍有大片的灯火印证着无声的喧嚣,这是东方的大都,很多人的快乐才刚刚开始。

夜,深了。

(郑力维)

[①] 唐代有夜间报时制度,更夫负责打梆子或敲锣巡夜报时,一夜分为五更,每更约两小时。

书生意气，挥斥方遒
——王勃写《滕王阁序》那天

唐十七娘有话说

①唐代称老人为老丈或丈人。

②王勃作《滕王阁序》的时间有四种说法，本文采用了"二十九岁说"：元代辛文房认为，《滕王阁序》是王勃父亲王福畤谪交趾（今越南北部）之后，王勃前往省亲，过南昌而作。经考证，所作时间为唐高宗上元二年（675）。

③唐代永徽之年，官员每十天休息一天，分为上旬、中旬、下旬。唐代常在旬休之日举办公宴。

一

滕王阁外，江水被斜阳染红了一半，一只水鸟单脚立在水中的小洲上，时不时地抖抖身上的羽毛，伸长脖子叫一声。王勃谢绝了阎都督亲自送他离开的好意，出门恰巧看到一渔翁撑杆立在岸旁的小船上，他拂了拂衣服上并不存在的尘土，上前笑道："老丈①，载我一程。"

二

上元二年②（675）九月九日，重阳节，洪州城内的滕王阁锣鼓喧天，彩绸幔帐。

王勃直睡到四鼓绝时才醒，昨日南下行至洪州，天色已晚，便进城在这里歇下。今日暂不赶路，索性逛逛这洪州城。他草草收拾了，便出了门去。

滕王阁乃滕王李元婴所建，其本意就是用来宴客迎宾。洪州都督阎伯屿不久前重修了滕王阁，今日恰又赶上十旬休假③，便早早定下于重阳节这一天在此处大宴宾客，举行重阳节宴①。

王勃早闻此事，虽未受邀，仍欲赴宴于滕王阁。

滕王阁新修不久，飞阁入云，钩角流丹。青年正欲拾级而上，不曾想被守门的将士拦下："未受邀者止！"

王勃微滞，面露尴尬，转身欲离开。

"哒，哒，哒……"一阵马蹄声由远及近，一匹高大枣红色突厥马奔来，马配的行头更是繁复精致，一看即非凡品。这马在王勃面前停下，带来的气流撞得他连退了两步。马上的人翻身下来，衣着华贵，气度不凡，想必此人就是洪州都督阎伯屿。

王勃走上前叉手行礼，朗声说道："久闻都督大名，今日一见果然不同凡响。"

阎伯屿回了一礼并问："敢问郎君②姓甚名谁啊？"

"在下绛州王子安③。"青年答得颇为傲气。

天下谁人不识王子安，少年成名，六岁写文，九岁纠《汉书》之错作《指瑕》十卷，二十岁写出"海内存知己，天涯若比邻"这样名动天下的诗句。

阎伯屿一怔，随即喜上眉梢，道："阎某未曾想竟是子安小友。"说着，便命人请王勃进入滕王阁，参加今日的重阳节宴。

阎伯屿心中激动，王勃可谓当朝名动一时的少年英才，今日宴会本就群贤毕至、少长咸集，再加上他来，真

①九月九日重阳节，又叫重九节。这一天，唐人喜欢登高聚宴，饮用菊花酒。

②唐代称青壮年男子为郎君。

③王勃，字子安，唐人为表尊敬，常称字而不直呼姓名。

是锦上添花啊!这场宴会看似是简单的节宴,实则是都督为其女婿吴子章专门备下的。吴子章早已准备好一篇文章,只等属文之时站出装作即兴而作,从此打开官路,直上青云。

阎伯屿又细细嘱咐了家仆一番,强调今日不能出任何差错,便进阁去了。

三

王勃被人带进阁中后,便让那人走了,说自己要先四处逛逛,等宴席开后自会入座。这滕王阁从外看恢宏气派、高耸入云,没想到里面更是富丽堂皇、雕梁画栋。它依江而建,凭栏远望,自是风景极佳。王勃转至望台远眺,山影隔着江雾晃动,江水自栏下穿过,好一幅秋山远景图。

这时,两位宾客也转至此处,一边交谈一边观景,其中一人说道:"听说此次宴会乃都督为其女婿所办,为的是帮女婿打开官路。"

闻言,再仔细一想,王勃明白了其中缘故,微微一笑,心下了然,转身绕过那两个人,进到厅内去。

这边阎伯屿暂时安顿好前厅的桌席,来到后厨,让家奴拿来备好的食账①过目。今日设的是重阳节宴,喝酒赋诗是重头,菜品就稍稍简单了些。即便如此,只见那食谱上依旧满满当当地写着:"……水晶龙凤糕 花折鹅糕 满天星花截肚 木蜜金毛面② 粔籹(jù nǔ)③ 金粟平䭔(duī)④

①唐代菜谱。
②制成狮子模样的枣糕,又称"枣狮子"。
③唐代粔籹用米粉制作,即以蜜和米面,搓成细条,组之成束,扭作环形,用油煎熟,犹今之馓子。
④以鱼子为馅的面食,做成金粟首饰的形状。

葱醋鸡 西江料① 格食② 红羊枝杖③ 白龙臞④……"⑤

确定菜品无误之后,都督又派人询问今日的酒是否备齐了,得下人回复都已备好,他放心地点了点头,吩咐准备开宴,请客人都入座。

四

王勃到达宴厅时,客人们也基本到齐了。只见室宇华丽,楹柱挂满了锦绣,列筵甚广,器用皆非俗物,流光溢彩。厅中设菊花数丛,覆以锦幄,家仆来来往往,皆披绮绣。

客人三三两两聚在一起,或相互客套,或久别寒暄。王勃自己站在一处,等都督前来。

"欢迎各位友人远道赴宴,阎某感激不尽!各位都别站着了,快请先入座。"都督踏入宴厅,抚掌而笑,盛情邀请客人们入座。

"都督言重了!哪有客人先就座的道理,还请都督先行入座。"一位年纪稍长的客人说道,众人皆附和。

都督推辞不过,便先行坐下。还没等他人反应过来,王勃便紧随其后,一屁股坐下了。都督面色不变,笑道:"忘了与诸位介绍,这位便是绛州王子安。"众人皆惊,心想怪不得如此傲气。之后,众人也都纷纷入座。⑥

王勃坐下后,见自己桌前摆放着满满当当的糕酒,周围菊花丛丛,精致的器皿,澄澈且微微泛黄的酒液,每

①含有肉桂的一种药膳。
②以羊肉及羊肠等羊内脏缠豆苗制作而成。
③烤全羊,红羊是我国北方的珍稀羊种,肉质肥美。
④鳜鱼肉。
⑤菜品中糕点较多,这是因为唐代上流社会常以糕为主食,节令多食之。节令食糕,尤以重阳为多,时称重阳糕。

⑥唐人聚饮,并不注重身份地位。但入席之际,宾主会相互谦让,以先坐为尊重。

款糕点都摆放用心,几朵菊花讨巧地衬在盘中,粗粝罗列于其上。

待客人纷纷坐定,都督便朝着众位宾客笑道:"今日阎某请来了洪州城内最有名的乐伎——叶歌儿、赵安、商嘉荣作为我们此次宴会的席纠[①]。阎某府中还有几名水平欠佳的歌姬,今日也让她们来给诸位助助兴。阎某早早托人准备了乌程酒[②],命人采了茱萸与菊花,配成了我们宴会的酒,特邀诸位来品鉴,今日我们不醉不归![③]"言毕,摆手示意歌舞,宴会开始。

王勃抬头,只见一群衣带飘逸、面容俏丽的舞姬、歌姬鱼贯而入,有的半抱琵琶遮面,有的面纱半掩。舞娘伴着乐声,俏丽的裙摆在宴厅中央散开,不少客人拍手叫好,沉醉其中。

都督见众人赞叹不已,不由得意一笑,率先拿起酒壶给自己斟了杯酒。他放下酒壶,右手端起酒杯,食指在杯中轻点了一下,弹出一点酒滴,朗声对众人说道:"阎某蘸甲十分[④]敬各位了。"言毕,将酒杯送至唇边,豪爽地一饮而下。

宾客们见状,纷纷恭维着,言说应从王勃开始巡酒[⑤]。王勃这时候倒推辞起来了,说:"无名小辈,勃当婪尾[⑥]。"宾客们相视而笑,遂举酒数巡,献酬[⑦]纵横。

王勃身边坐着一位年纪稍长的客人,是都督府长

[①] 又称酒纠、律录事,负责行酒令,是贯穿酒宴前后的核心角色,相当于一个全能主持人。
[②] 唐代名酒。
[③] 唐代在端午或重阳,酒必采茱萸、菊以泛之,即浸泡,故称泛酒。
[④] 唐人举酒相敬,有"蘸甲"的习俗。即敬酒时,手指伸入杯中略蘸一下,弹出酒滴,表示畅饮,以示敬意。
[⑤] 唐人喜欢按次序轮流饮酒,每人都饮一遍称为一巡。
[⑥] 一巡饮酒有先后,婪尾酒为最后一杯。
[⑦] 席间饮酒,侧重献酬之礼。献酬是敬酒的意思,主人与宾客之间可自由献酬。

史——王鹭。酒至三巡，王鹭似有些不胜酒力，酒巡至此，饮却不尽。担任明府的叶歌儿问："胡为不尽？"长史答曰："性饮不多，恐为颠沛。"叶歌儿再劝："儿①取琵琶，劝君更进一杯。"众人皆起哄："当罚！当罚！"长史无奈，端起手边的酒，慢慢饮下②。

　　酒过三巡，宴会进入高潮，行至酒令③环节，劝觞罚酒、请歌打令，皆以筹箸④为依据。都督命人拿上来他新制的碧玉筹，装在同是上好碧玉制作的筒器内，有令筹五十枚，令旗一件，令杆一件。王勃以前在沛王府时曾见过这种酒令筹，也比这个制作更精美、花样更多。他离筹箸稍近，能看见那筹箸上写着的不同的酒令铭句：

　　克己复礼，天下归仁焉。在座劝十分。

　　朋友数，斯疏矣。劝主人五分。

　　君子居之，何陋之有？自饮七分。

　　刑罚不中，则民无所措手足。觥录事五分。

①唐代女性自称"儿"者较多。
②巡酒所到，必须饮尽。
③唐代盛行的劝酒活动。
④又称酒令筹，唐人发明的一种酒令器具。

唐代银鎏金"论语玉烛"龟形酒筹筒
镇江博物馆藏

……

赵安作为觥录事，为宾客们延明规则："行令时抽取一枚，读其字句，后决定如何饮酒。这套令筹分为劝人饮、自饮、合饮和放免四类，各类令筹变化起伏，错落有致。"

酒令将宴会的气氛彻底点燃，觥筹交错，人影重重。王勃在这糜烂奢华的气氛里也喝了不少，虽说菊花酒不醉人，但后劲上来了也有几分醺醺然，在灯火交错的一瞬间，他恍惚以为自己还是沛王府颇受赏识的博士①，官途磊落青云，只差一阵东风。

在众人热烈欢闹之时，叶歌儿得都督暗示，按琵琶以停，对宾客们说："重阳佳节，本就应登高赋诗、属文记事，且今日之宴又是诗酒之会，各位岂能不一展才情？"语落，便有人拿来纸笔，众人安静了一瞬，心中明白，这是都督特意给女婿准备的展现才情的时刻，于是都推辞不写。

王勃一时也无言，将枣狮子放进嘴中，抬手又给自己倒了杯酒灌下，咂咂嘴。他瞧见坐在都督另一侧的一年轻人神色有些激动，从开始就没吃几口，便猜测这可能就是都督的女婿吴子章。王勃兴致索然地摆弄了几下桌子上剩下的糕点，听着众人仍在心知肚明地互相推辞，看着吴子章因为紧张而微微有些坐不住，嗤笑一声，忽地

① 唐代有太学博士、太医博士、律学博士，均为教授官。

起身说:"既然各位都推辞不写,那某来写一篇,文采欠佳,各位包涵。"

话音刚落,都督、吴子章以及其他宾客的脸色都变了。坐在一旁的王鹭急忙微微扯了扯王勃的衣摆,说:"子安不胜酒力,要不先去歇息一番?"

王勃笑笑说:"多谢长史关心,子安自知酒量如何。"

都督心中纵有千万分不满,也不好意思当众翻脸。他挤出笑意,对王勃说:"那就请子安露一手了。"说完,便借口衣服脏污需要更换,转身进了后堂。进得后堂,他越想越气,便派了一个机灵点的小厮在外面给他传话,咬牙切齿地说:"我倒要看看这个号称天才的小子能写出什么东西来!"

都督离开后,众宾客议论纷纷,吴子章气得脸色发青,恨恨地瞪着王勃。王勃对他们只作不见,对旁边的小厮说:"给我纸笔。"

桌案已收拾干净,铺上了上好的纸和笔,王勃站在桌边沉思了一会,便一手撑桌,一手提笔在纸上写下:"豫章故郡,洪都新府。"

小厮传话进去,都督冷哼一声:"不过老生常谈!"

又闻"星分翼轸,地接衡庐",都督开始沉吟不语。

待写到"童子何知,躬逢胜饯",满堂宾客已然惊

住，期待地望着他，看他接下来会怎么写。极目四望，见杯盘狼藉，游走于自己身上的目光，王勃有些恍然，他突然觉得自己好像仍是那个不知天高地厚的王子安，那个敢对《汉书》纠错的王子安，那个谦虚说自己对"三才六甲之事，明堂玉匮之数"有所知晓的王子安，那个十六岁应幽素科①试及第授职朝散郎②的王子安。

此时，滕王阁外天高云淡，澄江如练，天光水色相接，浮云潭影相照，王勃再不做停留，接着一气呵成："时维九月，序属三秋……请洒潘江，各倾陆海云尔。"

文不加点，满座皆惊。

都督赞叹："此真天才，当垂不朽！"

心悦诚服！

正当王勃搁了笔，准备坐下的时候，吴子章站了出来，生气地指着王勃说："文是好文，怎能抄袭前人？"

众人不解，纷纷询问吴子章何意。王勃懒懒散散地站在一旁，等着听吴子章怎么说。

吴子章接着道："我之前看过一篇前人的文章，与王兄今日所作神似，总不能是前人抄袭王兄的吧。"

他怕众人不信，便称自己可以背下来曾经读过的文章。说完，他便凭借过目不忘的本事，当真把刚刚王勃写的文章大差不差地背了下来。

众人开始低语，显然产生了一些怀疑。

①唐代科举制科之一。
②在唐代为文官第二十阶，从七品上。

王勃淡淡笑了一声，说："那吴兄可记得前人的文章后面是否还有一首诗？"

吴子章闻言一愣，强作镇定道："哪有什么诗？"

王勃拨开人群，走到桌前，提笔在文章后写下：

滕王高阁临江渚，佩玉鸣鸾罢歌舞。

画栋朝飞南浦云，珠帘暮卷西山雨。

闲云潭影日悠悠，物换星移几度秋。

阁中帝子今何在？槛外长江空自流。

感叹，折服，再无人质疑。从他提笔开始，阁内的人声从嘈杂到安静，从安静到沉默，再从沉默到惊叹。

撂下笔的那一刻，那个曾经意气风发、鲜衣怒马的王勃又回来了。虽仕途不顺，包藏重犯，犯下大错[①]，但当拿起纸笔、写作诗文的时候，他依旧是名动天下的王子安。

五

文成，席毕，王勃向都督告了别。他谢绝了都督挽留不成想要亲自相送的好意，踏出了滕王阁。此时已是傍晚，残阳洒在水面上，王勃终于释怀，步履皆轻盈。九月天高云阔，他抖落身上残留的酒气，冲岸边小舟上的渔翁笑道："老丈，载我一程。"

（李若溪）

①王勃任虢州参军期间，藏匿犯罪的官奴，后怕走漏风声又将其杀死，因此犯下死罪，幸运遇到大赦才免于一死。

鬼蜮含沙①
——酷吏来俊臣的一天

斜月映百坊，三星坠北邙。天津②横洛水，武皇坐明堂。

五更三点，夜色未尽，太初宫③内的鼓声隆隆传来，很快，洛北二十九坊和洛南七十四坊④的晨鼓应声响起，彻底击碎了洛阳城黎明前的平静……

站立在应天门⑤前假寐等候上朝的来俊臣被鼓声惊得打了一个激灵，一抬头，城门已经缓缓打开，他连忙晃晃头，深吸口气，整了整自己朱红色的官服和银鱼袋，跟上了入城的队伍。

"又是一日常朝啊。"来俊臣心里想着，抬起头，望向了走在自己斜前方的尚书左丞周兴，他撇了撇嘴，勾出一个略带嘲意的笑。突地一阵冷风吹过，他控制不住地"阿嚏"一声，行进中脚步声阵阵，将喷嚏的声音遮盖得严实，可一听见来俊臣这细微的声响，走在他左边的谏议大夫却狠狠地一抖手，几乎把笏板⑥扔掉。看到他的反应，来俊臣"哼"地轻笑出了声，害得走在他

唐十七娘有话说

①武周时期，以来俊臣、周兴为首的一干酷吏，常含沙射影污蔑朝臣。以此为题，意在揭示武周时期特殊的"告密"政治生态。

②指洛阳市天津桥。

③隋唐洛阳城宫城，位于皇城北，名曰紫微城、紫微宫，武则天时期号为太初宫。

④隋唐洛阳郭城以洛河为界，分为南北两部分。

⑤隋唐洛阳城中轴建筑群上著名的"七天建筑"之一，也称"天门"。

⑥大臣上朝拿着的手板，用玉、象牙或竹片制成，上面可以记事，用以记录君命或旨意，亦可以将要对君王上奏的话记在上面，以防止遗忘。

前方的京兆府少尹①的额上也多了一把汗，寒气一激，还冒着丝丝白烟。

行至台前，两列官员夹台阶而站，等候两名监门校尉②唱籍③，验籍完毕，方可进入。来俊臣等得颇有些不耐烦，他是正五品官，要等待前四品唱验完毕方才轮得到他。他恨恨地盯着前面人的紫色官服和金色鱼袋，幻想着自己有朝一日穿戴上它们的样子，不由得咽了口唾沫，时间也仿佛变快了许多。

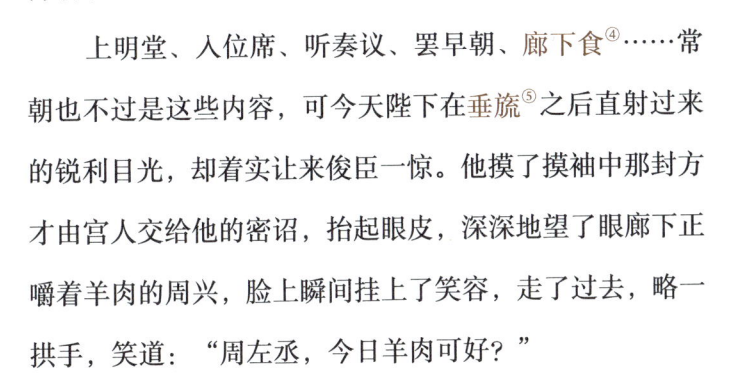

上明堂、入位席、听奏议、罢早朝、廊下食④……常朝也不过是这些内容，可今天陛下在垂旒⑤之后直射过来的锐利目光，却着实让来俊臣一惊。他摸了摸袖中那封方才由宫人交给他的密诏，抬起眼皮，深深地望了眼廊下正嚼着羊肉的周兴，脸上瞬间挂上了笑容，走了过去，略一拱手，笑道："周左丞，今日羊肉可好？"

"甚是鲜美！来中丞也可一试啊。"一见来俊臣，周兴也忙咽下肉，起身见礼——虽然来俊臣仅仅只是正五品，可周兴也实在不敢得罪这煞星。

"那便好了，却不知今日可否有幸与左丞共暮食⑥？"来俊臣笑着邀请道。

唐代象牙笏板
新疆维吾尔自治区博物馆藏

①唐代在长安城周围的京畿地区设京兆府，京兆府少尹为京兆府佐官。

②左右监门卫官员，掌守宫禁殿门。

③按册点名。百官上朝时，由监门校尉根据名册依次核验身份进入。

④古代常朝，百官朝退后，皇帝赐食于殿前廊下，谓之廊餐，也叫廊食、廊下餐。

⑤垂旒（liú），指皇帝冠冕前的装饰。

⑥晚饭。唐代已出现一日三餐。

①即"丽京门"。武周时，于丽京门内置制狱，令来俊臣等审理案件。来俊臣残暴，诛斩人不绝，凡入丽京门者，非死不出，因此称"例竟门"。

②"突地吼"与"见即承"都是唐代刑具。"突地吼"，是将犯人绑在一个大木桶里，然后，在地上不停地转圈，因而犯人很快便会晕死。"见即承"，指看见刑枷马上就承认罪行。

③唐人煮酒用铛，三足，用金属或陶瓷做成。

"诺，诺。"知来俊臣是有事相商，周兴自无不应。

来俊臣的嘴角又向上了几分，眼神却更冷了："在下便于寒舍静候周左丞了。"傲慢地环顾四周，不少官员都避过了他的眼神。廊下食确有规矩，尤以御史台最为严格，不过，即使失礼，谁会惹他不快，找他的过失呢？谁会想进"例竟门"①呢？周围的官员见来俊臣走开，顿时松了一口气。

"'突地吼'还是'见即承'②呢？"来俊臣轻声嘟囔了一句，随即拍了拍自己的头，轻笑道，"糊涂了，怎么忘了周兴是谁，他向来最有主意……"

漏壶中的水一点一点减少，浮箭一点一点地上升。

冬日日落早，刚至未时，天色已见昏暗。道德坊内，来俊臣府邸的会客厅中，周兴已经吃了三块羊肉、饮下两杯黄醅酒了。见来俊臣一直盯着小炉上的三足铛③不言语，周兴不由得有些疑惑："中丞，今日过来只是如此吗？"

唐代素面三足银铛　陕西历史博物馆藏

来俊臣笑道："自然不是，实在是小弟有一事难解：下狱的罪臣常有不服，刑罚都上遍了，也是咬死不肯招认，为此，小弟愁得是终日难眠啊。周兄多智，可否给出个主意？"

一谈到刑罚，周兴的兴致也被挑了起来："那'死猪愁''求破家''反是实'竟都无用？"

"是也。"来俊臣眉头紧皱，似是极为苦恼。

周兴更为得意："来中丞不需烦恼，这事情说来也极为容易，把那些嘴硬的东西放到大瓮①里，四周燃起炭火，搓磨一番下来，谁还不招？贤弟且说说，愚兄这法子如何？"

"妙极！妙极！"来俊臣愁色顿消，拊掌而笑，"来人，取瓮！"

家仆应声而下，不一会儿，一个大瓮已然被抬进会客厅，堆在了燃起的木柴之上。

昏晦的屋子里，木柴上烈火熊熊。火光中，两人晃动得几近扭曲的影子投在墙壁上，带着些狰狞之态。周兴抬起袖子，轻轻地擦了擦被热火熏出来的汗滴，不无得意地斜睨了一眼来俊臣，却见一双眼睛仿若毒蛇般直勾勾地咬了上来。

"罪人或免人罪，难为亦为也。②"来俊臣轻飘飘念叨了一句。

①一种盛水或酒等的陶器，口小腹大，与缸相似。

②意为加罪于人或许能避免被人加罪，此事虽不容易也要勉为其难了。

"什么？"周兴的脸猛地抽搐了一下，他突然有种不祥的预感。

来俊臣慢悠悠地伸开双腿，从榻上站了起来，轻轻抚了抚袖上的褶皱，走到周兴的身前，正肃道："周兴，来某奉陛下圣旨审查于汝，汝可知罪？"

"周某忠于陛下，一片赤诚，日月可鉴，定是小人诬告！来中丞可是弄错了什么？"周兴的脸色急得发红，额上的汗滴已经开始向下流。

"是啊，小弟也不相信周兄你会干出这等事。"来俊臣挑了挑眉，从袖中掏出一本小册子，递给了周兴，沉声道，"对了，这是小弟前些日子闲极无聊信笔胡写的几句，周兄可否雅正一番呢？"

周兴的心咚咚跳个不停，来俊臣葫芦里究竟卖的什么药？他接过那本黄皮小册子，手指发着颤，慌乱翻开，"《罗织经》[①]？这……"刚看了三四页，周兴的脸色已白得发青，勉力又往后翻了几页，便只觉得手冷得失了知觉，嘴唇抖了抖，艰难地咽下一口唾沫，喉结上下滚动，似是想要说些什么，却仿佛被什么东西堵住了喉咙，一句话都吐不出。

来俊臣却蓦地换上一副笑脸，灿烂得好像连他脸上的皱纹都在笑，仿佛他面对的不是周兴这个即将被下狱的准犯人，而是一块亮澄澄的金子。他慢慢拉长语调，柔和

[①]来俊臣所著，讲述如何罗织罪名、陷害杀人等。

得像楚馆里招徕客人的女姬:"周兄多智,倒是给来某出了个好主意。若是执意不招,来某无能,也别无他法,怕是只能请周兄入这大瓮中小坐了。周兄意下如何呀?"

陕西长安南里王村唐墓壁画中的凭几

周兴觉得自己的力气仿佛瞬间被掏了个精光,身子一软,"砰"地撞了身前的凭几①,手里的小册子也"啪"地掉在地上。他重重喘了几口气,撑着凭轼,爬下床榻,闭上眼睛,用仅剩的力气狠狠跪下,磕了一个头,咬着牙,挤出几个字:"周某愿招。"

来俊臣柔柔地轻笑道:"周兄是明白人。"瞬间,他的脸又冷了下来,笑容也消失得无影无踪:"带走吧,丽京门是个好地方。"被两个仆役架起的周兴脸色愈发苍白,眼睛中露出了绝望的神情。

周兴被拖走不久,来府书房内,响起了低低的交谈声。

几案上的火烛明明灭灭,"事情怎么样了?"来俊

①唐代的重要家具,又可称为夹膝、隐几、伏几。几面平直,下置二足,盘坐于榻上或席上时,可以将它放置身前凭靠憩息。

臣抽出一把剪刀，挑起灯芯的燃线，"咔嚓"一声，灯火亮了许多。

"都办妥了，告发狄仁杰谋反①的密报已然投入密匦（guǐ）②。"一个戴着黑色羊皮浑脱帽③的三角眼年轻人半弯着腰，点了点头说。

"仅尔一人？"来俊臣挑了挑眉。

"中丞教的，小的们都记着呢！几个人同时告发，说同一件事情，还专门安排了人从长安那儿告。"

"嗯，好，若是把狄仁杰拉下水，尔等自有好处。"

"小的原来不过一个间阎医工④，兄弟们从前也是在街上游走，还是多亏了中丞的栽培。"

来俊臣满意地笑了："今日时辰已晚，暮鼓将响，尔也该速归了。那《罗织经》，尔等可要勤加研习啊。"那年轻人连连称是，随即退出书房，从一旁的小角门钻了出去，隐入漆黑的夜色中。

不一会儿，"咚咚隆隆"的暮鼓声就自皇城中传了出来，由远及近再及远，连成一片。来俊臣知道，在这最

①狄仁杰（630—700），时任地官侍郎、同平章事，被来俊臣诬陷谋反，夺职下狱，平反后被贬为彭泽县令。

②武则天于中书省外所设的方形密匦，四面分别涂青丹白黑四色，不同的颜色对应不同的作用，大臣和百姓若有怀才自荐、匡政补过、申冤辩证、进献赋颂者，都可以分类投匦。后成为酷吏们诬告攀咬的工具。

③也称混脱帽，是胡帽的一种，多以较厚的锦缎制成，顶部略成尖状，帽身织有花纹，有的还会镶嵌各种珠宝。

④走街串巷的医人古称"游方郎中"或者"铃医"等，唐代称此类人为"间（lú）阎医工"。

陕西省西安市唐韦顼墓出土的仕女图石刻线画，人物头上戴的即是浑脱帽

后的喧嚣过后，城门和坊门都将依次关闭①。

推开书房门，来俊臣大步走回卧房，径直和衣躺上了匡床②。一日机关算尽，总归心想事成，他不禁舒服得哼哼了两声。"明日还有常朝，早些就寝才好。"他心想。合上眼睛，他仿佛看到了自己官拜三省、着紫服、佩金鱼袋的模样。"狄仁杰，"他悠悠地叹了一句，"看你怎么跑……"

天堂③内，檀香袅袅，柔暖熏人，隔去了冬夜的清寒，一只保养得宜的手轻轻划过桌上的一本黄皮小册子，一句叹息回荡："如此机心，朕未必过也！"

天授二年（691）的冬天冷而长，距离万岁通天二年（697），还有六个春秋④。

（郭妍佳）

① 暮鼓八百声后关闭城门和坊门。

② 唐人卧具。

③ 武则天礼佛之处。

④ 天授二年（691），周兴被人告发谋反，被来俊臣用请君入瓮之计制服。万岁通天二年（697），来俊臣被杀，酷吏政治结束。

开元烽堠一小兵
——戍边士兵孟胜才①的一天

大漠孤烟直，

长河落日圆。

烽戍逻卒，

万里相继。

开元元年（713）十一月十五日，塞外苦寒更甚，呼啸的北风裹挟着雪花击打在西州②突播道旁土山上的悬泉烽③。平旦时分，这座寻常烽堠依然笼罩在黑暗之中，只有高高的城垣上点点移动的炬火闪闪烁烁。寒冬时节的西州，天总是亮得有些晚，烽外的景象只有在月光与白雪相映下才可勉强看清。

日出之时，孟胜才被从烽堠上当值放哨④、披盔戴甲的郭九奴推醒了。经历了一年多每月十五天烽堠上番⑤的相处，轮值时二人之间已无需语言交流，孟胜才就知道该换他放哨了。孟胜才推了推旁边昨日新来上番的郭登科，准备开始新的一天也是最后一天的事务，也顺便带郭登科

唐十七娘有话说

①出自新疆出土的唐代文书。

②唐代天国将领侯君集平高昌，以其地置西州。

③唐西州烽堠名，现新疆赛克散土墩为其遗址。

④根据烽子数量，将昼夜分为夜半、鸡鸣、平旦、日出、食时、隅中、日中、日昳（dié）、晡时、日入、黄昏、人定。每时辰分为四刻，若烽子为五人，则每烽子昼夜各值1.4个时辰即4.8刻；若为十人，则每烽子昼夜各值0.7个时辰即2.4刻，或二人共同值守1.4个时辰。这里烽子数采用的是十个。

⑤烽帅、烽子并两年一代，每月上番，番期十五日。

熟悉一下烽堠的事务与布局，一想到今天就是自己上番的最后一天，明天就能卸任回家，孟胜才的内心不由得快活起来，手上穿衣的动作也加快了。

起了身，孟胜才将自己陈旧的半臂①拉紧，把夜里作为被子盖的袄子②穿上，再套上长袖，将绵袴提紧，套上鞋袜③，并将抹额④在额头绑好，裹好自己油漆漆的幞头⑤。一番穿戴严实后，他便取来苇炬⑥，用火石打出火星点着，在朦胧夜色中举火带着郭登科离开土山包上的烽子居室⑦，前往武备库。武备库里径自取下自己挂着的步兵甲⑧，孟胜才着好内甲，套上胸甲，看见郭登科仍呆站着观察武备库，他深吸一口气，颇不耐烦地看向郭登科说道："汝还不过来助某穿戴甲胄，愣在那里作甚？"郭登科顿时缓过神来，连忙道："唯⑨。"孟胜才便展开手臂，

唐代蕃锦黄地团窠宝花纹锦半臂
甘肃省博物馆藏

唐代段简璧墓壁画中的头
扎带子的侍女
昭陵博物馆藏

①类似坎肩，原料多为丝织品，且主要为纥（gē）。
②兵衣中的袄子当属棉袍，后面开衩。这种袍子是唐代军人特有的服饰。
③军队士兵麻鞋和皮鞋兼有之。
④一般用于战场上区分敌我。
⑤古代男子用的一种头巾，也叫折上巾。
⑥一种照明用品。
⑦烽堠外常建造成边士兵的居住场所及日常活动的中心区域。
⑧府兵自备的甲胄、武器要藏放到武备库。
⑨"唯"一般用于下级或晚辈对上级或长辈的回答，"诺"一般用于上级或长辈对下级或晚辈的回答。这里，孟胜才比郭登科资历老，又年长，故郭登科对孟胜才说"唯"以示尊重。

将双腿分开，嘴上还不忘讽刺道："小子，一个武备库就把你吸引成这般。"登科也不反驳，从旁拿起护臂，将其系在孟胜才小臂上，从后协助孟胜才系好裙甲，带上掩膊①，并帮他绑好才作罢。

在帮孟胜才穿戴甲胄时，郭登科注意到了孟胜才盔甲上锈迹斑斑的铁札片不由得一阵艳羡，也有些好奇，便道："敢问郎君，某为郭家第三子，郎君称某三郎便可。郎君家中看来财帛不菲，竟能购置起全套铁甲，但奈何盔甲多锈斑而弗除？"胜才摆手道："汝这小子，初来乍到就是无知，西州多风沙，偶有风雨，故多锈迹，且烽子事繁，不若汝所想之易，故锈迹多而弗除也。而这铁甲乃是大人在某从戎后所传，等某带君熟悉烽堠事物，再细细说来也不迟。另外，君称某为孟大郎便可，烽堠中最不待见客套，莫要净学穷措大②。"登科尽管心中有诸多疑惑，但也只能作罢。待二人互相穿戴整齐，孟胜才拿起札甲兜鍪（móu）③戴上，

①披膊，古代铠甲遮护臂腰的部分。

②形容贫寒且酸气的书生，含轻慢之意。
③头盔。

唐代陶黄釉骑马男俑（头戴兜鍪） 故宫博物院藏

| 唐人的一天 |

捋平札甲后摆，将横刀挂在腰间，又从架上取下一支木杆铁枪递给登科，并取下一张烽堠内官家配发的弓弩①绑于腰间，且取箭②矢三十，左手持苇炬，右手按横刀，便带登科出武备库，顺着居所旁从烽台上放下的屈膝梯③，爬上了五丈高的烽台。

经此一番穿整，天空已有亮色，风雪也渐渐小了。孟胜才手扶城垛眯眼看向北方，见有一道长烟从三十里外的前烽处升起④，不一会儿便断了，而后又升了起来，孟胜才方才长吁了一口气。他见身后的郭登科持稍紧张地看向孤烟，便双手环抱故作平静说道："小子，汝紧张作甚，突厥人现在又没有打过来⑤，看把汝吓得矛都快拿不稳了。"郭登科瞪了胜才一眼，单手将枪倚在肩上道："某看汝也紧张得不轻，别仗着汝守了两年烽就觉某是无知孺子了，某好赖也自幼长居蒲昌⑥，也知戎事，方才不过是前烽放的平安火⑦罢了，要是突厥虏真过来了，某看汝这军汉还不如某呢。"

胜才听罢也不恼，只是嗤了一声鼻，按刀继续沿城垣向圆屋走去。"小子，汝还真是年轻气盛，乃公还真希望等突厥人打过来，能砍下他们几个脑袋，升上几勋转⑧呢！别到时汝怂得跟穷措大一样，净逞口舌之能。"

郭登科也气盛，当即回道："汝这汉，到时可不要畏缩不前，躲在某身后，看某杀敌风采。"

①军兵个人不能持有弓弩，烽堠烽子所持有的弓弩是朝廷专门设立的军器监生产，由国家府库统一分发的。

②唐箭有四种：竹、木、兵、弩。

③一种便于携带的简易梯具，因形状似膝关节屈曲时的形状而得名。

④凡边城候望，每三十里置一烽，且须设在山岭高峻处。

⑤开元元年（713）冬天，突厥围攻北庭，威胁西州。

⑥唐西州折冲府之一，唐贞观十四年（640）平高昌，以其东镇城置。以地近蒲昌海得名，贞元后废。

⑦烽燧报警，白日放烟，黑夜举火。正常年月，每早夕平安举一烽，为例行公事。

⑧军士战功的等级。

孟胜才却不加理会了。

及进了圆屋,孟胜才通过望贼孔[①]仔细对校方才烟雾升起的位置,确认的确是前烽所放的平安火后,便将火台旁的土筒打开,将里面的羊粪取出。见郭登科满脸疑惑,孟胜才轻笑道:"小子知否,往土筒里放羊粪是为了让土筒内部保持温暖,若是突厥来了,烟放不出来,那便万事休矣。突厥若是攻打咱悬泉峰,没放烽火,就只能指望长探[②]或我们之中一人的脚力去向州县报告求救了。要是没打来,绕过了我们,去攻打州县,那事后咱们就惨了,都得活受三年刑。"

说着,孟胜才将木柴、柴藁、茎叶[③]抽出一部分聚拢成堆,放入乌灶台中,用火石点燃,然后将乌炉灶门关上,打开土筒上的瓦盆。眯着眼看着一股烟雾从土筒中缓慢升向云端,孟胜才方满意地站了起来,拍了拍甲胄上的草木灰,双手掐腰迎着望贼孔吹来的风,好不快活,估摸着时间到了,胜才便将瓦盆重新盖上,并对看着烽烟发愣的郭登科道:"三郎,汝啊看明白没,放平安火要这般进行,得两应两灭,等会儿还得再将盖子打开,可不就如同烧柴火那般简单?可还要仔细看前烽所放的烽烟,突厥人狡猾得很,小心他们故意放烟来欺骗汝等,要是看错了,放错了烽,咱们也都得受三年刑[④]。"登科虽然也是府兵但究竟是没有守过烽的,只能讷讷道:"唯。"

[①] 又称望孔,主要用于瞭望敌情,有些望孔兼具向外施展武器、发射弓弩火炮等作用。

[②] 探,即刺探。若长期充任则命为长探,负责侦查警戒。

[③] 每年秋季前烽子采艾蒿、茎叶、苇条、草等,为"放烟之薪"。

[④] 根据唐律,若贼寇入侵,烽燧未放烽烟或放错烽烟,烽子须受徒刑三年。

说罢，孟胜才估摸着是时候了便又把盖门打开，积压的烟雾猛地沿着烽台壁上的烟囱通向天空①。胜才倚靠在烽台壁上，指着旁边被沟堑所围的艾藁、茎叶、苇条堆，对郭登科说道："三郎，汝亦要看好这草木堆，若是汝失手点着，又灭不掉，让别烽误以为有警，那吾等就要因不应举烽及辄防火之过而徒一年了。"郭登科听了这么多，也有点不耐烦，嚷嚷道："大郎莫要小觑某等，某这还是知晓的，失手防火这等蠢事，某断然干不出。"

胜才轻笑一声，开始闭目养神，等烽烟飘得差不多了，便用木棍驱出了灶炉里燃烧的枝条，等余烟散尽再放入新的羊粪并关闭瓦盆。烽台下面逐渐吵嚷起来，胜才和登科走出烽顶，只见烽帅②、烽副及其家眷③和没值夜班的烽子们都已经从屋舍里出来了。饭已经煮好，诸烽子都在吃朝食。说是朝食，其实也就是粟米一升④配上一些酱豆豉，来作为主要的食物和盐分补充。然而，此时原本应该是吃轻松朝食的，但烽帅史才智却和长探虞侯郭才感却投箸不食，面露苦色。见孟胜才从烽顶走出，史才智露出苦笑，对孟胜才道："老孟，出来了？"孟胜才默然点了点头，俯瞰羊马城⑤内一周，却没有发现长探杨石生的踪影。杨石生昨晚和郭才感外出探查，老郭回来了，按理说老杨也应该回来了，难道是在房里睡觉？但若真是如此，郭才感这时也应该去睡了，而史才智和郭才感又面色如此难看，

①唐代骆宾王有《晚泊蒲类》诗云："灶火通军壁，烽烟上戍楼。"描绘的正是唐代烽堠上施烟时的景象。

②亦称主帅。
③烽帅常须在烽台检视，可将家眷安置在堑内。
④唐代军队每日伙食标准为米二斗，而唐代有一日三餐也有一日二餐。
⑤为防守御敌而在城外建筑的类似城圈的工事。

难不成老杨昨夜被突厥人捉去了？

一想到这里，孟胜才的心也一下子沉了下去，双手紧握城垛，面色沉重，急切地对史才智问道："主帅，难不成，老杨他……"其他烽子这时也意识到不对劲，一个个都反应了过来，放下了手中的碗筷，急切地望向烽帅，等待着史才智的回答。史才智抿了抿嘴唇，艰难地开口说道："老杨应该是没了。"

不待史才智说完，脾气暴躁的烽子李道说道："烽帅，汝这说的是什么话，什么叫应该没了，不出去找找怎么知道？现在光干坐着有什么用！"说罢，李道就要前往武备库披甲拿刀。

"老李！"城垣上的孟胜才痛苦地制止住李道。"现在突厥人在烽堠外横行，咱们全烽满打满算也就十四个人，五个是新来的，都是没有什么经验也没经过训练的乡丁①，还有三个是受雇上烽的白丁②，咱们又没有马，还得留下人来守烽。失去烽堠的庇护，咱们在这广阔平坦的雪原上只能成为突厥骑兵的下酒菜，再说下了一晚上的雪，要是有踪迹也早就被雪掩埋了。下这么大的雪，就连用土河③也无法辨别啊。"李道听罢也默然坐下，只能喃喃道："那也不能……"

"这样，某和郭九奴二人一起去探查看看。"史才智一锤拳说道，"李道，你脚力快，赶快前往附近驿站④

①府兵制在开元年间崩坏加深，府兵数量减少，所以这里五人皆为乡丁。
②平民或属军籍的壮丁。开元初年受雇上烽的人多为白丁。
③一种侦察方式，即挖一个两丈宽的坑，填上细沙，通过每天检查人和动物的脚印来判断敌情。
④驿站由官方开办，实在官员出行之时为其提供住宿，并供应他们饮食的场所。

骑马向府县报告①老杨可能被捉一事。"说罢，才智又抬头望向孟胜才道："胜才，汝守烽两年，大小事务都熟记于心，又资历最老，这样，汝留下协助烽副看守烽燧。"

孟胜才拍墙怒道："老史，汝说的是什么话，我老孟岂是贪生怕死的市井儿？汝也说了，某资历最老，经验最丰富，理应某来。"

史才智摆了摆手道："某这还是知晓的，但汝明日便能归家，汝妻子还等汝明日归去，这险今日还是让某来吧。"说罢，史才智回头走到身后紧张注视着他的妻子旁边，不断低声安慰。孟胜才见此，张了张口，却说不出一句话，只得哼了一声鼻，佯怒道："史才智，汝这军汉，要是敢一去不回，某就替嫂子杀了汝，活要见人，死要见尸。"史才智哑然，只得笑骂道："汝这军汉舍得了老婆，某还舍不得呢！汝给某好好守烽，安心等某回来。"说罢，史才智将酱豆豉和粟饭搅和在一起，三两口下肚，和郭九奴前往武备库，取了一身轻札甲，

唐代章怀太子墓《仪卫图》（武士头戴红色抹额与黑色幞头，武士腰上悬挂的黑色物体即胡禄）

陕西历史博物馆藏

①伊、西、庭三州的烽铺大多置于夹天山南北二道上，道上多驿站。悬泉烽不置马铺，故悬泉烽烽子前往府县报告应先前往附近驿站乘马传递文牒。

一把横刀,各挂一把稍弓①、一胡禄②,慷然而去。

孟胜才用手按刀忧心地看着史才智和郭九奴的身影消失在风雪之中,眉毛拧成了"八"字,刀柄越按越紧,身旁的郭登科想要出声安慰,张了张口,却又哑言。

是啊,自己才刚上烽,是个愣头青,这安慰又有什么用呢?想到这里,郭登科不由得握紧了矛柄,思绪亦如这风中的雪花,飘忽不定。

二人之间的距离不过一丈③,无边的沉默却构成了难以打破的壁障。一阵难以忍受的沉默后,一阵浊气从孟胜才口中呼出变成了一股白雾消散在寒风中。孟胜才紧缩的眉头逐渐舒展开来,两手扶在墙垛上,双目圆睁对身旁的郭登科说道:"主帅会平安回来的,一定的。"郭登科点头附和道:"一定的,一定会的。"

孟胜才脸色逐渐缓和,干咳了一声道:"小子,汝虽非长探,但亦须注意,夜里随时都要小心点,尤其是莫要随意外出,小心被突厥人捉去,以皮索穴汝肩骨④,为其牧羊。"

"那,杨郎君莫非是被抓去牧羊了?"郭登科小心紧张地问道。"说的是什么屁话!"孟胜才瞪了他一眼,"老杨做长探已有不少时日,岂会轻易如汝一般被捉?"登科内心暗暗不忿,但自己问的确实不是时候,也只得作罢。"不过,若真被突厥捉去,可不是牧羊那般简单,

①短弓,利于近射。
②为装箭矢的箭袋。

③一丈约合今307厘米。

④用皮索穿过肩胛骨。唐代中后期,大量唐军士兵因战争被俘受到奴役。

其所为之事尽为隶奴之所为，所食尽为隶奴之所食，所寝尽为隶奴之所寝，定会被折磨得生不如死。"孟胜才抚墙叹息道。

虽早就到了下值之时，但孟胜才坚持亲自守城垣直至烽帅归来，其他烽子也只能作罢。郭登科虽早欲歇脚，但奈何孟胜才一直不肯下城墙，而自己也要接受孟胜才的教导，也只得随着孟胜才一同守烽。

已是日中，郭登科实在是坚持不住了，经一再请求，孟胜才才勉强同意轮班。快下去时，孟胜才还不忘眺望远处，看史才智和郭九奴有没有回来。

一阵风卷残云后，二人匆匆吃了早已冷凉又重新热了一遍的粟饭，食毕，孟胜才见干坐着无事，上烽堠又无用，便对登科说道："某不是日出时欲对汝讲烽子事繁不易吗？现在刚好无事，便与汝说说，也好让汝有个准备。"

郭登科站了一上午，又饿了一上午，刚吃了朝食，正疲惫万分、昏昏欲睡，听了孟胜才的话立马精神起来，正襟危坐等着孟胜才讲。孟胜才缓缓开口道："汝上午上烽，不知看到羊马墙旁边的剧田[①]没。算汝运气好，赶上冬天来上番，若是赶上其他月数，免不得一番劳作耕地，若是耕不好更须受屯官责罚，最终可别搞得使锄头比使长枪还顺手。"

[①]烽堠附近有剧田，烽子既要耕种又要警备。

登科笑道："某好赖与君同为卫士，虽平日习武，但亦操农事，庄稼把式何足道哉？"孟胜才冷嘲道："小子，吾等所为之事可不止于此，农耕之事仅是戎事外之所应为，此外，上头的腌臜琐事也要交予吾等来做，好比找给县司寻驼驹①，给附近过烽的官吏供马料，招待过往的镇兵，给到烽的畜生供草料，就连附近腌臜的军镇将军打猎也要吾等陪同效劳②。不要以为汝一个卫士是什么大人物，在官吏眼里，明面上称汝卫士，实际上使唤吾等如隶奴牲畜。"

① 像寻觅驼驹这类小事，县司都有权令烽子承办。
② 军镇将领打猎也会差役烽子。

登科虽料到烽子的事务不会过于轻松，但如此事繁也让他不禁一番咂舌。二人聊天正欢，烽燧上烽子喜悦的喊声传来"烽帅和老郭回来了！"

孟胜才当即起身，快步沿木质阶梯下了土丘，向风雪中两道模糊的身影跑去。及待走近，人影的轮廓和五官逐渐清晰，却见史才智兜鍪下眉带雪花，脸色沉重，怀里抱着另一个兜鍪，其后的郭九奴也面色阴沉，右手紧攥着，看见孟胜才来了，对他轻轻地摇了摇头，孟胜才刚因见到史才智和郭九奴平安归来而喜悦的内心一下子又沉了下来，沉默充斥在三人之间，只剩下麻鞋一深一浅踩在雪上的"吱吱"声。在寒风肆意飞舞的雪花中，三人先后走上山包。

见三人回来，烽堠下的烽子们一下子就拥了上来，脸上多是欢喜之色，但也有少数人因察觉到了三人神色上的异常与杨石生的未归而面色忧虑。看着众人的脸庞，史才智抿了抿嘴，将怀中紧抱的兜鍪拿出，郭九奴也伸出紧攥的右手，露出几片札甲片和几撮毡毛。刚从府县回来的李道还未来得及褪去盔甲，便急忙从人群中挤了进来，双手抓住兜鍪仔细翻看，顿时脸色发绿，不由得后退几步，两腿一软，一下子瘫坐到了地上。在众人的搀扶下，李道喃喃说道："这是……是老杨的兜鍪，不会错的……老杨他一直在西州上番，平日一直想着有朝一日去长安时[1]，能吃一口辅兴府的胡麻饼[2]、街坊的手抓羊肉[3]，还有临潼的火晶柿子，每次来了去过长安的官吏镇兵，他都请求他们多多给他讲有关长安的吃食，他这个人就是嘴馋。"李道话中逐渐起了哭腔："他还特地将这些吃食名字刻在兜鍪上。"说着，李道将手中的兜鍪举起，里面的字刻露出，这个西州汉子再也抑制不住内心的悲痛，泪水顺着脸颊流了下来："他不过是想吃个胡饼吃碗羊肉，马上就要干够两年了，可他人在哪儿啊！"

史才智捂住脸，转身背对众人，哽咽道："雪积得太深，突厥人的脚印和马蹄印根本找不出，老杨他……他可能真的回不来了。"

一旁的众人眼圈子也红了起来，郭登科握矛咬牙道："我一定要为老杨报仇，杀了突厥贼。"众人和杨石生关

[1]唐代实行府兵制，府兵轮番宿卫京师，部分边州折冲府只承担地方上的征戍差役而无须到中央宿卫。笔者写杨石生一直在西州服役，未去过长安。

[2]辅兴府是唐长安城内的一个坊的坊名，以其做的胡麻饼出名。

[3]以白水将羊肉煮熟，用佩刀割食。

① "袍"和"泽"都是古代的衣物名称，后来，袍泽成为军人互称，代指"战友"。

系虽不一定都好，但毕竟是朝夕相处的袍泽①啊，晚上睡在同一个屋子里听听对方打鼾，早上和下午围在一起吃饭、开开粗俗的玩笑，可眼下杨石生却是生死未知啊！孟胜才慢慢从人群里退出，缓缓蹲下抱头，眼眶逐渐湿润，内心既有愤怒也有害怕，这是自己守烽两年来第一次经历相处如此之久的同袍"生不见人，死不见尸"。他难以抑制对突厥人的愤怒，但一想到突厥斥候已经离自己如此之近，还有军中流传的烽子被捉的故事，内心也不由得一阵动摇：明天自己就能回家了，可不能在这最后关头令妻子丧夫，让大人和母亲白发人送黑发人。想到这里，孟胜才将头埋得更深了，内心也越发矛盾。

是夜，雪越下越大，哺食仍是单调的粟饭配豆豉，可气氛格外沉重。饭毕，烽帅缓缓站起对众人说道："老杨他现在下落不明，长探名额缺了一个。老李今天奔走了一下午，故不可再外出；老郭昨夜轮值，今日又随某外出，故又不可；还有郭三郎，昨日新到，难以充任；其余乡丁以及受雇白丁皆难以负担外出之责。"说着，史才智转过头，制止住刚欲张口的孟胜才，道："老孟，汝明日将去，汝妻居家待君，莫要多言，替吾守好烽，某今夜抽任长探。"

"烽帅，不可！""某来，敢烦烽帅！""某亦可为之"在一片请荐声中，史才智咬牙道："非某执意以身涉险，奈何某必须为之，诸君毋要多言，及他日新长探到，某必不为之！现在某去也。"语毕，史才智与诸烽子和烽副逐一碰了拳，便转身前往武备库，取了一身轻札甲，配了一把横刀，稍弓一张，箭矢一袋，背上一面牛皮牌①，只裹了头巾，未戴兜鍪，趁着夜色同郭才感轻装外出了。

随着史才智与郭才感的离开，诸烽子也逐渐散开，忙活各自的事项。孟胜才蹲下盯着方才同史才智碰拳的右手，回想着烽帅坚毅的眼神和杨石生兜鍪里的字刻，陷入了沉思。这一夜，他注定难以入睡。

轮班的烽子已经交换一轮，可史才智听着周围响亮的呼噜声却依然睡不着，突厥人今晚会不会来袭击？明天就能归家了，老婆和孩子现在怎么样了？要走了，还是很舍不得这些同袍。在这些复杂的思绪中，约莫夜半，他才逐渐昏昏沉沉地将要进入梦乡。忽然，他听到屋外烽堠上轮值守夜的李道大喝道："是什么人？"山包下的人答道："悬泉峰虞侯郭才感。"正当史才智还迷迷糊糊疑惑郭才感回来作甚时，很快就听到李道的吼声："突厥贼来了！"

史才智一个激灵，赶紧拍醒其他烽子。这时，烽堠上正传来警鼓猛烈的击打声②，孟胜才顾不得整理好衣衫，把袄子一套，拿上抹额边跑边套在额头上，孟胜才刚开门准备直奔武备库，只见雪下得正紧，难以看清远处，才暗叹不妙，看来突厥人是想趁着天色晦暗难见烽火而袭击悬

①唐代的盾牌称"彭排"或各种"排""牌"，《唐六典》记载的盾牌有膝排、团排、漆排、木排、联木排、皮排六种。

②每烽置旗一面，鼓一张。

①突厥人有趁着风雪连天、天色晦暗、烽火不接而袭击的意图。

②凡烽告贼者，三应三灭；报平安者，两应两灭。

③根据史料记载，来犯的突厥人应该在50人至500人，放火炬数应为1个。

④突厥军队披甲率较高。

泉峰①。等到孟胜才进了武备库，其他烽子也衣衫不整地赶到了，大家互相帮忙穿戴好盔甲。孟胜才佩好横刀，紧握长枪，取下武器架上所剩的最后一张弓弩，快速顺着屈膝梯爬上烽堠，却见烽顶火台上已经竖起一个五尺火炬，虽然天色晦暗，风雪交加，但一旁轮值的乡丁还是准备按时应灭②。孟胜才看到火炬竖起，暗道不好，看来这次来的突厥贼应该有百来人③。

烽堠下，烽副正借着苇炬的火光根据郭才感的汇报奋笔疾书，写下来犯突厥人数量、方位的谍报，并将其交付给郭才感。郭才感随即携带谍书，赶紧快步下了山包，直奔附近的驿站去乘马报告给州县。

烽堠上，烽帅和烽副的家眷都被安排在圆屋里躲避。

雪花随风对着孟胜才劈头盖脸打了过来，胜才捂住兜鍪暗道不妙，现在所刮的正是西北风，而突厥人又主要从北边袭来，逆风恐弓弩不利，胜才弯腰小心地通过垛口看向烽堠外，一团黑压压的人影在雪光的照映下，从三个方向向山包悄悄围来，看来的确应该有百余人，而现在要活下去，唯一的办法就是凭借这座烽堠与甲兵等待援军，孟胜才和李道各分持一张弩，在垛口处拉弦搭箭，将冒着寒光的箭矢直指黑压压的突厥人。在估算突厥人达到一百二十步的位置，烽副手握长弓下令道："放！"两发箭矢射入黑压压的人群中，箭矢穿破甲胄④钉入肉体的

"噗"声以及几声惨叫,迅速消融在呼呼的风雪声中。

突厥人见自己已经被发现,烽火已经被点燃,索性也不再缓步进逼,随着一声鸣镝箭响①,黑压压的突厥人开始小跑起来,大声吼叫着史才智听不懂的突厥语,烽副将长弓从弓韬②中取出,从带扣旁的胡禄里,由射甲箭头下端抽出箭矢③,拈弓搭箭,在突厥前锋距烽堠六十余步时,便下令让手持长弓会射箭的烽子射击。箭矢飞速穿破风雪,几发箭矢射中了突厥人,另有几发钉在了突厥人的盾牌上,发出几声沉闷的响音,突厥前锋举盾扶梯上前,跨越堑壕④,攀爬山包,后面的人则挽弓射箭来压制城垣上烽子的射击。密集的箭矢在墙垛上逐渐钉实,孟胜才和持长弓的烽子一时也不敢冒头,只得趁着突厥人射击的间隙向堑壕处的突厥人射上一发。

慢慢地,突厥人的前锋与中队开始逐渐分离,中队

唐安国相王孺人唐氏墓壁画（人物手中拿的是虎纹弓韬）洛阳古代艺术博物馆藏

①鸣镝箭矢多为铁制三角镞,镞叶穿孔,镞下附有钻孔的骨质球体,射出时遇风发响。

②为了妥善保管弓箭,当弓箭闲置不用时,唐军将士往往会把弓箭下弦存放在特制的弓袋中。

③唐代武士胡禄里的箭矢是箭头朝上、箭羽朝下。

④山包外挖掘的防护沟。

距烽堠越来越近，全力挽弓射箭压制唐军，前锋则拼命沿山包向上冲。一旁有过几年军镇经验的烽副看见突厥分队，不由得咒骂道："该死，又是突厥人让其属部进攻，自己以逸待劳。"①孟胜才趁着发射弩箭的间隙，借着月色和积雪的交映往下一看，果然，突厥前队和中队确有不同之处，明明是前锋，披甲率却完全比不上中队，前锋多是毡帽毡袍，也有一部分配上皮甲，中队却有相当一部分披着铁甲，在月光下反射出冷冽的光。

①突厥人在进攻时，常让客部落充当前锋。

陕西乾县唐僖宗靖陵甬道东西壁执戟武士图
陕西省考古研究院藏

突厥的前锋已经距离烽堠五十步距离，距土包四十余步，明明是冬天，史才智却已经满身大汗，弓弩虽然发射精准，威力巨大，可拉弦速度属实比弓慢。突厥兵前锋也到达了土包下，嘶吼着将一部分梯子横架在堑壕上，举盾持刀踩在梯上准备向上进攻，其后的突厥主力也慢步跟近，向山包上矗立的烽堠仰射着一发发箭矢。

城垣上的烽子也开始出现受伤的状况，孟胜才自己也中了一箭，所幸被披膊所阻而未伤及肌体。孟胜才咬了咬牙，手上拉弦搭箭的动作丝毫没有减慢，他猛地一起身，左手握住右手紧握扳机，透过望山瞄准了一个正在沿阶梯向上攀爬的突厥兵，扣动扳机，"嗖"的一声，弩箭正中突厥兵胸口，突厥兵应声而倒。

突厥人的箭矢越来越密集，突厥人前锋也爬上了山包，通过垛口就能看见他们毡帽上的污迹，狰狞的神情，众人不由得喉咙发紧，口舌发干。孟胜才拉弩的右手也不由得微微发抖，"真是够倒霉的"，胜才这般想到，"突厥人早不来晚不来，偏偏趁某明日回家才来，若是城破了……"

孟胜才这般想着，嘴里消失的唾沫又回来了，喉咙不再发紧，手也愈发沉稳。烽副此时大喝道："汝等皆为蒲昌府下各州县人，若是城陷而烽火难明、谍报未达而突厥兵至州县，想想汝等父母妻子皆要受到突厥人的奴役蹂

蹣，诸君，随某死战！不退！"众人皆振奋大呼："唯！死战不退！"

"砰砰砰"，一架架梯子架在烽堠的墙垛上发出巨大的响声，突厥人喘息声、嘶吼声、怒骂声一并从梯子下面传来，白刃战的开始远比孟胜才想得要快。

孟胜才抱起一块沉重的礌石①，走至墙垛下，缓缓将其抬至肩头，猛地一举朝着梯子下黑压压的突厥人扔去。还未等他去看礌石的效果，就被一发箭矢射中胸口。巨大的冲击力使得孟胜才向后倒地。头脑的眩晕和胸口的疼痛让孟胜才难以判断自己的伤势，忍不住地呻吟叫喊。旁边的李道连忙躬身赶来，扶起孟胜才，检查他的伤势。李道在漫天飞舞的箭矢中捂住兜鍪推了孟胜才一把："汝这军汉，突厥箭矢只射中了汝的胸甲，未伤及汝的躯体，汝鬼叫作甚？"

孟胜才摸了摸胸口，将箭从札甲缝中拔出，不由得长吁一口气道："某差点以为要去鬼门关了。"想起刚才中箭的过激反应，不由得老脸一红，骂道："汝还不赶快去守垛口，在这笑话某作甚？"李道听罢赶紧拾起地上的长矛，去防御垛口了。

孟胜才这时注意到下面突厥人的呻吟声与怒骂声，不由得咧嘴笑了起来。喊住另一边紧张地握住枪杆倚靠着城垛的郭登科："小子，汝不是要得勋三转，让乃公看看

① 古代作战时从高处往下推以打击敌人的大块石头。

汝的英姿吗，怎么，到真刀真枪干的时候反而就缩成一团了？"郭登科涨红了脸，直瞪着孟胜才，却憋不出一句话，孟胜才见此也不再继续为难郭登科，拿起地上一面木牌给郭登科指了指地上的礌石道："某要抛掷礌石，汝替某好生举好盾，可莫要让箭矢伤了某。"说罢，胜才将木牌递到郭登科手上，并一把将登科拉起来。

猛烈密集的箭矢射在木牌上发出一阵"咚咚咚"的声音，郭登科举盾的手也随着不断在木牌上被钉住的箭矢而颤抖着。孟胜才举起礌石猛地向下一抛，突厥人顿时发出一片惨叫声。正当孟胜才得意时，一把矛尖狭长的铁矛[1]泛着寒光从垛口下面向孟胜才刺来，孟胜才脸色一僵，大脑顿时一片空白，眼看刀锋就刺中孟胜才了，郭登科见状猛地用盾一抵，将铁矛格开。墙垛下面的突厥人咒骂了

渤海国铁矛
（出土于宁安市虹鳟鱼场渤海墓地）

[1] 其形制为銎管颇长，矛尖狭长成棱形，以利戳甲。

一声，一只手握住垛口另一只手握着险些刺中孟胜才的铁矛，眼看就要上来了。孟胜才赶忙后退几步，抄起地上的木枪，猛地向垛口外捅去。长枪上传来枪头刺穿盔甲戳中肉体的触感，孟胜才看着被刺中的突厥人嘴巴冒着鲜血，眼睛直盯着他，不由得一阵恍惚，耳朵里炸裂的声音响个

不停，不由得冒出一身冷汗。

孟胜才倚靠在墙垛旁直喘着粗气，嘴里充满了腥味，看着还在滴血的枪尖，持矛的手不停地颤抖。虽是老兵，但想起突厥人临死前的惨状，孟胜才不由得感到一阵反胃。

烽副见状，低头按刀冒着箭矢，一阵小跑过来，将在垛墙下昏沉的孟胜才猛地晃醒，吼道："还不快起来，突厥人又要上来了，没时间让汝装怂蛋。"说罢，猛地一拳砸在孟胜才的肩上，疼得孟胜才直龇牙。

孟胜才晃了晃昏沉的脑袋，拾起掉落在地上的弓弩，拉弦，搭上一发弩箭寻找着目标。

① 突厥人配有马刀且形式多样，有刀柄直带有十字形的腊的马刀，也有弯柄无腊的，刀身厚重。

突厥石人
中国国家博物馆藏

突然，一个突厥兵顺着郭登科身旁的梯子爬了上来，马刀①顺着枪杆向郭登科劈去。郭登科躲闪不及，被砍中了左臂，剧痛之下不由得大叫着向后倒去。紧接着，突厥兵又侧头转身举盾提刀朝孟胜才冲来。看着突厥兵离他越来越近，孟胜才连忙按下扳机发射弩箭。突厥兵猛地一侧身，弩箭将突厥兵的左手同他的盾牌钉在了一起。孟胜才见状，来不及重新拉弦搭箭，一下子将弓弩甩在一边，拔出刀鞘里的横刀，朝突厥兵冲去。

突厥兵狰狞地举起连同他左臂被钉在一起的盾牌，挡住了孟胜才的劈砍，随后一刀子捅向孟胜才的腹部。孟胜才心中暗道：不好！眼看泛着寒光的刀锋随着冷冽的雪花向自己袭来，孟胜才顿时充满了恐惧、不甘。明明就要回家了，明明就差这一晚……

突厥兵右手用力带动着刀刃径直地向前捅去，"噗"的一声，刀芒终究是捅中了孟胜才的腹部。胜才只觉得腹部传来火辣辣的疼痛，但随即反应过来，自己佩戴了父亲花重金购置的甲胄。只剩下一只手的突厥兵难以刺穿自己的铁甲，胜才心里一阵狂喜。突厥人一阵惊愕，狰狞的笑容为之一僵，随即转为深深的恐惧。二人处境顿时翻转。

孟胜才脸色变得狰狞起来，大喝着，横刀将眼前突厥兵受伤的左手支撑的盾牌压下去，创口不断加深扩展，鲜血渗满了突厥兵的左衣袖。终于突厥兵的左臂撑不住，箭头完全陷进肉中，突厥兵发出痛苦的大叫声。孟胜才顺着盾牌抵住突厥兵的脖颈，挥刀砍过。寒风中，滚烫的鲜血溅了孟胜才一脸，突厥兵的叫声也戛然而止。

漫天雪花飞舞，孟胜才伫立在烽台上，浑身带血，双手握住刀柄、刀身朝地支撑住经一番厮杀而疲惫不堪的身体，大口喘着粗气。一发箭矢突然从垛口射中他的后肩。

寒风中，沾满凝固的鲜血的横刀再难支撑孟胜才的身躯，终于孟胜才倒在了同他厮杀的突厥人的尸体上。孟胜才暗骂一声，昏昏沉沉地睡去。迷迷糊糊中，刀剑相击声，箭矢破空声，嘶吼怒骂声，熟悉又厌倦；但不久又听到大嗓门的李道抱着自己直喊"援军来了，朝廷来救咱们了，孟胜才，汝快醒醒！汝听，这鼓声是咱大唐的军鼓声，汝快起来看看咱援军的军旗，是军镇的红旗[①]！"孟胜才勉强睁开眼睛，咧嘴笑了一下，然后又沉沉睡去。这一天终究是过去了，援军总算来了，烽堠总算是保住了，明天，明天！

朔风吹雪透刀瘢，饮马悬泉水更寒。

半夜警来知有敌，一时齐保窣播山。

数卷红旗援烽堠，霜重鼓寒声不起。

纵是悬泉一烽子，亦能却敌保家国。

（李锦波）

[①] 唐代军旗主要有红、黄、白、黑、青五色，唐代墓室壁画和敦煌壁画上红旗数量颇多，说明红旗在军旗中占有重要地位。

有生于无
——道士裴仲卿①的一天

好似身处一片混沌,他看不到任何东西,只能听到若有似无的钟声,"咚——咚——"。他努力地想睁开眼,却总觉眼皮有千斤重,便尝试着去寻找其他感官。渐渐地,他感到手里似有些温热之物,遂抬起手去嗅,嗅得几分食物的香气,张嘴咬下去,甜香气开始在口中蔓延。他猛地一惊,意识到这是小时候最爱吃的樱桃饆饠,紧接着听到有人唤他:"阿卿,快来!"这声好似一阵惊雷,把混沌的黑暗打破、撕碎了。

他终于睁开了眼,也终于想起自己是谁,同时感到万丈的光芒和嘈杂的人声一道向他奔来。他望见周边汹涌的人群;望见酒肆外正招揽客人的胡姬②,她们衣上的亮片随着《火凤》③曲一起跳动;望见日光穿过拂柳打在那些亮片上面,就像波光粼粼的河。

裴仲卿看见前方父亲伟岸的身姿,想起今日要做何事——和父亲一起去布政坊的祆祠④。于是他踮起脚同父

唐十七娘有话说

①裴仲卿人物原型参考了唐代道士应夷节。应夷节,字适中,与司马承祯、杜庭光均属天台山道教代表人物。

②原指北方或西方的外族少女,后泛指酒店中卖酒的女子。长安的胡店大多在西市,其中有侍酒的胡姬。

③相传贞观时太常乐工裴神符擅长此曲。

④祆(xiān)教祭祀火神的寺院。

亲招手，欲向前跑几步追上父亲，可还没动身，就看到一团火似从天降，砸在人群中，砸在父亲身上。炽热的火舌翻滚着，吞噬着人群，裴仲卿想高呼不要，亦想痛哭嘶吼，可他喉头像被堵住，什么都发不出来。

他只好握住自己的脖颈，一遍又一遍无声地高喊……本欲流泪，却又突然看到了透过窗子照入的月光。

裴仲卿撑着床坐起来，揉着自己僵硬的脖颈，渐渐从噩梦中恢复过来。他坐直身子，左手掩心，右手掩着肚脐，闭眼九次①。又唤店家打些热水，青木香、荆华香、零陵香、兰香、真檀香每式各投些许，又叩齿三通念了秘咒才开始沐浴。因驿站条件有限，他只得闭着眼凭感觉洗了洗身子，以防窥得日月星辰之形②。裴仲卿有些感叹，好容易出次观，生活不便也就罢了，没想到许久未做的噩梦也找了上来。他本是卯时醒的，但等收拾完出发已是辰时，裴仲卿一面同师兄道歉说自己耽误了过多时间，一面也确有些担心日后若都像今日耽搁一二，自己还能否按时到达目的地。

实际上，自从入天台山参习上清正一法派后，裴仲卿已很久不曾下山。他本不愿离山，可惜师父认为受箓③事大，一定要让他前往阳台观④寻上清第十二代宗师，还差遣师兄与他同行⑤。裴仲卿再难拒绝，只得接受，当日便收拾东西准备下山。临走时，师父特来叮嘱他们在外行走要格

①道教缓解梦魇的方法。

②道教要求将浴室安置在房屋内侧，内外糊以密泥，防止沐浴者窥见日月星辰。

③也叫受符箓，指接受符箓，是道家一项很重要的仪式。唐代道士受经戒法箓，须择天下高道名师，所以不拘于一地，可遍寻名师。

④位于济源市城区西北40千米的"天下第一洞天"王屋山华盖峰南麓，因地处阳台而得名。

⑤唐代道士外出不可独行。

外小心。他狡黠一笑，对师父说："师父不要小看我，我可是从长安来的。"是的，他十二岁就在长安市郊学道，十五岁就独自一人行至天台山受了正一法箓①。师父被他呛了一下，但还是温和地叮嘱："那你也三年没下过山了，一路谨慎些。"裴仲卿当时笑着应了，却未曾想刚下山没多久就做起了噩梦。看来，不得不承认师父说得对，行走在外总是充满意外和风险。

两人出发时是辰时，日头已经挂得很高，明媚的日光把浮尘都照亮了。路过饼肆②时正赶上蒸饼出笼，笼屉一启，空气里充斥着香气。裴仲卿想起梦里吃的樱桃饆饠，不由得抽了抽鼻子，放缓了步子，却又思及山远路迢迢，只得加快步子往前走。他平素走路总是不紧不慢，如今猛得快起来，又正顶着骄阳，不多久便没了力气，额顶也开始冒细汗。要命的是，喉咙里好似点了那么一团火，烧得他连呼吸都快做不得，只一吸一呼，嗓子里便开始冒血气。今早离开得急，身上没准备水，思虑再三，裴仲卿决心问师兄一会儿能否找家茶肆③买些水喝。

巳时一刻，两人终于在茶肆坐下。裴仲卿唤来茶博士④，点了碗茶，又要了碗水，瞥见碗中水泛着的粼粼波光，他喉咙里的燥热好像被抚平了一些。裴仲卿接过碗，一口气饮了大半，才算缓过些劲。随后，他又对水默念"乾元亨利贞……"，这便成了法水，然后他开始小口喝起来。

① 入门天师道者，最初被传授正一部经箓，得到正一道士（正一弟子、正一法师）的法位。

② 面食在唐代统称作"饼"，唐代北方人主食以面食为主，因此出现了许多制作饼食的店家。

③ 唐时饮食界中新增了茶馆行业。茶馆又叫茶肆、茶店、茶楼，是以聚众饮茶为主业的营业场所，同时也为人们提供休闲的环境。

④ 唐代茶楼酒肆从事服务业的人员，也就是店小二。

①茶圣陆羽认为，加佐料而烹茶，必损茶之正味，因而提倡不加香辛料的精煎细烹，只是在汤水第一沸时略"调之以盐味"。此后，大部分嗜茶者都注重简烹清茶。

②道教规定，日中后不得食用谷气物，非谷气者则包括水、玉、芝、石、松、木、黄精、云英、灵飞散、枸杞等，而吃饭不在禁列。因而这里说喝不得茶。

③各阶道士有不同的着装，正一法师为玄冠、黄裙、绛褐、绛帔（pèi）二十四条。

④唐代祭祀老子的庙宇。

裴仲卿一边喝水一边张望四方，只见一乞儿坐在路旁大柳下，袖管空荡，正坐在地上用脚写字。裴仲卿正看得认真，刚刚要的茶到了。茶汤清冽①，汤花漂浮其上，好似晴朗天际上的朵朵浮云。时不至正午，裴仲卿想着反正这碗茶自己也喝不得②，便同师兄打了个招呼，起身把茶给路旁乞儿送过去。他把茶碗递过去，正欲给那乞儿讲喝完后把茶碗还回店家便可，没想到那乞儿朝他恶狠狠地吐了一口痰。

裴仲卿一时语塞，只得把碗放在他身旁，打算告知店家一会儿来收，自己则转身回了茶肆。他和师兄穿着玄冠、黄裙、绛褐，还带了二十四条绛帔③，坐在他们左右的人都看出了二人的身份，又见刚刚情景，便过来同他交谈。

"小道长，你别管他，他这人就这样，看见道士就火气大，谁说都不顶用！"裴仲卿摇摇头说："我倒不在意这些，只是好奇他为何这般态度。"裴仲卿此话是有依据的，当朝皇帝素礼道教，开元十年（722）刚在两京等地各置了一所玄元皇帝庙④，民间道士的身份也因着水涨船高。裴仲卿虽多年未下山，但对此也有所耳闻。闻他此言，周围的人表情明显凝滞起来。裴仲卿只得笑笑说："随便说说就好。"说完，又喊店家要了几碗茶请他们喝。

"他以前得过一场大病，找了许多郎中都没看好。后来被人指引着去找一个老道士看病，据说走了两个月，

| 唐人的一天 |

到那里一敲门，嘿，就听人家说，'不看病'，然后就被赶走了。这一来一回啊，家底都败干净了，病还更严重了。从此以后，他就记恨上了。"裴仲卿闻言点点头，又抿了一口水，说："我们确实不能给人看病①，只能说天意弄人啊。他现在病还没好吗？""嘿，这哪能啊？就凭他刚刚吐您那一口的力度，也不是个有病的，您说是不是？后来啊，他在城外林子里遇到一老神仙，三下五除二就给他治好了。"

　　裴仲卿闻言笑了一下，说人好了便好。师兄对此倒起了几分兴趣，便问这老神仙一说是从何来的。那人挠挠头说自己也不清楚，继而又开始同周遭谈起这老神仙是如何治好了那人的病。说者无心听者有意，本来兴致索然的裴仲卿一听这话倒起了精神，赶忙问那老神仙现在在哪里，答案自然是不知道的，还平白受了一通调笑："怎的？你在山里没见过神仙吗？"裴仲卿笑着摇了摇头，也不解释。他和师兄歇够了劲，便一同起来继续赶路了。

　　他离开时又路过了那棵大柳树，茶水依旧泛着粼粼波光。他没心思再看，反倒总想着那个老神仙。这其实也不能怪他多想，以符水治病向来是鬼道②做派。十三岁学道以前，裴仲卿一直生长于长安，他所姓之裴是疏勒国王姓，自至中原以来其祖曾面见太宗，其父亦仕宦于台阁。虽生于西市，但他自小读的是四书五经，也曾端的是一腔

①唐代道教对山居道士做了相应的科戒，如不得行邪禁咒术、不得医卜取钱等。

②"鬼道"以符水治病、驱妖降鬼、祈福禳灾为特色，对于生活在社会底层的广大民众来说，他们能够从中获得心灵寄托，减轻现实生活的苦难，所以乐从者如云。"鬼道"一旦成为号召和组织广大民众的有力武器，就会对统治者构成极大威胁。

报国志。也正因此，他小时素爱听人讲朝堂故事，开耀元年刘龙子谋反①、永徽四年陈硕真叛乱②、大足年间李慈德宫中变乱③，这一桩桩事他都曾听闻过也都记在心中。裴仲卿一时间有些担心，他又想起梦中砸在长安城繁华街市中的那团火，有些担心那是一种隐秘的提醒。

他的忧虑体现在面上，不多久就被师兄看了出来，贴心地问他："怎么了？看你从那个茶肆离开以后整个人都闷闷不乐的，在想什么？"裴仲卿叹了一口气，徐徐道来："师兄你有没有听说过一个传说，当时长安盛传有人能让死人复生，百姓都尊称其为神仙。④"

"这么说，你是担心这个'老神仙'只是糊弄人的？"师兄不解地问道。

"不，我是担心有人会借着神仙之名行谋反之事。"语毕，裴仲卿的眉头皱得更深了。

"你担心这种事情干吗，我们身在山中，何必给自己添烦恼？"师兄拍了拍他的肩膀想要宽慰他一二，却没想到裴仲卿干脆站定转身，盯着他看。正巧有风吹过，树叶唰唰作响，师兄突然觉得，裴仲卿并不是在看他，而是在透过他去看些渺茫的、他从未见过的事情。

"怎会无关呢？我等虽身处山林中，以求一身清净、凡尘勿扰，可究竟有谁能真正独善其身？不论远者，自大唐开国以来就有多少我道家之人和朝堂产生千丝万缕

---

① 开耀元年（681），常州人刘龙子谋反，他将金龙头藏在袖中，用羊肠盛着蜜水系在龙头上，每与人相聚，便拿出龙头，称圣龙吐水，喝了可治百病。

② 永徽四年（653），陈硕真与妹夫章叔胤组织农民起义，自称"文佳皇帝"。陈硕真利用道教（阁皂宗）和秘密宗教（当时正往南方渗透的摩尼教）来发展信众，作为起义的力量。

③ 大足年中，李慈德自称能行符书厌胜之术，能布豆成兵马、画地为江河、削竹为枪、缠被为甲，在宫中谋反。

④ 唐代屡有在民间道教影响下发生的离奇事件，此事发生于高宗朝。

之联系？孛彗经天[①]，高宗特于九成宫问道尹尊师[②]；武后时，尚太史受命撰《方域图》[③]；更勿论睿宗一代，史崇玄[④]甘愿依附太平公主危害朝野，道隐法师[⑤]亦曾以'无为之旨'告知睿宗治国之要，纵至今日，其亦受当朝之供奉。思及你我，吾之日常吃穿用度，又何曾脱离朝廷之支持？如今道学兴盛，多少人渴望入道，一度难求[⑥]，这又是为何？你我总谈避世，似乎一旦不谈论这些便可得道，但我们又如何能做到避世，如若真的两耳不闻，你我又何尝不是无根的浮萍？"裴仲卿长叹一口气，又道："师兄你是知我的，我幼时本欲入朝为官，平素便读儒学、谈纵横。纵然后来受道法感召，决心入道，虽已无入世之心，却难免心忧世事。有些事我虽已无心去做，但一旦望之，却又不得不想。我道心纵坚，可仍有难以割舍之情，遂总觉修道之路难行。"

师兄闻其所言，却不忧虑，反倒轻轻地拍了一下裴仲卿肩头，笑着说："祸兮福所倚，福兮祸所伏。你呀，就是太聪明了。"他忆起三年前初见裴仲卿时，少年如新抽条的杨柳翠生生的，如今他看来虽依旧青葱，仍有着少年的生机和活力，可已不似随风而动的杨柳，而似一棵新长的华山松，凌厉地看待着未来所必须面对的磨砺与苦难。"快走吧，若误了吉时[⑦]便不妙了。"说完，师兄便先起了脚步，裴仲卿也赶忙跟上。

[①] 孛彗即彗星。古人认为彗星为不祥之兆，这里是指彗星的尾巴很长。
[②] 尹文操（？—688），唐初楼观道士，字景先，通晓天文。
[③] 尚献甫，在武则天时曾任浑天监、水衡都尉之职，受命于上阳宫召集学者撰《方域图》。
[④] 史崇玄（？—713）。曾为长安太清观主，封河内郡公。玄宗先天二年（713），坐附太平公主谋逆，被杀。
[⑤] 司马承祯(639—735)，字子微，法号道隐，自号白云子，道教上清派第十二代宗师。
[⑥] 唐政府对度人入道有非常严格的规定，严禁私度道士、女冠，规定私自出家或私度道士都属违法行为。

[⑦] 传授经戒法箓，须选择良辰吉日举行仪式。

①盛唐平民男子的袍衫样式较多，有圆领窄袖衫袍、圆领半臂短衫袍、半翻领半臂衫袍等。

②有裤裆的裤子。

两个人并肩走着，偶尔聊两句，倒也不觉太累。不知不觉已接近正午，两个人本欲找个地方吃些饭食，却未曾想会被一老者拦住。那老者上身着赭绿圆领半臂短衫袍①，下身着裈②，脚蹬麻履，衣服上还沾着泥土和树叶，灰白的头发也并未梳起，而是乱糟糟地披在肩头。裴仲卿刚欲开口问他是否遇到什么困难，却在看到他混沌的眼珠时心头一紧，便改了话头问他："您能否回答我一个问题？"师兄闻言，很诧异地看了他一眼。裴仲卿却有自己的打算，在看到老者时他突然福至心灵，想起刚刚在茶肆听到的那个"老神仙"，觉得这人便应是那个老神仙。他虽担心民间有人以神鬼事作乱，可此等担心也只是他入世之时的一些后遗症，若真是让他理会这等事情，他是绝不愿意的。此刻的裴仲卿处在一种隐秘难解的情绪中，他突然想替那乞儿，替在那茶肆里吃茶的众人问一问道，问一问面前之人是否能担得起他们的敬意。

"我便知你是有缘人，有何想问便问吧。"老者随手抓了两下头发，把耷拉在前额的碎发抿到了后面。裴仲卿正了正衣冠，缓缓说道："我在路上遇一乞儿，怨我道友未曾为他看病，后听闻是您治好了他。于他而言，此刻的您就是'有'，而我等便是'无'，您是有用的，我们是无用的。可南华真人言，'有生于无'。我欲问您，如何看这所谓'有无'？"《庄子》本意中的'有无'，原都意指宇宙本原的形态与奥妙，裴仲卿此刻却以此来代人，便是他本人也不得不承认此刻的自己是有些刻薄了。可老者反倒不恼，只是看着他说："反者，道之动。弱者，道之用。天下之物生于有，有生于无。①"说完便转身仰天大笑离去。

裴仲卿本欲追上询问其意，却被师兄拽住了衣袖："师弟别急，马上就到正午了，先吃饭再说。"他抬头看正上方的太阳，很快便被阳光刺激得流下了眼泪。他突然笑了两声，朗声说道："师兄说得对！"

两人找了一石头，为了不弄脏衣服②，还特意从包裹里取了块布铺在上面，等收拾妥当了，两人才坐下，并从背囊里取出了乌米饭③。裴仲卿一边慢慢地咀嚼，一边思考"天下之物生于有，有生于无"的意思，"有无"二字在他心中飞速地转换。他思及"本在无为，母在无名，弃本舍母而适其子（万物），功虽大焉，必有不济"④。裴仲卿突然感到心中那团混沌仿佛有光照出，那束光那么弱又那么渺远，却在混沌中渐渐勾勒出一个清晰的轮廓。

没多久两人吃完饭，继续向前赶路。

他们路过一个村子时，村口站着一个小女孩，手里正拿着一个拨浪鼓⑤玩得哒哒响。女孩好奇地盯着他们看了一会儿，突然跑过来指着裴仲卿的眼睛严肃地问："哥哥，你的眼睛怎么是绿色的？"裴仲卿闻言笑了一下，蹲

①老子语。就老子之道的本义而言，应当是"有与无"的辩证统一。

②对待道服，无论上衣、中衣、下衣，都应当尊敬。未穿之前，用函箱盛之，安置在高净处；穿上之后，坐起须爱护整洁；暂时脱下时，不能将其与俗衣放在一起。

③又称青精饭、青食迅，特点是使用乌饭树叶的汁浸黑稻米，然后炊蒸。起源于唐代，原为道家养生用的食物，后传入民间。青精饭便于携带，可以当作旅行食品。

④王弼在注《道德经》时对本末关系的论述。

⑤也称"博浪鼓""不郎鼓""播郎鼓""不琅鼓"等。

下身同她讲："哥哥祖上是从西边来的,我们那里的人眼睛都是绿色的。"

这时,小女孩的母亲喊她回家,裴仲卿蹲在那里看她越跑越远,听那"哒哒"的声音也越来越渺远,忽然愣住,想起了疏勒国乐曲中常用的正鼓①,还有夜里的那个梦。裴仲卿小时和父亲是有层隔阂的,只因他总觉得自己是个唐人,但父亲总是难以抑制地思念那个遥远的故乡,虽然他和他一样都生长于长安,生长于大唐。

出世和入世,故乡和他乡,裴仲卿无奈地发现它们和"有无"一样,都写满矛盾却又互相纠缠着。

行路时,时间总是过得很快,不知不觉中太阳逐渐西沉,已至酉时。二人吃过晚饭后决定不再行走,而是赶在宵禁②前找到了落脚的地方。进了房间,裴仲卿站在窗口看日落西山,橘黄色的日光打在云彩上,显现出的缤纷色彩好似江南织女手中秀丽的锦缎,有大雁正飞过,真是一幅"落霞与孤鹜齐飞,秋水共长天一色"的好景致!他不由得感叹,却又在渐隐的日光中突然领悟到些什么,兀地叫道:"懂了,我懂了!"

"只要我们跳出这个'有无'的漩涡,不再纠结于表面的贵贱,便会发现问题的核心仍是在'道'的。所谓'有无',回答的不过是一个什么是'道'的简单问题!如果把世间万物的运转看作是一棵树的生老病死,支撑那

① 粟特乐队的显著特征为没有弹拨类乐器,除了笛子这一吹奏类乐器,几乎都由打击乐器构成,而在打击乐器中也以节奏性极强的鼓为主。

② 唐代宵禁制度通过鸣街鼓来警示众人和进行晨昏报时,街鼓之声不仅是京城城门、宫城城门及宫门开启和关闭的标志性信号,也是百官上朝办公的时钟,同时还是维护宵禁制度的法律依据。在宵禁期间(即暮鼓响后至晨鼓响前)违反宵禁的人员,将会受到一定程度的惩罚。

棵树破土发芽、茁壮生长，乃至后来造成其枯死的东西，不正是'道'吗？我们此刻再来看它，它便像那些扎入泥土的树根一样。不断向这棵树输送着养分，在这一刻它其实是有形的，并不是虚无的。"

他的语速越来越快："当然，在比喻里，我们把它实体化了。在现实中，'道'当然是无形的，是虚无的。但它是否又在一个我们无法看到的地方以'树根'的形式存在着，这是我们并不知晓的。这或许就是所谓'道'的'有无'，这两者并不矛盾，只是以两种不同的形式展现。所以无论是'贵有'还是'尊无'，其实都是试图把原本共生的两者割裂，这种做法简直大错特错！"裴仲卿激动地在屋子里四处走动，同时极快地絮叨着，有时还会大叫两声。"错了！一开始就错了！或许'无'根本不是我们理解的意思，它并不是单纯的虚无，而是指一种若有似无的状态，我们在此时看它是'无'，但你无法保证它不可以是'有'！"一种难以言说的情感伴随着他的话语在心中跳动，他只觉心中烧起一团火，把原有的藩篱都烧破了。裴仲卿兴奋无比，冲出门去，他要同师兄分享自己的观点。却又在将要叩响屋门时，突然想起此刻师兄可能正在打坐，裴仲卿无奈地扯着嘴角笑了一下，又挠了挠头转身回了屋，"哎，刚刚唐突了，还是明天再说吧……"

裴仲卿回屋先解了法服，将其放在高净之处。他躺

常阳太尊石像
山西艺术博物馆藏

在床上,由于情绪起伏过大而难以入眠。他辗转反侧许久,最终还是起身下床,走到窗子旁,打开一条窄窄的缝隙,坐在那里看那一轮缓缓上升的新月。那一瞬间,他觉得周遭安静极了,时间好似也凝固了。

就在那一刻,裴仲卿觉得行走一天的辛劳都从他身体里抽离了,昨夜的噩梦也不见了,即便是那喧闹的茶肆、用脚书写行乞的乞丐、摇着拨浪鼓的女孩还有那仰天大笑离去的老者,都好似从未出现过,就连他自己好像也从未存在过。他仿佛变成了一棵树,扎根在泥土中,随着星辰变化,自然地汲取养分;又好似一片叶,挂在树梢,静静地由嫩变老、由绿变黄;却也像一粒浮尘,在灿烂的阳光下、在静谧的月光里,飘荡着。这世间万物什么都不存在了,只有阵阵清风拂过,拂过开元十七年(729)的月光,拂过裴仲卿平淡的十八岁。

(程琳)

碎银几两为生活
——胡商康禄山的一天

开元二十四年（736）的一天，此时天气渐渐转凉，路旁的<u>槐树</u>①也渐呈衰落之状，由于是在即将破晓之际，更使人感到几分凉意；城南巍峨的终南山庄严地注视着这座城市，城北依稀可辨的大明宫主殿<u>含元殿</u>②更添几分肃穆之感，此时的氛围，与这<u>近百万人口</u>③的、本该热闹非凡的长安城似乎格格不入。但是，东方逐渐露出的太阳的光辉和解除宵禁的阵阵鼓声，唤醒了沉睡的人们，给这座城市注入了盛世之下特有的蓬勃生机。

宵禁解除后，整齐的街道上出现了熙熙攘攘的人群。在靠近长安城西市的怀德坊的小旅馆中，一位身材高大、深目高鼻、胡须茂盛的男子醒来。他叫康禄山，本是唐朝<u>羁縻州府</u>④的一名土生土长的粟特人，今年只有二十岁，这是他第一次来到长安城<u>做生意</u>⑤。知道许多同乡和朋友来到长安后发了财，致了富，过上了优渥的生活，他不禁也对来长安城经商产生了浓厚的兴趣。经人介绍他得知，

唐十七娘有话说

①槐树是唐代长安城内大路旁栽种的主要树木品种。

②大明宫的前朝第一正殿。

③历代关于唐代长安城的人口数量研究结果有着很大的差异，此处选择近百万人口之说。

④唐代在周边少数民族地区设置的一种带有自治性质的地方行政机构，必须接受唐廷在那里设置的最高行政机构都护府的监领。

⑤自4世纪以来，粟特人一直活跃在丝路贸易沿线，以善于经商闻名于世。

①粟特人所生活的昭武九姓地区大量出产良马。

②从武德年间至安史之乱前，唐政府持续收购良马。

③粟特人除贷钱外，还贷放绢帛。

④奴隶也是粟特人贩运的主要商品，且粟特人贩卖胡奴一般是受到官府保护的。

⑤唐王朝对粟特商队的贸易政策较为宽松，但规定不得与吐蕃进行贸易。

⑥在长安的商人分为著籍和未著籍两种。未著籍者，多为居无定所的行商，从事长途贩运工作，停留时间较短；而著籍者，则是长期居住，并以各种身份出现在长安的社会生活中，在贸易活动中可以充当保人、开设店铺甚至从事高利贷活动。

⑦在长安未著籍但又来自羁縻州府的粟特人，在经商前须请有资格的人为自己做保。

丝绸、马匹、珠宝、药材都是容易盈利的生意，而且家乡健壮的马匹①也经常被官府直接购买②，通过这类生意还可以认识不少地位高的人；如果你有足够多的本钱，还可以做起贷款生意，向借钱的人收取高额利息③；甚至还可以贩卖奴婢④，但是这个有很大的风险。他们还告诉康禄山，无论从事哪种生意，大唐实行"扶商"，这对外来人做生意是十分有利的⑤。

初到长安的康禄山，看着这座整齐宏伟的大都城，看到不少和自己长得不太一样的汉人，心中腾起了希望。虽然他没有殷实的家底，不能直接开展大宗的货物交易，却也不愿做一些虽获利丰厚但危险的生意，所以这次来他准备贩卖珠宝。他猜想着，生活在如此繁华的长安城中的人家，对精美珠宝的需求量应该会很大，况且他自己本就擅长鉴别珠宝，这次他带来的珠宝质量上乘，品相又好，人们一定喜欢，自己一定可以赚到钱。这极具魅力的长安城，顿时让他升起了长期定居于此的想法，他幻想着通过自己的努力，可以成为在长安著籍⑥的粟特人，能够在乡人大会上坐在最核心的位置，到那时候自己做生意也不用再像现在这样还要找人做保⑦了，而且还可以把家人全部接来，一家人幸福地生活在一起。"各位客人，吃食已备好！"店家的一声叫喊，把他拉回了现实。来长安这一趟，花费金钱和时间甚多，路途遥远是一方面，长安的物价也很高。昨晚自己身上剩的钱差点不够住店用的，他甚至想过去免费的寺庙住上一晚①，但一想到自己是虔诚的祆教②教徒，就狠狠心找了一家最便宜的旅店住了下来。不过这家旅店还不错，不但提供饭食，周围也有许多和他一样的粟特商人。于是，他马上起身，决定尽快收拾好东西，等待正午开市。

①唐代旅馆业根据经营者与经费来源可分为官办，民间和寺院旅馆，由于当时佛教盛行，寺庙遍布全国，为人们的住宿提供了新的选择。

②即琐罗亚斯德教，是粟特人的主要信仰。

卷檐虚帽（唐代彩绘灰陶参军戏俑）甘肃庆城博物馆藏

尖顶虚帽（唐代粉彩骑卧驼俑）西安博物院藏

　　康禄山穿上夹着绿花的白衣③，戴好卷檐虚帽，这种帽子是他最喜欢的帽子，来长安路途遥远，这种帽子比他在家常戴的尖顶虚帽④舒服多了，还可以遮阳。他束紧自己的腰带，革带上的装饰物使他看起来光彩耀人，窄身紧袖的衣服也显得他更加高大健壮。穿戴好，康禄山来到院

③粟特人一般穿白衣，但不是全白，而是夹带一定的花色，大多是夹绿花的衣服。

④尖顶虚帽和卷檐虚帽都是粟特人常戴的帽子。

中水井旁，先洗了一下手，然后用手指揩齿，早上的洗漱工作就算完成了。他来到旅店前厅，找了一个空位坐下来，围着食床吃起了烧饼①。听别人说这里还有不少卖胡饼的，他倒希望自己可以吃到长安的胡饼，看看和家乡的是不是一样。吃过饭，康禄山仔细地清点自己的珠宝财物，准备出门，在心中默默祝愿今天的生意能顺顺利利、红红火火。

他早就打听好了，在长安城布政坊西南隅、醴泉坊西南隅、普宁坊西南隅、靖恭坊街西和崇仁坊共有五处祆祠②，今早他决定去离他最近的崇化坊那里参拜。他来到崇化坊，在大秦寺③门口朝里面的圣火④拜了拜，希望可以得到好运。出了坊门，已接近正午，宽阔的道路上有了不少行人，偶尔有阵阵尘土⑤被扬起。此时距利人⑥还有一段时间，但已经排了很长的队，熙熙攘攘的人群中有

① 唐代旅店为住客供应的食物之一。
② 长安城中分布有多个祆祠，并且在西市周围分布较多。
③ 又名波斯寺。隋、唐两代都较重视祆教，其意之一就在交好粟特人。
④ 祆教教徒崇拜火，他们在家中供奉火，在祆祠里不供奉神像而只供奉圣火。
⑤ 长安的街道为土造。
⑥ 长安西市的另一种说法。《唐六典》中记载"京师东市日都会，西市日利人"。

唐三彩骆驼及牵驼俑　河南博物院藏

不少远来的行商，粟特人、波斯人等，他们的语言和衣着各不相同，都在紧张地观望着，希望可以在长安这个超级市场中逐几分利。鼓声响了二百声后，康禄山和大家一样，像水流一样涌入了市场。

第一次来西市的康禄山显然是被这个规模巨大的市场震惊到了，只见那街道被分为整齐的九个方块①，边侧还有巨大的露天排水沟②，内里有不同的商行、酒肆，而药肆规模更大，数量还多，许多店铺都在出售他们西域特有的药材，比如波斯盐绿③等，并且成交量极大。游走了一圈，他也看到了许多和自己一样的外来商人，整个西市的商品种类、店铺数量不尽其数，看得他眼花缭乱。当然，他更留意的是做珠宝生意的店铺，但这类店铺不多。他拿出自己的珠宝询问了几家，老板却因为他要价太高而拒收。他索性找到了一个空地，打算自己出售，无非就是把价格压低点，这样还可以稍有盈利。来来往往的人很多，许多年轻貌美的穿着及膝长裙④的女性虽然对他的珠宝首饰爱不释手，却都只是看看没有买。

时间已近下午，正当康禄山沮丧时，一位年轻人告诉他，可以带着这些珠宝去东市看看，虽然那里归万年县管辖，且居住的人数不如归长安县管辖的人口多，但达官贵人多⑤，

①唐代西市有东西向和南北向各两条大道，将西市分割成九块。

②长安城拥有比较完善的排水系统，路面中间较高两边稍低，两侧或一侧有排水沟，以便于排水。

③又名孔雀石，它是含铜的碳酸盐矿物。

④此时受社会风气的影响，更多庶民女子选择男装或胡服来穿，即便着裙，裙长也仅及膝，内着紧口长裤。

⑤唐代长安东市带有官家性质，而且地方驻京办事机构——进奏院也主要分布在街东的崇仁坊和平康坊，进京公干的官员多在此停留。

①尽管东市看起来不如西市热闹，但所卖商品更偏向于高等级，西市则更多的是面向大众的消费品。

②即进京赶考的学子。《长安志》云"北街当皇城之景凤门，与尚书省远院最相近，又与东市相连接，选人京城无宅第者多停憩此"。

③东西二市是长安城酒肆较集中的地方，唐中期以后，长安的居民住宅区里也出现了酒肆。

④以貌美的胡姬当垆是酒家吸引顾客的一种重要方式。

⑤唐代的酒肆中出现了通过唱歌跳舞来为饮客助兴的酒妓，而胡旋舞是粟特民族的传统舞蹈，在唐代很盛行。胡旋舞以旋转快速、动作刚劲著称。

⑥一种坐具，并非现代意义上的床。当时，唐代很多百姓还是睡在地上的。

消费能力强①，售卖的珍奇东西也多，店铺也不少，据说有二百多行呢，还有胡琴行、笔行和新兴的雕版印刷行等等，因为离东市很近的崇仁坊中有许多进京赶考的选人②。康禄山十分感激，眼看着快要闭市，他加紧脚步赶到东市。果不其然，东市商品同样琳琅满目，有很多是在西市看不到的东西，珠宝店也是一家挨着一家，路上也没有那么多的骆驼、牛等牲畜了，而更多的是坐轿的官人和文质彬彬的书生，还有许多有随从陪伴的年轻男女，场面相当气派，看样子一定来自高官权贵的家庭。康禄山自觉地躲远了点，怕引来不必要的祸患。在东市，康禄山一扫在西市的坏心情，他的珠宝得到了许多店铺的认可，他们给的价格远超他的预期，这更坚定了他以后要继续在长安做生意的信心。卖完珠宝后，他十分开心，从众多酒肆③中选了一家有年轻貌美的胡姬当垆④的，开心地进去要了一壶酒，一边喝一边欣赏优美的胡旋舞⑤。响亮的钲声传来，人们陆陆续续地收拾好自己的行装朝大门涌去，康禄山也一身轻松地离开了这座偌大的市场。

夜幕降临，喧闹的长安城又回归了宁静，康禄山坐在胡床⑥上，回想着今天的买卖，感到十分兴奋，甚至想跳胡旋舞来表达自己的激动。长安城果然名不虚传，这次他带来的货物已经全都卖完,也了解了这里的市场情况,他想尽快回家再好好地挑选一批新货物,也要想想下一步该怎么做,再买些稀罕玩意儿带回去送给家人,让他们也感受一下这长安城的繁华。正好自己手中过所①的期限也快到了,可以暂时不去申请了,回家团聚一下。

夜已深,一位心满意足的粟特商人轻松地睡去。大唐长安以其特有的魅力,深深吸引着成千上万远道而来的客人。

(时照君)

①普通民众持有的一种民用"通关文书",如果没有"过所",轻者无法通行,重者将被拘捕。唐代,为了顺利通关,人们会随身携带过所,主动向各勘检机关上交这份可以证明自己身份的文书。

淬镜少年
——小道士方山子的一天

开元二十五年（737）六月初五，一个普普通通的日子，这一日在史书上无甚记载，然而对方山子来说，却永生难忘，因为他终于可以亲手磨一面镜子了。六月初四的晚上，老道士对方山子说："明日你我同去淬镜①，这次你不必同我搭手，我要你独自淬镜。"方山子听到后，竟一时说不出话，待他反应过来，对着老道士②恭恭敬敬地磕了一个头。

翌日，天刚蒙蒙亮，方山子便跟着老道士走在了进城的土路上。老道士是一位"磨镜道士"，像大多数唐代道士一样，"长在城中无定业，卖丹磨镜两头贫"。方山子四岁时被老道士从山上捡回来，如今竟整整十年。这十年中，他们爷儿俩相依为命，虽然日子清苦，但也算随性恣意。老道士觉得"山子"二字颇有黄老之风，于是给他取名方山子，还教他识字和一些简单的道法心得。因为常年与老道士走街串巷③地淬镜卖丹，以维持生

唐十七娘有话说

①即打磨镜子。唐时百姓多以铜为镜，日久镜面容易昏暗，所以需要常常磨制，使其明亮照人。

②磨镜工艺在北宋前为道士的毕生绝学。据《淮南子》记载的磨制镜子的方法，专业的磨镜人手头需要有大量的铅或者锡，这些材料一般人很难获得，但是在炼丹的方士那里却司空见惯。

③唐代的磨镜道士经常在城内走街串巷，在磨镜之余向百姓推销自己炼成的丹药，以获得更多的经济收益，维持生计。

计，久而久之，方山子也学会了一些本事。要知道，道士们的磨镜秘法[①]是不外传的，但方山子从小耳濡目染，已然是个中熟手了。

东方渐渐露出鱼肚白，老道士走在前面，露水打湿了他的眉须，一绺一绺的，看着很滑稽。但是方山子的心思却不在这上头，他现在的心情很复杂，一方面因为自己终于亲自淬镜而激动，另一方面又因为担心自己独自干不来而紧张不安。他只觉得嗓子发干，直咽唾沫。

待到天光大亮时，二人早已进城开始走街串巷起来。可惜今日运气并不算好，已经接近午时了，一个来吆喝他们磨镜的人都没有。正值三伏天，太阳将天地变成一片锡色，白茫茫的没有什么焦点，火辣辣地炙烤着行人。日高人渴，方山子只有十四岁，正是能吃的时候，复走两步，肚中便咕咕作响。老道士无奈一笑，找了一僻静处，坐在一棵枝繁叶茂的老槐树下，掀开背篓，拿出了早已备好的干粮，那还是前日在辅兴坊买的胡麻饼。方山子接过一半胡麻饼，并不妄动，而是看着老道士吃第一口后再张口开吃，不过三两口，半张胡麻饼就已经下肚。老道士并不言语，而是慢条斯理地啃着饼，用眼神示意方山子，方山子机敏地点点头，从背篓中翻出一个笨重的葫芦瓢子，紧跑两步，到了不远处几户人家聚居的地方。那儿有一口公共的水井[②]，边上有一位老翁，正慢悠悠地提井水。方山子见状，将葫

①作为道士们的毕生绝学，磨镜的方法并没有被广泛传播，只作为道教内部的秘法代代相传。

②长安城的居民吃水，可以直接从护城河里汲取或者打水井取用。

芦瓢子放于一旁,手脚麻利地帮老翁将井水提上来。老翁笑眯眯地拿起方山子的葫芦瓢子,从水桶中舀了一瓢水递给了他。方山子连连道谢,小心地拿着葫芦走回大槐树下。老道士说:"快喝吧,喝完我们去长兴坊。"方山子早就渴得喉咙冒烟,待老道士喝罢,便举起瓢子一饮而尽。

过了正午,二人来到长兴坊,还未出巷就听见有人唤道:"负局先生①留步!"老道士和方山子循声看去,见一个男子从一间低矮狭小的屋中探出来,挥挥手示意二人进去。老道士拱手作揖②,方山子也有样学样地行了礼,跟随那人进了门。庭院很窄,仅能容足,此刻三人站在一起略显拥挤。那男子侧身从屋中拿出一个不到半尺长、状似银盘的铜镜③,镜后无甚花纹,看起来古朴雅致,镜面则蒙然未见形容,笼着一层锈④。

那人开口说:"此镜为开元二十三年(735)上元节为小女购置的,如今蒙然也,特请二位负局先生磨镜,使其明如日月。"老道士听罢点点头,道:"可有清净秘处?磨镜乃秘法,不宜与人见之。"那人便又引二人走向院内一间房。老道士又问:"可有清水⑤?"那人便从墙角提来一桶井水,道:"先生请便。"说罢就出门了。

方山子手执那面铜镜,既期待又忐忑不安。老道士坐在一旁,静静地看着方山子道:"孩儿,你跟了我这些年,每次我淬镜你都同我搭手,如今你已长大,想来也

①对磨镜道士的尊称。

②唐代见面的基本礼节之一,除作揖外还需要唱"喏"。

③唐代铜镜形制美观多样,除常见的圆形、方形外,还有各种花式镜,如葵花镜、菱花镜等,后又出现了四方委角形镜,这些铜镜不仅注重图案装饰美,而且重视外在样式美。

④唐代铜镜由青铜铸造而成,和空气接触时间长了会逐渐变得黯淡无光,无法用以映照形影,古人形象地称之为"昏镜",需要重新磨拭镜面才能让铜镜光可鉴人。

⑤清水研磨镜面时起到缓冲剂的效果,同时也方便磨镜后清洗镜面。

该自己亲身动手了……开始吧。"方山子只觉得这铜镜重千斤，眼眶一热，郑重地点了点头。

　　他熟门熟路地拿出背篓里的磨盘①与镜砖，用刮刀②修整镜面的凹凸痕迹。没多久，他的手心就开始出汗，鼻尖也沁出了汗水，虽是三伏天，屋里很是闷热，但对方山子来说，他的眼里心里只有这面镜子，无暇顾及其他。铲罢，他习惯性地想将铜镜交由老道士看看，谁知老道士却立刻把头撇过，一语不发。方山子心下了然，又开始下一步工序，将玄锡粉③加水放在磨盘之上，使铜镜与磨盘反复相磨。尔后又拿出一块毛毡④，在镜面上涂好镜药，用力擦拭。最后再拿出一块薄布，细细打磨铜镜。不知过了多久，直到镜中的人鬓眉微毫可得而察，方山子才抬起头。

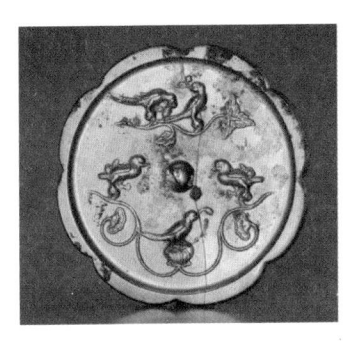

①为了磨出镜面的几何形状，必须准备好一块与镜面曲率半径一致的磨盘，所有的研磨、抛光等工序都要在磨盘上进行，否则就不能保证几何形状的正确。

②磨镜前，要用刮刀来修整镜面上较大的凹凸痕迹，使其平整。

③用铅或锡（玄锡）粉搭配羊毛刷（白旃）磨制镜子，以求达到最为清晰的效果。

④在磨镜中常做抛光之用，搭配镜药一同使用能起到抛光的效果。

唐鸳鸯葵缘镜
宝鸡青铜器博物院藏

唐飞天花鸟菱缘镜
宝鸡青铜器博物院藏

老道士的脸上露出惊喜与欣慰，再看那面铜镜，俨然已明如日月、流光如练。方山子此刻才察觉热，浑身的汗已经将粗布衣衫①打湿，额前也汗如雨下。老道士起身，替方山子擦拭额头。

等到方山子晕晕乎乎地从那户人家出来，如大梦初醒，自己竟独自完成了这样一个任务！老道士看方山子愣在原地，就拍拍方山子的后脑勺。方山子有些赧然，加紧了脚步，跟上了老道士。

此时已是落日西沉，路过长兴坊，饆饠店内的香气随着街上的热浪传来，十分诱人，让方山子忍不住直吞口水。老道士早已看穿了方山子的心事，笑眯眯地揽着他进了店，买了芙蓉蟹②。在老道士慈爱的目光下，方山子小心地咬了一口，这个味道，他这一辈子都不会忘却……

天色尚不算黑，二人走在回程路上，方山子望着星星点点的夜空，只听见道士的声音似在虚无缥缈中传来："道家修行也如磨镜，人的心镜经过磨砺后大放光明，人便因此而显现智慧。这一智慧也如同明镜一般，能照察世间一切虚伪暗昧，终可得悟……"方山子似懂非懂地点点头，他只知道，从这一日起，他也开启了自己人生的新旅程。无论艰难险阻，不管世间冷暖，他将打磨一面又一面的铜镜，用自己的心镜照察这盛世人间……

(岳一白)

①唐代社会，服饰具有等级性，道士常穿粗布麻衫。

②蟹黄饆饠，内馅为蟹黄。

药商裴三郎在西市

开元二十八年（740）的三月十五，正是长安春季里一个普通的晴日。天刚蒙蒙亮，裴三郎①从长安城外的营地醒来，走出商人们聚集的营帐，清点了马车上的箱子，又打开几个，核查药材是不是完好。上天保佑，从疏勒到长安这一路，未曾碰见什么倾盆大雨、电闪雷鸣，让裴三郎顺顺利利地带着完好的药材进了京。

检查完货物，裴三郎洗了把脸，早早地将马车套好，赶着马向金光门②出发。此时天刚刚拂晓，金光门前早已排起了长长的进城队伍。裴三郎从身上摸出过所，又打开货箱，等着守城人员盘查。越近长安，盘查就越严密，裴三郎不敢怠慢。

许久，他们终于通过了检查，已到开门时刻。长安的西大门在隆隆的晓鼓声③中缓缓开启，厚重的高大城门宣告着大唐王朝首都的庄严。裴三郎随着队伍缓缓进入城门，熟门熟路地赶往西市。西市的西门前已然聚集起了一

唐十七娘有话说

①本文将主人公设定为疏勒人，与唐初进入长安的疏勒裴氏同宗。

②位于长安城西面中部。

③晓鼓从承天门起，街鼓随之擂鼓三千声，传递到京城四面八方，各城门、坊门按先外后里的原则依次开启。

唐代灰陶彩绘牛车
广东大观博物馆藏

些人，他们大多驾着马车、驴车、牛车，不难看出也是来西市贩卖物品的商人，更有不少人来自西域。正想攀谈几句，隆隆鼓声夺去了裴三郎的注意力。正午时分，长安西市的西大门在二百下开门鼓声后，缓缓开启。

裴三郎重新驾上马车，沿着南北向的街道，前往西市西南处最大的药肆——仁心坊。这裴三郎本是西域人，因着常来长安贩药材，便有了这么一个汉名。他也是仁心坊的老供货商，前后合作了数十年。他此次从西域贩来的主要是波斯盐绿和天山雪莲两样西域特产药材，间带着来时路上收的奇特药材。那波斯盐绿非疏勒原有，而是裴三郎从疏勒向西又走了许久才收来的。他的药材质量上乘，也不像旁人一般漫天要价，很是得药肆掌柜们的好评。

仁心坊的掌柜一见裴三郎便笑逐颜开，忙使小厮牵走马车卸货，将裴三郎迎入药肆内。裴三郎思忖着，这一路风沙侵袭，加之药材成本见涨，若是能提一提货价岂不美哉？于是，他开口言道："郎君，如今西域的药材成本比起去年涨了不少，加之我这一批药材已属上等，您看着……是否能涨些价钱收了？您放心，我裴三郎也不是坐地起价的人，只求个不亏本，每斤药材多上**两贯钱**[①]就是了。"

[①]唐玄宗开元年间（713—741），1000文铜钱（又称一贯），大致可以换100斗米。唐代药肆的药材数量以分为单位，四分为一两，十六两为一斤，价格昂贵。

那掌柜一听，颇感欣慰。近日药材涨价，周边药肆掌柜纷纷抱怨，波斯盐绿和雪莲本就贵重，而今听这老伙计报价，的确良心，便一口答应下来，和和气气开口道："药材涨价吾也有所耳闻，郎君素来是信得过的人，如今提了价，还望郎君此后再来长安，也莫要忘了仁心坊啊。"裴三郎连连点头，与掌柜结清了账便走出门。

已是下午时分，裴三郎在饼店里买了个胡饼充饥，便开始在西市中走走逛逛，顺便看看布匹的行市。虽不是第一次贩卖布匹，但是丝绸行情朝夕变化，流行花色也从不重样，如今流行些什么，他心里也没什么底。逛到大概有了些了解，裴三郎走进了一家铺面。据他观察，这家布店虽然不大，但丝绸质量却很好，花纹别致新颖，与西域的风格颇为相衬。

正碰到掌柜从柜中走到店中，裴三郎便上前攀谈起来："掌柜，如今这丝绸都有什么纹样①？"掌柜是个热情的人，指着几个花色的丝绸给他看："如今是这种花鸟纹的织锦卖得最好，其他的也有青色、绯色的绢和纱，也是许多贵人喜欢的。"裴三郎顺着他的指引仔细看了看，果然与在其他店问的差不离，心里一块大石落了地。

唐代花鸟纹锦
新疆维吾尔自治区博物馆藏

①按照织法的不同，丝绸的平素织物有绢、纱、练等，显花织物有锦、绫、罗等，非常丰富。

他浅浅点头，语气和缓地说："不瞒郎君，吾欲将这丝绸运往疏勒、龟兹贩卖，还请店家给我一个明价。"店家也爽快："吾看郎君从西域来一趟着实不易，一匹绢便算你八百文，一匹纱算五百文，织锦要贵些，一匹一贯钱，可好？"裴三郎考虑着今日贩药收益颇多，这丝绸价格也合理，便点了几个流行样式的织锦和各色绢纱。见日头已西，今日怕是来不及运货，裴三郎便与店家商议："今日天也不早，吾可否留下定金，明日带着马车再来装货？店家也可以准备准备。"掌柜一口答应："当然可以，郎君只管好好休息，明日一来就给郎君装车。"这就算定了下来，裴三郎将今日贩药所得留了一贯钱给店家，约定了次日正午来取丝绸，便离开了。

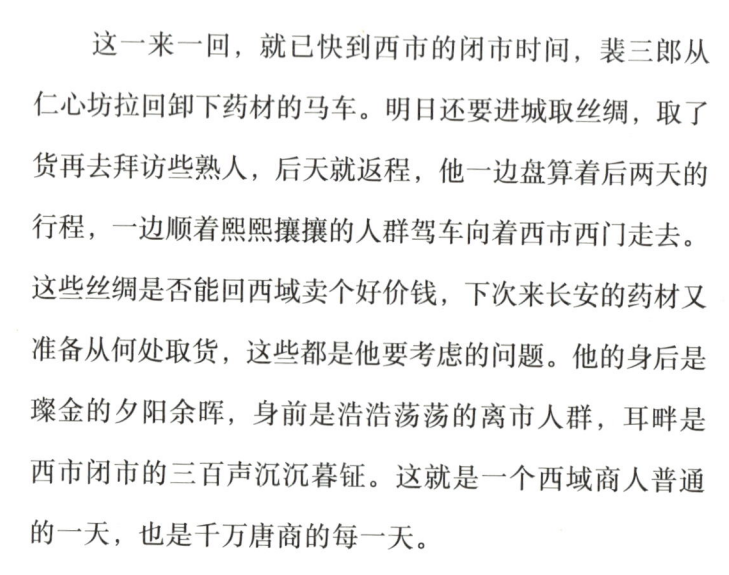

　　这一来一回，就已快到西市的闭市时间，裴三郎从仁心坊拉回卸下药材的马车。明日还要进城取丝绸，取了货再去拜访些熟人，后天就返程，他一边盘算着后两天的行程，一边顺着熙熙攘攘的人群驾车向着西市西门走去。这些丝绸是否能回西域卖个好价钱，下次来长安的药材又准备从何处取货，这些都是他要考虑的问题。他的身后是璨金的夕阳余晖，身前是浩浩荡荡的离市人群，耳畔是西市闭市的三百声沉沉暮钲。这就是一个西域商人普通的一天，也是千万唐商的每一天。

（王琛佳）

| 唐人的一天 |

秀才张鸣鹤的一天

唐玄宗开元二十九年的一天①，天还未亮，张鸣鹤就已早早地起身。尽管昨夜温书到很晚，尽管依旧辗转反侧、难以入眠，待天快亮的时候，他还是在模糊之中听到了街鼓②敲响的声音。

张鸣鹤的父亲平日里在长安城宣阳坊中的彩缬铺③劳作，偶尔也会帮着在西市经营的二伯运输货物。母亲身体不好，只能做一些小活补贴家用。好在家里人少，只有父亲、母亲、弟弟和自己四个人，生活虽然算不上富裕，但也可维持温饱。

父亲对张鸣鹤寄予厚望，希望他可通过科举考取功名、光宗耀祖，于是让张鸣鹤从小就背诵九经之书，以应对明经中的帖经④。可就在前些年，朝廷却下令在明经试帖中加上《老子》，今年更是提倡《庄子》《文子》《列子》等书。父亲便又省吃俭用，攒下钱来让张鸣鹤买些新的书籍。

唐十七娘有话说

①公元741年为开元末年，距唐玄宗改年号为"天宝"仅不到一年。

②长安城中在各街道设置街鼓，由负责区域治安管理的人员敲响。

③丝织品店。

④唐代科举考试的一种方式。帖经主要考查儒经或道经的内容，每帖空三字，由考生据上文或下文填写。

可张鸣鹤深知，考取功名又怎会如此容易，就算帖经能够通过，之后的试策①也绝非易事。几年前"循资格"②的诏令一出，做官也比以前更加困难。还不如隔壁的李二郎，去年考上了武举③，而自己不过只是一介文弱书生。

张鸣鹤叹了口气，拿起一旁叠好的窄袖袍④穿上。这还是前几日过生辰时母亲刚为自己买的，是用时下最兴的夹缬法⑤印染而成的。

他走出家门，尽管天尚未明，街上的饼肆大都已经开业。他经过了几家生意兴隆的饽饦店，来到一家饼肆前，这家饼师⑥做出的胡饼面脆油香且价格便宜，每日来这里买饼的人络绎不绝。张鸣鹤排了许久，终于买到胡饼，此时天已经大亮了。

回到家中，临近巳时，母亲已准备好了饭菜：一盘蒸葵菜，一盘炒竹肉，还有一小碗蒜齑（jī）。母亲的面前还多摆了一碗汤饼⑦，这是父亲听来的偏方：用鸡子清溲面作索饼，于豉汁中煮熟，空腹食之，可治脾胃虚弱、气短无力。看到兄

① 唐代科举考试的方式之一，有司就政事、经义等设问，令应试者作答。
② 开元中期以后，为应对应选官员越来越多的问题，开始实行"循资格"，以资历作为参加铨选的资格。
③ 武则天于长安二年（702）开设武举。
④ 自北朝以来，男女衣服以胡服窄袖为时尚。
⑤ 唐代的一种印染方法，用两块木板雕刻同样的花纹，着色夹染。
⑥ 人们通常称做饼的人为"饼师"或"饼匠"。
⑦ 水煮面条或面片一类的食物，也称索饼、水溲饼、馎饦、不饦。

唐代草飞鸟纹夹缬绸
日本正仓院藏

长回来，弟弟赶忙跑来拉过张鸣鹤的衣袖，与父亲、母亲席地跪坐①在一起，品尝饭菜和胡饼。

看着桌上的竹肉，张鸣鹤不禁想起了上巳节踏青时吃的肉羹②来。可惜在平时，家中能吃到肉的机会很少③。好在鱼的价格比较便宜，不时可以吃上母亲做的鱼羹或是街上卖的鱼鲊④。

饭后，父亲把张鸣鹤叫入房内，说道："前些日子，你大伯来信，说是大郎贡举⑤终于明经及第，若是能通过关试⑥，授得一官半职，那可真是我们张家之幸。这还要多亏三年前朝廷在各里置一学、择师资教授时，你大伯将他送进了里学读书。"

张鸣鹤的大伯如今是一个农民，数年前朝廷检田括户⑦，大伯作为新括得的客户，还被免去了六年的租调徭役，近年来与邻里一起还能用筒车和水轮灌溉农田，家中的景况也越来越好。

"可你也知道，"父亲复叹了一口气，"你二伯是商人，虽然家中富裕，但二郎科举这条路怕是很难走通。⑧另外，你也不要有太大压力，我看到你最近读书很辛苦，今日就暂且歇一歇，替你阿娘上街买些东西。你阿娘身体不好，平日里我不在家时，你与小郎尽量少让她劳累。过些日子天气转暖，你也可陪他们去华严寺⑨散散心。"

张鸣鹤连连点头，说："阿耶放心，有我在家照顾

---

① 唐代时人们吃饭大都席地而跪坐，直到唐代末年椅子才从胡床中独立出来。

② 唐人喜欢将肉烹制成羹。

③ 唐代时，肉食的供应量十分有限，一般百姓很难经常吃到。

④ 我国古代独创的一种腌制发酵食品。

⑤ 唐代科举有贡举和制举之分，贡举为定期举办的考试，制举的规格比贡举高，不定期举行。

⑥ 唐代士人科举及第后，并不能立刻授官，要经过吏部的"关试"才能获得任官资格，其考核标准是身、言、书、判，即外貌、言辞、书法、判断。

⑦ 检查田地与户口数。

⑧ 唐代商人地位不高，商人子弟不能参加科举。

⑨ 华严寺建于唐太宗贞观年间（627—649），是长安城南春秋宴乐、夏日避暑的胜地。

①医官名。唐代地方设置的卫生官员，主要负责教授医学知识。
②采用炒青、蒸青或晒青等方法加工出的绿茶。唐代散茶呈碎叶状。
③唐代亲友之间以鱼相赠的举动蔚然成风。
④唐代禁止百姓捕食鲤鱼，因为"鲤"与"李"谐音，需避讳。
⑤鱼中珍品。
⑥不遮挡面部，盛唐时期民风开化，胡帽成为时尚。
⑦开元中期达官显贵开始穿线鞋，侍女则穿普通的鞋。
⑧开元二年（714）的一项诏令规定，禁止向外国人出口或出售的商品主要有锦、绫、罗、縠、绣、绢、丝、牦牛尾、珍珠、金、银、铁等物品。

阿娘和小郎，您只管在坊中安心劳作。过段时日我再去打听打听，看能否请到一位医学博士①来。"

父亲又拍了拍他的肩膀，说："家里的散茶②和白酒没有了，你记得买一些。明日我打算拿几尾鱼去你二伯家中拜访③。只是官府一直禁捕鲤鱼④，这些年来尤为严重，恐怕也买不到松江鲈⑤。你去看看有没有新鲜的鲂鱼吧。"张鸣鹤点头记下，就出了门。

此时，街上行人渐渐多了起来。许多富家小姐穿着艳丽宽大的坦领襦裙，戴着胡帽⑥，更有甚者还穿着男子的衣裳。小姐身着胡服，脚上穿着精致的线鞋，一旁的侍女则穿着履⑦。张鸣鹤快步向前走去，他要在击钲之前将物品买好。

来到西市，只见到处人头攒动，好一派热闹景象。因着朝廷诏令不得出口的缘故，如今卖锦、绫、绣、绢特别是金、铁之物者尤其多。⑧

张鸣鹤按照父亲的吩咐先买好了鲂鱼，然后又去买了五

唐彩绘陶胡服女立俑
陕西历史博物馆藏

斗米。看着手中的"开元通宝①"钱币，他想：父亲爱吃面食，母亲却爱吃米。不过好在米和面都不算太贵，米比面还要便宜一些，五斗米才花了不到一百文钱。

开元通宝

在茶肆买散茶时，张鸣鹤看到里面有不少人一边饮茶一边交谈，他想，这样的场景现在倒越来越普遍了。②

接着，张鸣鹤想起昨日母亲曾提醒自己，家中的果品已经吃完，他便来到卖果品的店铺，挑选了一些橘子、桃、杏和李子。看到旁边的枣，又想起可以用来招待客人③，便称了一些。再往前走去，他又买了几个紫梨④，父亲平时喜欢喝酒，正好可以用紫梨来醒酒⑤。这时，张鸣鹤看到了葡萄和石榴，它们都是由外族传来⑥，非常受长安城中百姓的欢迎。现在，手中的果品已经可以吃一段时日了，他打算改日再来买。

看着琳琅满目的果品，张鸣鹤突然想到了荔枝。听说荔枝味道甘美，只可惜产区太远、难以保存，即便是朝廷重臣也难以得到，长安城中还有很多人甚至不认识荔枝，更不要说品尝了。不过倒是听闻宫中的娘娘可以吃到千里骑送而未变质的荔枝，不知是真是假。

复向前走，张鸣鹤又按母亲的嘱托买了花椒和桂皮⑦，父亲总喜欢饭菜中有这些调味品的味道。

①唐代铸造的一种铜质货币。唐初沿用隋五铢钱，唐高祖武德四年（621），废五铢钱，铸造"开元通宝"。"通宝"名称为后世沿用，常在通宝二字前冠以年号、朝号。

②自开元初年（713），饮茶之风风靡全国。

③唐代时，枣是普通百姓招待客人的重要果品。

④唐代普遍种植的是紫梨。

⑤唐人把梨作为醒酒用的佳果。

⑥葡萄和石榴均在西汉时期由丝绸之路传入我国。

⑦花椒和桂皮均为传统香料。

①一种"麻风树"的块茎，生长在边远地区的沙地中，在唐代被用来治疗"心疼"。

②蓝堇属的一种植物，其黄色根茎由奚国经安东都护府传入唐代。

③唐代的酒肆主要用酒旗来显示身份，吸引酒客的注意。

④西汉时期，葡萄酒由西域传入中原。唐代时，唐太宗亲自加以改进，造成八种名色的葡萄酒。

⑤唐代一直实行钱、帛并行的货币制度。

⑥唐代人们大多实行两餐制，第一餐在每天的上午7-9点，为"大食"；第二餐在下午的3-5点，为"小食"。

⑦开元二年（714），玄宗接受姚崇的建议，下令淘汰天下僧尼，强制还俗。同年八月，又下令禁止新造佛寺、民间铸造佛像和抄写佛经，并禁止贵族官僚与僧尼交往。

　　经过药坊时，张鸣鹤本想为母亲买一味据说可治疗心口疼痛的白附子①，但商贩却告诉他这种药材已经卖完，并问他是否需要延胡索②。张鸣鹤摇摇头，婉拒了他的好意。

　　最后，张鸣鹤来到一家酒肆前，酒肆门前悬挂着高高的酒旗③，随风飘扬。店家很是热情，一直向他强调自家的酒都是自己酿造的。当路过另一家胡人开的酒肆时，里面的胡族女子还询问他是否要买葡萄酒④，张鸣鹤再三推辞，那些女子才罢休。他还看到一旁有人用钱和帛在商贩那里购买物品。⑤

　　张鸣鹤回到家中已近酉时，父母和弟弟已经吃过饭了⑥。饭后，张鸣鹤回到房内温书，捧着手中的《老子》，他想到自己未曾出生时朝廷便压制佛教、强制还俗⑦，如今更是看重道教，看来自己以后要多阅读道教的经典，才可能在科举中崭露头角。

　　不知不觉，快到子时，父母和弟弟屋中的蜡烛早已熄了。因为临近科举，近日来张鸣鹤一直专心读书，很少与弟弟玩耍，和父母谈心的时间也有所减少，常常温书到深夜。这让父母非常心疼，总劝他早些休息；弟弟也很懂事，还会在他看书时倒些茶水。想到父母和弟弟的关心，张鸣鹤的心中很是温暖，又有些酸涩。不过今日在西市奔波了许久，他也确实感到了疲惫。放下了手中的书卷，他吹灭蜡烛，沉沉地睡去。

（焦显清）

长安太平记
——昆仑奴摩霁的一天

长安城里流传着一个传说,说有一种奇人,皮肤黝黑,上身赤裸着斜披帛带,用横幅布绕腰或穿着短裤,名曰昆仑奴[1]。他们身体极其强壮,吃苦耐劳,还能穿行于虎豹之群中间,总之是一种很稀有的厉害的人,在贵族之中非常抢手[2]。

昨夜长安,依旧太平,鸡鸣声起,这座伟大的都城又一次沐浴在阳光之中,新的一天开始了。摩霁的一天也开始了,准确来说,是一天的工作开始了。

是的,摩霁是昆仑奴。

永兴坊有一个退休官吏叫裴铏,他出版的传奇小说[3]很受欢迎,因此得以养家,生活还算不错。退休后,他最喜欢坐在槐树下给小孩子讲故事,天天都有十几个小孩围着他,今天他讲的是昆仑奴的故事。

"传说中,昆仑奴在汉朝[4]就有了,人们看见他们又黑又矮,管他们叫僬侥(jiāo yáo)氏,据说来自南海以南。

唐十七娘有话说

[1] 昆仑奴大多来自南洋诸岛和非洲地区,被贩运到唐代,至中土后,或精习乐舞,或成为奴仆供主人役使。

[2] 有钱人将昆仑奴视为一种身份的象征,拥有他们成为炫耀身份和财富的方式。

[3] 传奇小说在唐代极其受欢迎,晚唐时期裴铏创作的小说《昆仑奴》受到了人们的欢迎。

[4] 关于黑色人种的记载的出现不晚于东汉时期。

①李德裕贬官潮州，经过鳄鱼滩时舟船损坏，宝玩古书图书沉失，遂召舶上昆仑奴取之，见鳄鱼极多，不敢辄近。

②今越南。

③唐长安城以朱雀大街为界线，西部属长安县，东部属万年县。

④生鱼片。

⑤为了维持家族地位，科举中第者成为唐代大家族选拔女婿的重要对象，促进了庶族和士族阶层的流动。

⑥科举制与庶族地主兴起以及士族门阀衰落有关，科举制为庶族地主入仕和兴起提供了很好的机会。

到了如今，昆仑奴越来越多，他们非常通水性①，一个人就能举起你们这些不知天高地厚的小儿……"

就在此时，摩霁路过那里，他的背后顿时投来了不少惊叹的目光，只是他并不在意，因为他习惯了。

摩霁不知道自己的故乡在哪里，只知道他小时候在一个叫交趾②的地方生活过，后来被卖到长安，听到了主人"你以后就叫摩霁了"的声音，忍受了脸上刺字的疼痛；只知道自家的主人很有钱，不然也买不起他。

东市离这里不远，摩霁转身就到了。东市刚刚开门不久，大门口还是非常嘈杂的。大门前偶尔有几个万年县③的县吏转悠着，时不时吆喝着维持秩序。这里店铺林林总总，茶博士在门口不断招揽客人，店里有鱼鲙④、米酒、秋葵、荇菜，还有各式各样的甜品。

摩霁可没有太多闲工夫，他在路边小摊买了一碗汤饼，就着白水煮白菜和杏仁汤粥，又顺便买了一些胡麻饼在路上当干粮。这种饭，虽说普通，但吃饱喝足后，摩霁感到浑身充满了劲。

遵从主人的吩咐，摩霁要到东市去采办食材，主人的女儿即将嫁给一名新科进士⑤，摩霁和这名进士曾有一面之缘，那人身长八尺，仪表堂堂，气质不俗，出身庶族地主⑥家庭，历经十年寒窗终于高中进士。主人念他成绩优异，前途光明，便派摩霁去给这名进士送礼招亲。

| 唐人的一天 |

摩霄还记得，那一天，丁仙芝①——就是那位进士，带着几个随从和他登到长安城北郊外的高处，指向远处的故城②，又回头看看繁华的长安城，叹道："树回早秋色，川长迟落晖。时光荏苒，岁月无常，你看那儿，曾经繁华的汉朝长安城，早已成一抔黄土。摩霄啊，你从哪里来，还记得你曾经的家吗？"

摩霄没有回答，但这是他来到长安后第一次被别人认真问话，他对这名新科进士顿时产生了好感。

思及此，摩霄的面前仿佛又出现了那张和善的面容。东市相对西市来说更高端一些，产品质量高，价格也很昂贵，符合摩霄主人的身份和需求。

摩霄和其他家丁拉着马车，恰巧看见丁仙芝正带着

①丁仙芝，字元祯，开元十三年（725）进士，性好交游，有《丹阳集》。但是丁仙芝在本文的故事纯属虚构。

②故城指汉长安城，隋朝时，因为汉长安城地下水污染，年久失修，于是建立了新的大兴城（唐长安城）。

陕西富平县朱家道村唐墓墓室北壁壁画上的牵牛昆仑奴

随从在集市买米，腰上别了三支箭，手里还拿着一些麻。①摩霁问候了几句，便忙起了自己的事情。

此时，刚刚被东市恶霸胡老七敲诈勒索的菜农坐在地上，感叹自己的菜卖不出去又被恶霸抢走，但是摩霁也顾不上同情，他不能耽误自己的事。

丁家家境显然不如摩霁主人一家，而且他的家人也不在长安，主人吩咐摩霁也要帮丁仙芝做一些力所能及的事情。不一会儿，马车上就多了几缸清酒②、几盒阿胶③，还有各式绸缎布匹、近来时兴的茶叶、鸡鸭羊肉，还有在西域胡人那里定做的珠翠首饰，装了满满几辆马车。他还帮丁仙芝准备了花瓶、香球、沙罗洗漱、妆合（盒）、照台、裙箱、衣匣、百结④、清凉伞、交椅⑤等礼品，也按照规矩准备帮男方家布置新房，还要去城外丁家帮忙布置。丁仙芝为了感谢，把他收藏的一本诗集送给了摩霁。

忙活了一整天，他才走进长安的南门明德门，倒感到了一丝轻松和惬意。夕阳西下，长安城和百万民众的影子越来越长，和着鼓声⑥，最终被黑暗吞噬。

摩霁依稀想起，曾听过丁仙芝吟诵诗歌，好像有"月亮"，有"星辰"之类，本以为诗歌是高贵人家的专享，没想到他一个"胡人"居然能听到如此美的诗歌，虽然大多时候他听不懂诗歌里在说什么，只隐约记得两句："空波两岸明""更闻枫叶下"⑦，那月亮是不是有点像

---

①男家在娶妇之前，要取三升米填装到米臼当中，拿一块席子把水井盖住，再拿三支箭放到门上，拿三斤麻塞到窗口中。具体寓意不详。

②唐代米酒大体分为两种，即清酒和浊酒（又称白酒）。清酒酿造时间较长，纯度、品质较高，价格也更贵。

③中药，使用阿胶的历史可追溯到汉代。

④一种联迭成扣的织物。

⑤一种坐具，下身椅足呈交叉状，故名。

⑥唐代宵禁制度通过鸣街鼓来警示众人，击鼓八百槌，意味着宵禁开始。

⑦摘自《全唐诗》第114卷，丁仙芝《渡扬子江》。

今夜的月亮?

想着这些,摩霁嘴角泛起了笑意,他忽然听见一声吆喝:"那边的黑奴,过来!喂,说你呢,还走!"

也许是太过沉浸,直到差吏一把抓住他,他才反应过来。

"哦,原来是黑奴啊!"领头的人盛气凌人地呵斥着,"不知道宵禁吗?图谋不轨,依照律例,笞二十①。"

木杖如雨点一般落在身上,摩霁没有半点怨言。不料这些小吏却动起了坏心思,声称为了安全要搜身,结果没搜出几个钱,却搜出了一本诗集。

那些官吏气恼地将那本诗集攥在地上,踩了两脚,吐了口痰,鄙夷地说:"臭黑鬼,没啥文化竟然还读诗,不知道从哪里偷来的书!"

脑子里"嗡"的一声,摩霁一股子莫名之火涌上头,他被彻底激怒了。他不假思索地一脚飞踹,把官吏头子踹进排水沟②,那官吏头子浑身散发出异味,好不狼狈。

摩霁捡起诗集,小心拍了拍灰。那官吏头子却恼羞成怒地大喊:"还愣着干什么?杀!"

双方厮打起来,无奈寡不敌众,更何况那些人有武器,刀光中血影横飞,倒映出一抹血月的颜色,很快,摩霁的身体如沙袋一般重重倒了下来。

乌鸦的叫声打破了惨白的寂静。

① 唐律规定,违反宵禁的人员,用荆条或竹板责打二十下。

② 唐代宫城、皇城有完善的下水道,但是城区其它地方靠露天的阴沟排水。

当夜,长安城的黑影飞出城外,又飞奔回去。

第二天,主人见摩霁通宵未归,派人寻找摩霁的下落,迟迟未果,便以为他逃跑了,只得作罢。

丁仙芝此时正在长安城外的乱坟堆中,在一个坟包前坐了很久。他在黎明前将摩霁背到这里,读书人体弱,劳累半天才做完所有工作。

乱坟岗里传来了一阵号哭声,路过的人并不知道这个人是谁,他在为谁而哭,更不清楚他为什么在这个荒凉的乱坟岗里哭。

诗集到底是哪本,史书早无记载,丁仙芝在史书上也仅仅是寥寥几笔,而摩霁,如果不是后来的考古人员发现这个乱坟岗中有和其他人有所不同的遗骸以及旁边的残卷,恐怕早已湮灭在历史尘埃中了。毕竟在人们眼中,这是一个令后人传颂至今,繁荣、整齐、太平的唐长安城,并没有人在意一个历史上无名的底层人。

是的,昨夜的长安城依旧太平。

(杜宗格)

酒肆老板张士荣的一天

开元中,时值一年中的尾巴,正是冬月一日,狗盗之时①,夜色深重。一夜大雪未停,白雪把黄土地掩埋,把长安改了个样。

主街仍静静沉睡,夜巡的武侯也不曾将它惊醒,各个里坊却有一簇一簇烛火亮起,将长安市井照得通亮。在怀德坊南边的一处住宅内,三十多岁的张士荣坐起身,两个孩子还在一旁酣睡,早已醒来的张娘子将准备好的圆领袍衫和幞头放在榻边,待张士荣洗漱穿戴过后,又拉着他整理整理幞头、胡髯……张士荣适时说:"切记命大郎好好诵书,勿让他嬉戏。"张娘子忙应几声。张家虽不是读书人家,却也并非目不识丁、目光短浅之辈,虽朝廷规定商人之子无法科考,但仍有些门路……张娘子送丈夫出了门,提醒他给自己买西市的胭脂,又细细叮嘱了片刻才放他出院门,往坊市门口去。

张家算是富庶人家,张士荣的大人②先前随来长安的

唐十七娘有话说

①"狗盗"之时即为四更时,古人将一夜分为五更,四更即凌晨1:00至3:00。此时是人睡得最沉的时候,于是就有贼人趁着黑夜作乱,因此四更也被称为"狗盗"之时。

②对父亲的称呼。

胡人前往西域赚得些银钱后，于崇德坊盘了一家酒肆，经营数年，攒下了家底。大人过世后，这家酒肆原应由张士荣的兄长继承，可张士荣的兄长偏爱诗经之道，无意此途，这家酒肆便归了张士荣。

崇德坊距离朱雀大街不远，其间举人进士[①]来来往往，达官贵人络绎不绝，本就一片风流之地，张士荣也有些头脑，仿着西市几家胡人开的酒肆，请了几位胡姬为酒肆招揽生意，竟在崇德坊内小有名气，日子过得也算不错。

张士荣沿着巷曲走过两个巷口，来到了坊市南门，门口已然聚集了些等待坊市开门的人。张士荣倒不急，又向前走过一个街头，来到一家小店面前。"张郎君。"许家店的伙计熟稔地招呼了张士荣一句，不多问，为他端上一盘冒着白气儿的蒸饼和热气腾腾的馎饦汤，瞬间驱散了冬日的寒意。张士荣一边吃着，一边和伙计说点有的没的，等待着钟鼓报晓。天色渐明，坊市门口人头攒动。五更三时，从北边传来的激昂有力的鼓声，和寺庙悠远的钟声一同缓缓传开，惊起一群鸟向南飞去。第二波钟声敲响时，坊门开启[②]，张士荣放下铜钱，出了坊门往前走。

天才蒙蒙亮，人们脸上带着些许困意，行走在大路两侧，大路中央不时有车马驰过，想来都是些进宫的贵人们，而他成了这路上看起来颇为清闲的一位。时候尚早，

[①] 唐代，由乡贡入京应试者通称举人，应举参加进士科考试的称为进士。

[②] 唐代实行宵禁制度，冬日早晨五更三时开坊，夏日早晨五更二时开坊，除上元节或有特许的通行令，坊门关闭后不许外出。

酒肆应无人问津，张士荣默默想着，便慢慢踱步，欣赏雪后的长安城。路旁的槐树花叶早已凋谢，一夜大雪压得树枝倾倒，有些已承受不住折在地上，掉进路旁的水沟里；高大的坊墙上铺了一层厚雪，风吹过落在行人脸上，扑得人顿时清醒；坊墙上不知哪位官员宅邸的檐角伸出墙外，一只鸟雀立在其上，歪着头瞧着张士荣从路边走过。张士荣踏着这份冬日宁静，向崇德坊走去。

走了约莫大半个时辰，才到崇德坊，此时天已大亮。入了坊门，又走了一刻，方才看到酒肆门前的酒旗。张士荣身体被冻得有些僵意，赶紧进了酒肆。

酒肆内已升起炉火，伙计见张士荣来，忙搬来坐榻[1]，又提来一瓮酒，在瓮底覆了一层泥，放在火上温了一会，才启了酒，为他盛了一樽。一樽烧酒下肚，张士荣的身子渐渐回过暖来。肆中已坐了些许人，有夜巡的武侯，也有来长安等待来年春闱的举人，今日天寒，都进来吃些热乎的烧酒。那些武侯们行为豪放，言谈之间不过家长里短、平康奇遇[2]。那些举人进士小酌几杯后，会吟咏些"虽无挥金事，浊酒聊可恃"[3]"新丰美酒斗十千，咸阳游侠多少年。相逢意气为君饮，系马高楼垂柳边"[4]"五陵年少金市东，银鞍白马度春风。落花踏尽游何处，笑入胡姬酒肆中"[5]，或郁郁不得志，或意气昂扬，都甚是有趣。偶有心血来潮者，提笔画壁，也不少见。张士荣对此也不恼，

[1]常见的木质家具，狭长而较矮，比较轻便。

[2]进入平康里北门，向东转三个弯，即诸妓的聚居地。
[3]出自陶渊明《饮酒·十九》。
[4]出自王维《少年行四首》。
[5]出自李白《少年行二首》。

甚至对诗书礼仪推崇之至,闲来无事,也随着那些士子吟咏一二,或作诗两首,也算闲趣。

张士荣见此刻肆中热闹,心想今日天寒,兴许午时会有不少郎官们下了朝前来吃酒,须备足酒才行,便叮嘱伙计去后院取几瓮三月前酿的酒。伙计将这几瓮酒一一搬入酒肆中。不料地面湿滑,一个伙计脚底沾了些泥,一个没站稳,一瓮酒从他手中飞出,摔了个粉碎。"你这个狗奴!"张士荣急了,伙计在一旁也手足无措,想补救一番,也无济于事。张士荣大骂晦气,这几瓮酒不似肆中那些顾客所饮的绿蚁酒①,而是张士荣花了不少心思按着秘方,经过卧浆、淘米、煎浆、汤酒、上槽、收酒等②,才酿成泛着琥珀光泽的好酒,而今却殒身于这冰天雪地中。张士荣无奈,只能扣了伙计的工钱,心想寻得好时候再酿新酒罢了。

到了午时,果不然有逃了廊下食的郎官们携着小菜来酒肆用饭。朝堂上规规矩矩的郎官们,离了御史台的视线,便没有太多规矩,姿势各异地坐在榻上,言谈之间也少了几分拘谨,东一句博士呼着,西一句博士喊着,忙得张士荣焦头烂额。张士荣也不敢怠慢,便差了胡姬作陪,好生招待这些郎官们。不多时,那几瓮好酒已经见底,郎官们还未尽兴,又呼:"博士,再来一壶!"张士荣走过去,问道:"郎官们可要尝尝时兴的葡萄酒?这葡萄

①也称浊酒。在酿酒过程中有微生物进入酒瓮,导致酒呈绿色,酒糟漂浮在上面,像蚂蚁一般,因此称绿蚁酒。

②唐代的米酒按当时的酿造模式可分为浊酒和清酒。浊酒酿造时间短,工艺较为简单。清酒酿造时间较长,工艺比较复杂。

酒乃是用酸米、杏仁、葡萄，用熟浆三斗，旋研过后，以生绢过滤而成，色泽殷红，口感醇甜，亦不失为佳酿。""那便呈上来。"张士荣忙差伙计去取，又千叮万嘱让他小心走路。伙计再不敢大意，小心翼翼携来那两瓮葡萄酒放在案上。郎官们尝过，赞道："果然不错。"又吃了片刻，方才离去。

送走郎官们，已是未时三刻。天空中又飘起小雪，有三人为避雪，来此小饮。张士荣问道："郎君欲饮何也？"那三人曰："浊酒足矣。"三人中一人稍年长，另两人年纪相仿，想来不过是寻常好友相聚。不到一刻，又有十数人前来酒肆，张士荣忙上前招待，其中一人道："吾乃梨园①伶官，来此会食，汝以好酒呈上。"张士荣忙称是，取了几坛好酒奉上。先前那三人，也避席隈映，拥炉火以观焉。不久有妙伎四辈，寻续而至，奢华艳曳。旋则奏乐，皆当时之名部也。张士荣也被吸引，在角落驻足观望。

忽听角落三人中有一人曰："我辈各擅诗名，每不自定其甲乙，今者可以密观诸伶所讴，若诗人歌词之多者，则为优矣。"

张士荣方才知三人原是诗人，只不知是哪三位，便饶有兴趣地听伶人唱些什么。

俄而一伶人，拊节唱道："寒雨连江夜入吴，平明

①唐代训练乐工的机构。梨园的主要职责是训练乐器演奏人员，与专司礼乐的太常寺和充任串演歌舞散乐的内外教坊鼎足而三。后世遂将戏曲界习称为梨园界或梨园行，戏曲演员称为梨园弟子。

①出自王昌龄《芙蓉楼送辛渐》

②出自高适《哭单父梁九少府》。

③出自王昌龄《长信怨》。

④出自王之涣《凉州词二首》。

唐代水晶杯　大唐西市博物馆藏

送客楚山孤。洛阳亲友如相问，一片冰心在玉壶。"①一人则引手画壁曰："一绝句。"张士荣想："王昌龄也。"寻又一伶讴曰："开箧泪沾臆，见君前日书。夜台何寂寞，犹是子云居。"②另一人则引手画壁曰："一绝句。"张士荣心知："高适也。"不久又一伶唱曰："奉帚平明金殿开，暂将团扇共徘徊。玉颜不及寒鸦色，犹带昭阳日影来。"③之前一人则又引手画壁曰："二绝句。"又另一人说："此辈皆潦倒乐官，所唱皆下里巴人之词耳，岂阳春白雪之曲，俗物敢近哉？"他手指诸伎之中一位梳着双鬟的伶伎曰："待此子所唱，如非我诗，吾即终身不敢与子争衡矣。脱是吾诗，子等当须列拜床下，奉吾为师。"三人都欢笑，等着这位伎子唱。张士荣此刻也饶有兴趣，猜测这位口气很大的是何许人也。

须臾，那梳着双鬟的歌伎唱道："黄河远上白云间，一片孤城万仞山。羌笛何须怨杨柳，春风不度玉门关。"④那一人便大笑道："田舍奴，我岂妄哉！"原来是王之涣！歌伎们不知何故，都走过来说："不知几位郎君为什么在这儿大声欢笑？"王昌龄他们就把这事说了一遍。歌伎们争相下拜说:"俗眼不识神仙,请屈尊宴席。"此时张士荣也连忙上前拜礼,说:"原是三位先生,失敬失敬!三位且与他们一同饮酒吧!"于是三人开怀畅饮,直至太阳西沉。张士荣对三位郎君道:"已至酉时,坊市将闭矣。今日有幸得见三位先生,惜时间无多,等下次我们再聚!"三人遂罢,各自离去,张士荣也匆忙关了酒肆,踏着闭市的钲声回了崇德坊。

待张士荣拖着疲惫的身躯进入家中,张娘子已准备好今日的晚食,大郎和小娘子[①]正跪坐于榻上,等待着他们的阿耶一起吃饭。张士荣盘坐在榻上,大郎和小娘子立马飞扑过来,"阿耶阿耶,今日我新背了一首诗……""阿耶阿耶,今日阿娘给我们裁了新衣……"看着两个活泼可爱的孩子,张士荣不顾疲惫,一把将他们揽入怀中,摸了摸小娘子的头,问道:"背了什么诗?"小娘子挣脱张士荣的怀抱,一手在前,一手背后,摇头晃脑道:"黄河远上白云间,一片孤城……万仞山。羌笛何须怨杨柳,春风不度……春风不度……""玉门关。"张士荣抚掌大笑,给孩子们讲了今日发生的趣事,又引孩子们嬉笑一番,才开始晚饭。

夜晚,天色反倒亮了起来,原来是雪色映空之故,屋内倒比平时亮堂许多。孩子们都还没睡,在街道上与邻人的孩子嬉闹。张士荣借着灯光,照着秘方,用正发酵酿

[①] 唐代男女最普遍的称呼方式,即郎君、娘子。

酒，撇取面上浮米糁，控干，用曲末拌，令湿匀，透风阴干。①做完这些，夜已沉了，张士荣躺在榻上，想着白日洒的酒，想着今日郎官们讲的朝廷琐事，想着与三位诗人共饮的趣事……即将见到周公之际，他又想起今早答应娘子要买胭脂，转过头去，发现娘子已经沉睡。张士荣心想明日再买，便伴着身上残留的幽幽酒香沉入了梦乡。

(刘恋)

①唐代米酒的酿制方法。除米酒外，唐人也喝果酒和配制酒，而米酒的产量最多，饮用范围也最广。根据史料记载，唐代北方人酿酒不用酵，但冬季天冷，酒难以发酵，就取醅面发醅为酵。

忽有故人心上过
——阿蛮西市遇故人

天宝三载（744）秋八月，平淡之年中的普通之日。

李琬儿[①]行二，正豆蔻年华，因家里人爱怜，性子便有些娇憨刁蛮，故有一小字称阿蛮。她的父亲是广平尉李麇（nún），母亲郑氏，因父亲充租纲[②]入京，全家暂住长安崇仁坊[③]邸舍。有一长兄唤李元卿[④]，不过也是束发之年，兄妹自幼便感情甚笃。

清晨，刚刚出来的阳光如同蝴蝶的翅翼，软薄轻盈。待到无数"蝴蝶"飞入邸舍的窗内，阿蛮知道是时候了。前些天简单逛了逛东市，虽也见识了不少新奇事物，但有耶娘的约束，还戴着帷帽，实在是不自在。先前听阿耶说西市是胡商的聚集地，于是今日阿蛮打算偷溜去西市逛逛。

虽说阿娘是粟特胡人（改了汉姓），她除了一双清澈的绿眼睛和阿娘一样，面容上与汉人基本无异，为此，阿蛮经常抱怨自己没有眉目深邃、五官立体的阿娘好看。

唐十七娘有话说

①唐代女性名多用玉名，这既是这一时代取名的风尚，也充分反映出女性爱美和对"玉德"的追求。

②租，即田租。纲是成批运输货物的编组形式。唐代，官府分批运送大宗货物，均采用编组形式，以便于管理。

③崇仁坊为长安外郭城坊里之一，为旅店聚集区，且坊西是政府机构，距离西市有一定的距离，又不会太偏远，暂住于此符合下文情节的展开。

④"元"可表排行，即大、第一。

在阿蛮心中，阿娘是最完美的女子，她肤白貌美、性情温和，又精通女红和音律，与阿耶举案齐眉、相敬如宾。很小的时候，她还见过阿娘跳胡旋舞：臂钏[①]在阳光下闪耀着金光，如同迅疾耀眼的飞星，火红色的裙裾随着《火凤》曲跃动，如同熠熠生辉的闪电，是那样的热烈，那样的迷人。不过，阿娘很少提及自己的故乡，现在也很少跳舞了，甚至把自己经常望着发呆的金臂钏也给了阿蛮。阿蛮想：阿娘一定是思乡了。今日去西市，说不定能购入一些阿娘故乡之物，给阿娘一个惊喜也好。

既然要偷偷溜出去，定是要先乔装打扮一番的。裙装是不能穿了，出行太不方便，还好阿蛮之前央着阿娘缝制了一套男装。用黑纱幞头裹住高髻，圆领缺骻袍穿在娇躯上[②]，腰间再束好蹀躞（dié xiè）带[③]，带上小孔里垂下的细缕系着革囊、针筒、割肉小刀，脚下是一双柔软线鞋，似乎是忙乱中穿着错漏，却别有一番满不在乎的疏懒风韵。当然没忘了那金臂钏，阿蛮最喜欢的饰品便是它了。阳光下的臂钏熠熠发光，看着就能想起阿娘的那段《火凤》

唐代金臂钏
陕西历史博物馆藏

[①] 又称臂环，最早出现在西汉时期，多用金、银、玉等制成圆环，束于手臂之上，唐代女性佩戴臂钏已经十分普遍。

[②] 盛唐时，男装已经深受胡人服饰风格的影响，而且女扮男装的穿衣风格也是从西域胡人处传来的。

[③] 从草原游牧民族传入中原的一种腰带，带上开孔镶环，佩挂各种随身应用的物件。唐代曾一度规定文武官员上朝必须围这种腰带，带上悬挂算袋、刀子、砺石、针筒等七件物品，俗称"蹀躞七事"。

舞。望着镜中的自己，阿蛮十分满意，趁着大人不在，要赶快出门。谁知，邸舍门还未出，就听见背后传来熟悉的声音："李阿蛮，你这身打扮，是要去哪里啊？"阿蛮转身，只见一半大少年，正倚靠在廊门前，虽身量未齐，却也能从青涩的面庞中窥见几分来日的俊逸风姿。

"原来是阿兄啊，还好还好，不是阿耶。"阿蛮暗想。她绿色的眸子一转，心中便有了打算，狡黠一笑："这不是正打算邀请阿兄一起和阿蛮去西市嘛。听闻西市多为胡商聚集①，有无数西域珍宝，阿兄难道就不好奇？不如与阿蛮同去，也好有个照应。"元卿哂笑，心中了然，这小娘子一定有自己的打算，也不说穿，顺承道："难得阿蛮念着阿兄，罢了罢了，那阿兄就'舍命'陪阿蛮了。省得汝一小娘被坊丁②武侯当谁家的逃婢给捉了去③，那时又要哭鼻子了。"阿蛮暗想：与阿兄同去，既可以让他出钱，万一被耶娘发现，也可有他护着，妙哉。她故作佯恼，嗔道："阿兄又调笑人，可要补偿阿蛮，若是阿蛮相看上了哪样，阿兄可要出钱。"元卿无奈，摆手道："好好好，阿兄理亏，都依汝。"

痴儿不知，元卿出现其实并非偶然，郑氏昨夜便察觉阿蛮在翻找男装。知女莫若母，郑氏怕阿蛮独自一人溜出去出差错，一早便唤了元卿，给了几贯钱，并叮嘱他看好幼妹。毕竟兄妹俩初到长安，郑氏也不想坏了他们的兴

①唐代长安既有人数众多的突厥、回纥、昭武九姓等少数民族商人，也有大量的波斯、大食、新罗等外国商人。

②各坊的治安巡查员，兼掌坊门开闭。

③唐代劳动妇女在外面抛头露面毫不稀奇，但贵族妇女还是鲜少单独上街。

致，只要不出意外就好。

　　各怀心事的兄妹二人结伴上路了。元卿向旁人打听到西市在朱雀大街之西第三街，出了崇仁坊南坊门，往西直走便可到西市北门，期间需跨过六条主要街道（包括长安城的中轴线朱雀大街）。这路程不算太近，且是步行，不过时辰尚早，西市直到正午才开市门，兄妹二人倒也不急。早秋的天气，送来几丝凉爽，阿蛮走在长安城黄土压实的路面上①，见道路两旁多是成行的高大槐树，还有深深的排水沟。各坊坊墙内建筑的飞檐重楼露出一角，这偶尔还能看到一些宅院在坊墙上开了自家大门②，门口列着两排戟架，还有甲士豪奴的看守，好不气派。对于县里长大的小娘子来说都很是新奇。

　　约到正午，二人来到了西市门，阿蛮的肚子也饿了，幸好她提前包了几个最爱吃的樱桃饆饠，咬下一小口，香甜的味道便在嘴里蔓延开来。她一边吃，一边朝四周不住地张看，市门口有黑压压的人群，都在等待开市，热闹无比。

　　果然，除汉人外，来西市的大都是远道而来的

①天宝三年五月，京兆尹萧炅奏请于要道筑甬道，以沙实之。

②唐制规定，王公贵戚和三品以上的大官可以自己在坊墙上开大门，进出可不经由坊门。

唐代彩绘胡商俑　洛阳博物馆藏

行商，回鹘人、波斯人、粟特人……都高鼻浓髯、雄壮魁梧。"万幸阿兄长得与他们不一样。像个活钟馗①倒也是辟邪，不过阿蛮可能就不会太喜欢阿兄了。"阿蛮暗忖着看了元卿一眼。元卿此时正关注着胡商们的骏马，它们膘肥体健、神骏异常，顾盼之间活力四射；他的眼底闪着光，像是对什么充满向往。感受到一道打量的视线，元卿看向阿蛮问："何事？"阿蛮揶揄道："阿兄莫不是还想着从军？耶娘可不允许，汝可是家中唯一的男丁，还是好好走科举这条路吧。上次听阿耶说，伯父家的堂兄耀祖进士及第后还中了博学宏词科②，现已经是九品校书郎了，前途不可限量，可谓光宗耀祖。阿兄还是努力科考吧。"

元卿听后忿忿不平，压低声音道："大丈夫志在四方，岂能只囿于朝堂？当今圣上追求享乐，任凭权臣叛将坐大，又对道家痴迷太过，欲追求升仙③，可历代帝王追求升仙者有几人得以善终？闰月辛亥，听闻东南方还出现了天狗异象④，敢问阿蛮是否想过这是上天的预警呢？现如今边疆战事不断，各地节度使拥兵自重。科考入仕非余所愿，愿唯厉兵秣马、驰骋疆场，守卫我大唐的疆土，人生至此，方才痛快！"

阿蛮听不大明白，只是喃喃道："若此为阿兄所愿，阿蛮愿助汝劝耶娘。欸？阿兄闻鼓声否？"鼓声不缓不急，每一下都扣在了阿蛮的心上，三百下后，高大的市

①道教俗神，专司打鬼驱邪。民间常挂钟馗神像，以辟邪除灾。

②唐代科举及第并不能立即入仕，而是仅获得任职资格，还需经过吏部的铨选考试方可真正受到任命。而博学宏词便是其中的重要科目，其一要求有渊博精深的学识，二要求能写优美恢宏的文辞。

③开元二十九年（741），地方官吏上报灵符，称玄元皇帝庙太上老君下凡赐灵符。于是，唐玄宗命令在长安城大宁坊修建玄元皇帝庙，并颁旨明年改国号为天宝。可以说，天宝年号的确立，预示着唐玄宗对道家的痴迷和对长生不死升仙的渴望，原先励精图治的他，现在的愿望却是成仙。

④天宝三年（744），出现陨石坠地现象，这被人看成凶兆危险的"天狗"天象，令关中的百姓大为恐慌。

门缓缓开启，人群蜂拥而入。远道而来的行商尽管语言、衣着不同，但他们对唐帝国巨大商业利益的渴慕是一致的，开放的商业环境也创造了无数商业机会，那阵阵鼓声似是要将世上所有的财富都引入这繁华的大都市。

一入西市，阿蛮便被眼前的繁华迷乱了双眼，既有阿蛮喜爱的绸缎衣帽肆、珠宝首饰行①，还有阿兄爱的骡马行、鞍辔店！不过最吸人眼球的还是胡家酒，貌美如花的胡姬在店外招揽着客人，她们着粉红色紧身宽袖上衣、轻纱长裙，穿红皮靴，佩戴珠玉锦带和各式饰品，迎合着弦鼓声，宛如空中飘舞的蝴蝶，又似牡丹迎风飞舞，奔放激昂，独具风情。不过，比起阿娘，她们还是差了几分韵味。

阿蛮可没忘了今天的"任务"，但到了粟特胡商的铺子，却发现尽是些没见过的西域名贵珍宝：红玛瑙、切玉刀②、苏合香③……面对这样高昂的价格，即便是元卿也爱莫能助。二人正打算再四处看看时，一阵香味钻入他们的鼻腔。

原来是坊内食店的气味，那儿店主是胡人，正起了一斤羊肉置于巨胡饼中，再抹上层层油酥，送入烤炉，动作行云流水，一气呵成。阿蛮盯着那已熟了的金黄酥亮的胡饼，绿眼睛闪着亮光，拉着元卿的衣角，央道："阿兄，此饼可好？"元卿叹气："阿蛮可想为阿娘置办些家乡事物？阿兄只有这几贯钱，用法可要再考虑一下。"二人谈

①唐都长安大型服装类商行多集中在西市。

②宝刀名，据记载，这种刀切割玉石如同切割泥土一样容易，因此得名。

③药材名，原产小亚细亚南部，如土耳其、叙利亚北部地区，具有开窍、辟秽、止痛的功效。

话之际，那店主瞥到了阿蛮，动作一滞，喃喃道："这双眼睛……娜宁，是娜宁嘛……糊涂了，十余年过去，娜宁怎会回来？"阿蛮与元卿此时也注意到了师傅的异常。元卿警戒地将阿蛮护在身后发问："敢问汝为何一直盯着幼妹？实在失礼。"师傅羞赧地挠了挠头道："小郎君，小娘子，请恕在下无礼，实乃小娘子神似奴一故人，不觉看痴了。"又转移话题："可要买饼？这一炉马上就要出了。"阿蛮思忖片刻，挥手道："承蒙好意，不过还是罢了，下次有机会再来。"殊不知，师傅猛的瞧见阿蛮手上那闪着金光的臂钏，情绪顿时激动起来，猛上前一步说："敢问郎君、娘子，阿耶、阿娘是？"

一旁的元卿再也忍无可忍，拦住师傅，沉声道："汝这人好生奇怪，可要随余一同见果毅①？"师傅一听，连挥手："非也，非也，奴只见小娘子的臂钏与奴故人的臂钏相似，心下有些激荡并无冒犯之意。"

阿蛮一惊，在元卿耳边轻轻说："阿兄，莫激动，看着这师傅也是粟特人，说不定真是阿娘旧识呢。"元卿狐疑地看着那师傅道："家父乃广平尉李靡，家母乃郑氏，此臂钏是母亲赠与幼妹的，敢问有何不妥？"师傅了然，露出几分寂寥的神色，闷声自语："她连这臂钏也不想留了吗？"阿蛮没听清他在说什么，问："汝可是家母旧识？"师傅怅然道："是啊……已经过了十余载，她早应把奴忘

① 为维护市场治安和正常秩序，唐时包括长安西市在内的"两京诸市"都有"果毅巡涖（zhì）"，即有被称作"果毅"的人员巡查市场，防止发生骚乱，引起人员伤亡和财产损失。

记了。不过……还请小娘子替奴传句话：过往的一切是奴对不住她，唯愿她今后身体常健、平安喜乐。"说着，他又好似想起了什么，说了一声"小娘子稍等片刻，还有一物"，便转身进入内堂。

不多时，那师傅手中拿着一个小盒子，小心地打开给兄妹二人看，赫然又是一只臂钏，样子竟和阿蛮那只一模一样。那师傅望向阿蛮解释道："这臂钏本就是一对，既然汝阿娘将另一只赠与汝，小娘子现今就收下这一只吧。"

阿蛮起初可不敢收，这臂钏太过贵重，但想着师傅可能是阿娘的旧识，把此物交还给阿娘，或许可作思乡的慰藉，便收下了。阿蛮想把仅有的几贯钱都给师傅，他却断然拒绝了。拗不过，阿蛮只好对元卿莞尔道："阿兄，还是多买几个胡饼吧。"元卿了然，摸了摸阿蛮的头："都依汝，那么店家就把这些饼都包起来吧。"胡人师傅看着这对兄妹，不由失笑："不愧是娜宁的儿女，性情与娜宁年轻时也无异啊。"

告别了师傅，阿蛮有些乏了，况且二人还拿着数量可观的胡饼，便计划回程。走在长安城大道上，阿蛮向元卿发出疑问："娜宁是阿娘的故名吗？应该是粟特语吧？还有，那个师傅与阿娘有什么渊源吗？他为什么会对不住阿娘？还有……唔，味甚美。"元卿正撕下一块胡饼塞入

阿蛮口中,说道:"阿兄也不知,阿蛮不妨回去后问问阿娘,阿兄也好向汝请教。"

"欸,别推阿兄,饼快要掉了。"

"还不是阿兄先欺负阿蛮的?"

"哇,阿蛮果真是蛮横不讲理啊,小心过两年没官媒①上门提亲。"

"阿兄!还说!"

……

兄妹二人打打闹闹,终于赶在宵禁前回了崇宁邸舍。

邸舍门前,郑氏正等着兄妹二人归来。阿蛮本来有些害怕回来得晚会挨一顿说,但看着阿娘温和的神情,心中就有了底,扑入其怀中,道:"阿娘,快瞧,阿兄和儿带回来了什么!"郑氏抱着自己的幼女,怜惜地说:"阿娘一会儿再看,今日可玩得开心?拿那么多饼做甚?可有累着阿蛮儿?"随后又简单交代了元卿几句,告诉他阿耶找他,便带着阿蛮回屋了。

屋内,母女二人盘腿坐②在榻上,阿蛮拿出胡人师傅所赠的臂钏,道:"儿与阿兄今日在西市偶遇一店家,自言是阿娘故人,赠吾臂钏,说它与阿娘的那只本是一对,最好还是物归原主。"郑氏看着那臂钏,脸色微变,略有些惊讶:"既然阿娘赠与了汝,阿蛮且将这一只也留着吧。"

① 唐代律法对婚姻中必须有媒人进行了规定,婚姻中无媒人是违法行为。

② 唐代妇女平时在榻、床、席上坐着的时候,都是盘腿的。

阿蛮闻此，便将这一只也戴在了腕上，正好凑成一对。见阿娘望着这对臂钏，她又想起那胡人师傅的话，便转述给了阿娘，问道："那个师傅与阿娘有什么渊源？他为什么会对不住阿娘啊？娜宁可是阿娘的名字？"郑氏一怔，不着痕迹地蹙了蹙眉，转而又舒展，恢复了平日的自若，道："这些问题啊……阿娘先回答最后一个，娜宁确实是阿娘的粟特名，还是女神的含义呢。①"说罢，郑氏拉起阿蛮的手，轻抚道："阿蛮要记住，过去的事情就不要再提了。阿娘与汝阿耶这些年来举案齐眉、相濡以沫，最重要的是还有元卿、阿蛮承欢膝下，足矣。"阿蛮懵懂地点了点头。郑氏见状，便转移话题："儿今日在西市可看到了什么珍宝？可否讲与阿娘听？元卿与阿蛮带回的胡饼，阿娘甚喜。"阿蛮听后，咯咯一笑，娓娓道来……

亥时一刻，郑氏对着烛光，看着那对金臂钏陷入了沉思，那个明媚的少女和那个爽朗的少年，在那香烟烛焰中一闪而过，只是她早已不再是娜宁，不再惦念那美丽的臂钏，而是有了更值得珍惜的东西。

长安城入秋了，郑氏吹灭蜡烛，转身替幼女掖好布衾，皎洁月光透过窗子洒在阿蛮恬静的面庞上，郑氏心中不禁充满爱怜，却又忧愁着她的未来，愿她能寻一好人家，平安喜乐，身体常健。夜已深，隔壁的李麿与元卿还在争论入仕还是参军。不过，这未来的一切都先暂且与阿蛮无

① 粟特人取名多依据其信仰的祆教（拜火教）神名，如"娜宁"，这是女神"Nanai"的音译。

唐代黄釉陶舞伎俑　大唐西市博物馆藏

关，玩乐了一天的小娘子早已进入了梦乡，还时不时呢喃两声。她梦见了什么？是喧闹的西市，酥脆的胡饼，还是貌美的胡姬，或许还有那曲热烈的《火凤》舞？无人知晓，对于痴儿而言，沉醉在现今繁华总是比思考未来轻松。

静谧的月光倾洒在长安城上，这座繁华大都市中的所有人、所有事都好似化为尘埃慢慢飘散在夜空中，飘落在历史的长河里，就好似从未存在……不管情愿与否，尘埃终是要落定的，这样的一切也终究是有归宿的。

（卢奕璇）

首领太监徐四的一天

天宝六年（747）六月的一天，长安城在一阵阵街鼓晨钟声中醒来，皇宫的各大门，皇城的各大门，各个里坊的坊门，依次开启。有事外出的人，早已聚集在坊门前，等着咚咚鼓①敲响，便可被放行。全城熙熙攘攘，鼓声钟声交织，共同迎接东方天际缓缓升起的朝阳。

兴庆宫内，来往的宫女内侍不绝如缕。天还未亮，徐四便起了身，此刻，他正穿着绿色幞头袍衫②在宫中低头行走着。徐四原名徐安，父亲本是在大理寺当值的小官，但因私下和朋友吃饭的时候醉酒说了几句胡话，被政敌弹劾祸及满门，徐安也被送入皇宫当了太监。

入宫后，徐安改名徐四，一直小心逢迎宫中的贵人，成功巴结了高力士身边的红人，也正因如此，徐安才得了个在杨贵妃宫中当差的好事。

现如今的徐安，凭着一张能说会道的嘴、手脚麻利的做事风格，加之上级的有意栽培，在杨贵妃那里混到了

唐十七娘有话说

①唐代长安人对街鼓的口头俗称。

②唐代太监的主要服饰为圆领窄袖袍衫，其颜色曾有规定：凡三品以上一律用紫色，五品以上为绯色，六品、七品为绿色，八品、九品为青色。后稍有变更。另在袍下施一道横襕，即襕衫到膝盖处的一条接缝，这也是当时男子服饰的一大特点。

首领太监①的职位。

今天一大早，徐四便受皇帝的旨意去尚食局②嘱咐他们为杨贵妃准备一些吃食。据说贵妃最近食欲不佳，皇帝担心贵妃的身体，便命太医为贵妃诊治。得知贵妃是由于天气原因而胃口不佳，应吃些清淡食物，皇帝就想着让尚食局准备一些清淡又好吃的食物讨贵妃欢心。

拿着皇上亲自授予的令牌，徐四可以随意走动在宫廷之内，但他没有胆子这样做，也只是低头快步走到了尚食局。

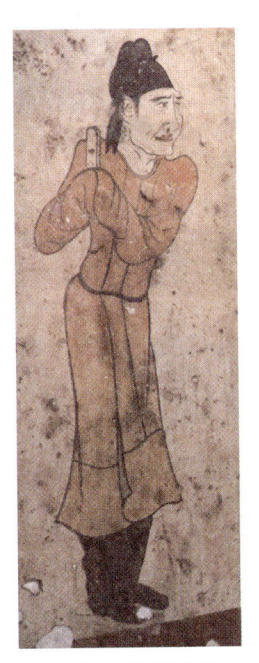

朝阳吐露，徐四对尚食局的司膳吩咐道："大家③特地叮嘱，要给娘子④准备清淡的吃食，且定要记得做得美味。"

司膳应下后，皇帝既说要他亲自带回兴庆宫，徐四便在这里留下监工。按理说徐四是不应该在这里的，这不合规矩，但谁让徐四是皇上派来的呢，尚食局的人也只好当作没看见一样继续工作。

尚食局的蔬果都是最新鲜的，待食医检查完食物的安全性后，由司膳进行食物的合理搭配，而后就可以开始

唐代昭陵壁画宦官
国家典籍博物馆藏

① 唐时，后宫每宫配置首领太监两名（八品侍监）。

② 尚食局有尚食两人，尚食为宫官，属殿中省。其中，司膳两人，掌烹煎及膳羞、米面、薪炭。典膳、掌膳各四人，掌调和御食。司醢（hài）、典醢、掌醢各两人，掌酒醴酏饮。

③ 唐代对皇帝的称呼。

④ 唐玄宗时期人们对杨贵妃的称呼。

做饭了①。因着用膳的主子是最受皇帝宠爱的杨贵妃,尚食局的人万不敢怠慢,一番功夫费尽,杨贵妃和皇帝的饭菜终于做好了。

此时已日上三竿,徐四跟着尚食局的人一起,加紧回到了兴庆宫,负责皇帝膳食的人也已经分头去御膳房等皇帝到来②。皇帝已经下朝,此时正陪着杨贵妃赏花。徐四走前几步,在皇帝和贵妃面前叩首道:"大家,娘子,膳食已经做好了。"

皇帝应了声"善",但并不急着去吃,依旧和杨贵妃一起赏美景。尚食局的人去了厨房,将饭菜温着,随时等待皇帝的召唤。

不知过了多久,皇帝身边的太监传来"传膳③"声,徐四则回到了杨贵妃身边。饭经由专门的检校进食使④确认安全后,杨贵妃才开始用膳。徐四一直在边上候着,等到贵妃用完膳准备休息了,他才开始吃饭。

下午,皇帝命身边的太监引杨贵妃去御花园找他,除了徐四和一众太监宫女,那里还聚集了宫中请的歌舞艺人。

皇帝和贵妃一边游玩赏花,一边互诉衷肠。在沉香亭边,牡丹花开得娇艳。徐四伺候在杨贵妃身边,有幸欣赏了一场表演:

正在领舞的舞姬梳九骑仙髻,穿孔雀翠衣,佩七宝璎珞,垂手旋转,嫣然纵送,身后的舞女们斜曳裙裾,如

①食官不仅要保证宫廷饮食的安全,还要保证健康。尚食局设有食医八人,并要求司膳熟悉食物的特性,并能合理搭配,使饮食更加健康。

②皇帝自称孤家,吃饭也是在专设的桌子前单独进行,民间称之为"吃独食儿"。

③"传膳"为皇帝专用称呼。饭菜做好后,等皇帝想吃的时候便道"传膳"。

④使职名。唐玄宗天宝九年(750)专门为杨贵妃设置,以宦官姚思艺为检校进食使,掌所进贡的水陆珍馐。

花似云。随着曲调节奏加快,她们的舞步也渐趋激昂热烈,曲终四弦一声戛然而止,软舞如鸾凤收翅般结尾。

——正是霓裳羽衣舞①。

随之,有跳胡旋舞的、唱戏的,表演公孙大娘剑器舞②的,也有表演《秦王破阵乐》的,好不热闹。

徐四在旁看得津津有味,但又不能太过表露雀跃之情。正看得入迷,却听皇帝不耐烦地打断了艺人们的表演——大概是表演内容太过老套了吧。皇帝挥退了艺人,屏退了身边服侍的下人,和杨贵妃过起了二人世界。

徐四站在外面,听着亭子里传来的玉笛声与裙袂翻飞声,以及帝王和贵妃的嬉笑声,目不斜视。

一下午的时间就在杨贵妃和皇帝的琴瑟和鸣中度过了。晚膳后,皇帝和贵妃两人于月下对酌,徐四依稀听到有宫人小声八卦道:"大家对娘子真好",他心里虽也赞同,但到底未表现出来。

夜色深沉,皇帝带着贵妃回殿中安歇了。徐四看着天上的月亮,心知这样的生活无穷无尽,烦琐且乏味,但他不能有任何怨言。

他也羡慕皇帝和贵妃的生活,却更加知道这样的日子终究不属于他,他所期盼的,只是日子能越来越好过罢了。

回到自己休息的地方,徐四闭眼等待着第二天的忙碌。

(窦可欣)

① 唐代的宫廷乐舞,为唐玄宗所作,在盛唐时期的音乐舞蹈中占有重要的地位。玄宗亲自教梨园弟子演奏,由宫女歌唱。安史之乱后失传。

② 公孙大娘善舞剑器,舞姿惊动天下,以舞《剑器》而闻名于世。她在民间献艺,观者如山,也曾应邀到宫廷表演,无人能比。

大漠魂

——安西军校尉郭二在怛（dá）罗斯城下的第五日

唐十七娘有话说

①怛罗斯之战发生于天宝十年（751）夏季七月。

②唐代玄宗时的名将。天宝六年（747）十二月，在成功征讨小勃律后，高仙芝上任安西四镇节度使。

③开元十一年（723），唐玄宗采取宰相张说的建议，募集府兵及白丁中的强壮者，作为保卫京城的禁军，起初称为长从宿卫，后来改称彍（guō）骑，并长期将其作为征兵之法。

清晨的风里卷着沙子，吹过了连绵的阵地和营帐。七月西域的早晨还遗留着夜晚的寒气①，几只秃鹫飞过战场，怛罗斯河的水潺潺而流。随着太阳从东方渐渐升起，安西军的阵地逐渐嘈杂起来。

郭二起身走出了帐篷，望着眼前的怛罗斯城，陷入了沉思。他是安西四镇节度使高仙芝②麾下安西军的一名校尉，自幼在长安城长大，在二十三岁那年通过彍骑的招募进入军中③，后又调入安西军随高仙芝作战，一路征战，升迁至校尉之职，辖一团人马二百人之众。

正如这军中的大多数人一样，郭二对高仙芝将军充满了由衷的信任与敬佩，节度使大人不仅容貌伟丽，带兵打仗更是所向披靡。这些年来，高仙芝率领大军在这辽阔的高原上东征西讨，使得西域各国皆臣服，未有异心，大唐的国威在西域达到了顶点。郭二常常为自己隶属于这样一支强大的军队而自豪，他还记得年初随节度使擒献西域

| 唐人的一天 |

国王入京时，家乡父老看着自己的制式盔甲战袍，那眼神里透出来的真心的崇敬。是啊，大唐是天下最强盛的国家，安西军乃天下精兵之最。虽然这次远征之路格外漫长而艰苦[1]，眼下所处之地又是大唐军队从来没有踏足过的异域他乡，但又有什么困难是这支军队克服不了、战胜不了的呢？

"郭校尉，本团人马已经集结完毕，请大人下令。"郭二扭头看去，一个黑脸汉子正披挂完整地站在一旁。是张大龙，郭二手下团里第一旅的旅帅。[2]郭二问道："团里还有多少兄弟？"张大龙答道："十已去其四。"郭二默然。

五天来的僵持作战损耗极大，部队从安西都护府一路奔袭而来，本就疲惫，为了达成奇袭的效果，部队又没有得到足够的休息，而且，对面的军队也并非过去那些不堪一击的西域异族杂兵。

城头上的那些人穿着黑色长袍，腰间配着弧度惊人的弯刀，手起刀落，便能砍下一颗人头。除了良好的战术素养，他们在守城方面也有着大量的经验，而且士兵数量几倍于安西军。传言，这次的对手来自更西方的地区——黑衣大食[3]，他们征服了西方，现在想来征服大唐帝国。

郭二叹了口气："大龙，刘旅帅怎么样了？"张大

[1] 怛罗斯距唐代安西都护府至少有一千四五百里，多则可有两千三四百里。

[2] 从初唐到晚唐，基层军队编制有较大的变化，安西军内的基层编制大致为卫—府—团—旅—队—火，郭二所统领的团下辖两旅，一旅辖两队，一队五十人。

[3] 指阿拔斯王朝，为阿拉伯帝国的第二个世袭王朝，我国古代史籍中称之为黑衣大食。

龙低下了头:"刘旅帅他……没救过来,箭伤感染,早上没了。"郭二一惊,怒骂了一句蛮子。他们三人自四年前随高仙芝征战小勃律时就已经是一旅的袍泽伙伴,当时三人都作战英勇,被编入李嗣业的陌刀步兵之中,陌刀兵不仅立下了小勃律一役的不世之功,更是成就了李嗣业"神通大将"的称谓①。多年的军旅生涯中,三人结下了深厚的感情,如今刘达先一步离去,虽说打仗难免死人,但眼看着好友离去,二人还是悲痛万分。

作为一团之校尉,郭二自知不能沉溺于悲痛之中,片刻之后,他便下令:"传第二旅二队的队正周九,让他补了刘达的缺。大龙你组织队伍用早饭,下一轮攻讨片刻就要开始。"说罢,郭二走向自己的营帐去披挂盔甲。郭二的团是陌刀步兵团,并不参与正面的登城作战,只需与不时在外游荡的大食骑兵周旋,等正式攻城时作为周边警戒部队使用。

待郭二披挂完毕走出营帐,传令兵便到了,是都尉传郭二到军府听命,郭二忙随传令兵而去。军府的驻地被几个团的驻地所包围,郭二走入大帐,向都尉行了礼,便肃立一旁听候差遣。这一府下辖五个团,却只召了郭二一人。郭二心中正纳闷,都尉先开了口:"郭二,这次节度使大人带领我都护府二万余人倾城而出,来此异域,为的就是把来犯的大食国和顽固不化的昭武九姓②击退,重新

---

① 高仙芝在天宝六年(747)带一万兵马长途奔袭小勃律,勇谋兼施,出奇制胜,使小勃律复归唐。当时,李嗣业率领陌刀兵在战役中发挥了重要作用。

② 昭武九姓为中亚九个沙漠绿洲国家,石国便为其中一国。昭武九姓时常在东西两大帝国间摇摆,此时昭武九姓亲阿拉伯帝国,与安西都护府相抗衡。

把石国收归我大唐领土。这二万人均为安西军及安西四镇①久经沙场的野战部队,为了万无一失,保障后勤,节度使大人还带了万余的胡人部队来一同作战,他们是拔汗那、葛逻禄部的军队。这些人被部署在我们中军本阵的后方,靠近怛罗斯河,现在节度使大人同李嗣业副将下令,由每军府拨出一团人马作为预备队去配合胡人军队行动。"

郭二眉头一皱,他不喜欢胡人,这些年在安西都护府,无论征讨何处,面对的都是胡人,这些人出尔反尔,今年征服了他们,明年他们就会反叛。为了让他们受命于大唐天威,不知死了多少同袍。这次突袭怛罗斯,难道不就是石国人阴险狡诈,对我大唐先降后叛,勾结大食人犯我疆界、攻击我安西四镇所导致的吗?

却听都尉命令道:"军令如山,你们团上午就在原来的位置驻防,过了午时便朝怛罗斯河转移吧,到那里和其他部队编为一军,战役后再重新归队。②"郭二不再说话,领命后离去。

回到阵地上,只听得号角声阵阵,攻城战已经开始。郭二立刻令部队结成阵型,警戒于大阵两旁,他自己却不由得望向了战场。只见大阵之中,节度使的帅旗巍然不动,旗子前方,高仙芝正端坐马上,身披一副山文重甲③,腰挎一把长剑,一旁的亲兵双手为他持着马槊④,李嗣业与

① 唐代在西北地区设置了由安西都护府统辖的四个军镇。它们对于唐代政府抚慰西突厥,保护中西陆上交通要道,巩固西北边防,都起过十分重要的作用。

② 唐时,野战部队在平时与战时的编制不同,战时因特殊任务专门重新编制,虽然仍以汉人为中坚,但还要加上临时征召的附庸,编制为不同阵型战队。

③ 唐代的一种铠甲,由多片甲片相互扣合而成,形成凹凸面,不仅造型美观,还有利于防箭。

④ 在马上所用的矛,是重型的骑兵武器。

段秀实③二骑分侍左右。在他的身后,是中军的最精锐部队,他们乃是高仙芝的节度使亲军,个个盔甲齐整,把把钢刀锃亮。要知道,凡是能入选高仙芝亲军的,无一不是安西军里征战多年的老兵好手。

高仙芝拔出长剑,剑锋指向哪里,军阵里的弓弩便射向哪里。几轮齐射后,城头的大食军队显然有了较大的损耗,许多身着黑衣、身上插满箭头的大食军士从城头摔了下去。又一阵号角响起,唐军的步兵开始攻城。安西军乃天下精兵之最,无论是甲胄还是兵器均为上乘品质,攻城的步兵更是一等一的精锐甲士,若能第一个登上城头,还能获得先登之功,可以与野战中的跳荡之功所比拟。抱着这样的信念与向往,一批批的猛士前仆后继地爬上云梯④。

忽然传来一阵欢呼声,郭二定睛一看,原来是名校尉第一个爬上了云梯。他身着明光甲⑤,手持一柄横刀,只一个照面,就把迎上来的大食兵砍翻了。紧随其后登上城头的甲士们一拥而上,明光甲反射着太阳光,照得大食守兵睁不开双眼,只能沦为唐军的刀下鬼⑥。但是,大食守军很快进行了反扑,明光甲所映照的几点亮光,很快便被无尽的黑色淹没了。唉!这次攻城还是失败了。

郭二叹了口气,他深知安西军作为一支野战军来说战斗力之强是无与伦比的,但攻城之战并非安西军所擅

---

③唐代名将,以忠义著称。

④战争器械,用于攀越城墙攻城。有的云梯带有轮子,可以推动行驶,故也被称为"云梯车",配备有防盾、绞车、抓钩等器具,有的带有用滑轮升降设备。

⑤可能是南北朝至唐时期流行的胸前有两片板状护胸的铠甲,尚未有实证。

⑥唐代军队披甲率达到了惊人的60%。盔甲可以很高地提升士兵存活率。

长,况且大食军队是以逸待劳。还记得一年前征讨石国时,陌刀团列阵而出,"如墙而进",能够碾碎一切前进路上的障碍。可是现在,连续五天高强度的作战,使全军人马早已精疲力竭。过去节度使的奔袭作战,往往能够迅速结束战斗,可以就地补给,而这次……如今只能相信节度使大人还有奇招可出,能一举打败大食军队。毕竟,节度使可是因翻越葱岭征讨小勃律而闻名西域的男人。

太阳已经升到了天空的正中,该移防部队了。郭二即刻传令分管辎重运输的火长张豪,让他带人把马匹牵来,不一会儿,郭二的陌刀团的一百三十多号人均上了马,准备开始转移[1]。忽然又听得一阵号角之声,高仙芝的节度使大旗竟动起来,郭二心头一惊,这意味着,要么军阵行撤退之计,要么军事计划将有大变。果然,没过一会儿,传令兵就带来了消息:

全军后退到怛罗斯河畔!

来不及多思考,郭二连忙带部队依次随军后退。匆忙中他回望了一眼城头,仿佛看见了大食人隐藏在黑色面巾之下的狞笑。

在陌刀团的东面,是郭二的友邻团,他连忙拍马赶上,询问那个团的校尉发生了何事。那校尉脸色铁青:"郭大人,侦察兵来报,北面有大量的大食骑兵[2]向我军袭来,他们的速度极快,怕是再有一个时辰就能到达此地。我们

[1] 当时,安西军作为全国机动力最强的部队,除了相当一部分为骑兵之外,步兵几乎均为下马骑士,即奔袭时乘马、作战时下马。

[2] 阿拉伯马是世界上数一数二的马种,大食骑兵移动速度快,战斗力强。

这次可是要打一场硬仗了。"

郭二紧皱了眉头，自己这么多年随安西军摸爬滚打、南征北战，虽然也遇见过不少生死困境，但从未有过像今天这样的绝境：前有席卷而来的大食精锐骑兵，后有虎视眈眈的怛罗斯坚垒。难道享誉天下的安西军今日便要毁灭于此？

随着全军的转移布阵，陌刀团再次跟随李嗣业，在整个军阵的左侧驻守。军阵布局严格按照安西军基本的野战布局，这种布局曾帮助他们获得了无数次大战的胜利：精锐的弓弩手①在第一道防线后防御，主帅带领安西军的精骑在军阵中央伺机而动，战斗力较低的拔汗那、葛逻禄部众则在军阵后方布阵，以防止被大食骑兵一冲而散。

等到阵型布好，已是傍晚时分，整个军阵不敢有一丝松懈，所有人的目光都紧盯着前方，等待着那一阵黑色风暴的到来。果不其然，不久之后，大地上传来了阵阵雷鸣般的马蹄声。这样的骑兵阵势，郭二只在长安的羽林、龙武军演武时见过②。他看了看周围的部属，又看了看站在最前方的李嗣业，等待着那似乎是最短也最为漫

唐代铠甲骑马俑
乾陵博物馆藏

① 唐军弓弩配备率可达 100%。

② 此时而来的应是敌方的呼罗珊军团，由一万重装步兵与一万重甲骑兵组成。

| 唐人的一天 |

长的时刻。此时他释然了，将士百战死，马革裹尸还，这是军人的天职，更何况自己是在天下精兵之最的安西军中同两万袍泽一同为国而死的。

五里，四里，三里，二里，五百丈，三百丈，二百丈，一百丈，迎敌！不对！怎么前方有喊杀声，后方也有喊杀声？顾不了那么多了，郭二此时眼中只有敌军。在李嗣业的率领下，这千余人的陌刀队大杀四方，陌刀所到之处，即便敌人身披重甲，也是人仰马翻，被大卸八块。无数的弓矢也射向了后方的大食骑兵，一个个身影摔下马来。

忽然，军阵后方一阵哗乱，一万余葛逻禄部众竟临阵倒戈突袭唐军，唐军将士措手不及，阵势大乱。阿拉伯帝国骑兵趁机冲入唐军阵中，左右突击，如同收割人头的恶鬼，弯刀所到之处，均有人头落地。终于，已坚持了五天的唐军实力大减，再也无法支撑下去了，阵形迅速崩溃，局势完全失控。拔汗那部众见状，也迅速溃散了。

郭二所在的陌刀战阵早已被前后夹击，只一次冲锋，身边的袍泽便所剩无几。他回头一望，节度使的大旗也已经不知何时倒下了。这时，一个大食骑兵注意到了他，策马向他冲来。郭二红了眼，举起陌刀，迎了上去……

后记：怛罗斯一役后，安西都护府远征的两万余士兵中只有几千人活着回到了安西军镇，而高仙芝也因此被

革了职，再也没有回过安西。高仙芝的部将封常清后担任安西节度使，重建了安西军，仍然保持了强大的力量。封常清与岑参关系较好，岑参出任安西军镇判官时为这个时期的安西军写了一首诗《走马川行奉送封大夫出师西征》，本文就以这首诗来结尾吧：

君不见走马川行雪海边，平沙莽莽黄入天。

轮台九月风夜吼，一川碎石大如斗，随风满地石乱走。

匈奴草黄马正肥，金山西见烟尘飞，汉家大将西出师。

将军金甲夜不脱，半夜军行戈相拨，风头如刀面如割。

马毛带雪汗气蒸，五花连钱旋作冰，幕中草檄砚水凝。

虏骑闻之应胆慑，料知短兵不敢接，车师西门伫献捷。

（郭宸恺）

残阳
——宰相韦见素的一天

多年以后，垂垂老矣的韦见素[①]回忆起帝国的开元盛世，仍然心潮澎湃；他回味着李翰林一句"春风拂槛露华浓"，仍觉心神荡漾。彼时的他，掌管吏部铨选多年，兢兢业业为国选人才；彼时的大唐，正如日中天，新鲜血液不断输入，就像休沐日午后斜斜射入书房的阳光一般令人充满活力。

可帝国的巨厦究竟是在何时倒塌的呢？韦见素就像数不清自己的白发一般，问了无数次，也无数次陷入迷茫。说来奇怪，即使是自己被下敕拜相的那日朔望朝[②]，即使是安禄山大摇大摆最后一次入朝，都没有天宝十三载那一次常朝令他印象深刻。思着想着，已经七十四岁的大唐豳国公[③]像往常一样，在昏沉的午后如最寻常的富家老翁一般打起了盹。

天宝十三载，在中枢贵人的眼中，那无疑是四方来朝的盛世，即使是出现的天灾人祸也丝毫没有影响到玄宗

唐十七娘有话说

[①] 韦见素（687—762），字会微，唐代宰相。

[②] 唐代朝会分为常朝、朔望朝、大朝三种，朔望朝是京官初一、十五上朝。

[③] 韦见素在安史之乱后扈随唐玄宗入蜀，升任侍中，晋爵豳（bīn）国公。

这位自诩比肩尧舜的帝王的圣明统治。

如往常一般,韦见素早早醒来,穿好了袴褶。六十二岁的他已满头华发,人老之后行动不便,因此舒适的袴褶很得韦见素青睐。这也是每年的元旦朝最让他难受的原因,那天他需要穿宽大的朝服,甚至比平时还要早起许多。吃过一碗汤多馎饦少的软面馎饦后,他就静静等候鸡人①传呼报晓的声音。

五更二刻,鸡人报晓,坊门大开,韦见素骑上老仆牵来的马匹,提上灯笼,缓缓而去。今日是常朝,故不需去宣政殿,直接去圣人常居的兴庆殿②即可。

虽然是常朝,但上朝的范围为京官五品以上,这涉及的人数亦是一个不小的数字。因此,出坊门之后,韦见素看到了一条蜿蜒的火龙在晨雾中腾跃,一个个身影映晃着。每每看到此情此景,即使有多年中枢宦游经历,他还是会感到震撼。随着晨钟长鸣,韦见素汇入人流,朝南内涌动。

韦见素所居崇仁坊距兴庆宫较近,因此不多时便到了宫门外。这几日宫禁内传出圣人有意罢了陈相而拜韦见素为相③,加上韦见素也一直是一位宽厚长者,因此,不时有在宫门外等候的官员过来低声问候,韦见素也一一回礼。

等候之时,韦见素看了手中的笏板,他今日上朝是想提醒一下圣人莫要给安禄山太多空名告身④,以防安禄山安插自己的人。前几日,他听学生李文元说南诏大败⑤,

---

①在天将亮时,宫中有头戴红巾的卫士于朱雀门外高声喊叫,好像鸡鸣,以警百官,故名鸡人。

②唐玄宗做藩王时期的府邸,登基后他进行了大规模扩建,使之成为长安城三大内之一,称为"南内",是唐玄宗开元、天宝时代的政治中心所在地。

③天宝十三载(754),京师大雨,引发水灾。唐玄宗认为是宰相失职,才天降凶兆,便罢免陈希烈,命杨国忠选取继任者。杨国忠认为韦见素性格柔顺容易控制,便举荐韦见素为相。唐玄宗也因韦见素曾任职相王府,对自己有旧恩,便同意了韦见素拜相。

④古代授官的凭信,类似后世的任命状。

⑤为讨玄宗开心,杨国忠曾于天宝九载(750)和天宝十三载(754)两次上奏请求征讨南诏。

不然的话,他已经准备好为李宓①上奏进爵了。

兴庆宫的宫门缓缓打开,监察御史率领百官入内。韦见素站在四品官列,大家拿出银鱼袋,等待勘契②过后监门校尉③一个个唱籍。到了后面,当唱到一个人名时,一个人应声而出,韦见素大惊,是他的学生李文元,今日本是常朝,他却穿了旦朝才应穿的朝服!韦见素猜到了他这位刚烈的学生要干什么,不禁又是欣慰又是气恼,他不顾朝会礼仪,在入门时从四品官列走向后方④,低声嘱咐李文元道:"九郎今日莫要冲动,汝之陈言,圣人岂会不知!没准今日就要下诏问李宓的罪。"

李文元瞥了一眼两旁已经拿出白笔⑤准备记录他和韦见素举止不端的御史,自陈道:"韦公,怕是奸人误国啊!圣人偏听偏信,如果仆⑥没猜错,今日若不死谏圣人,圣人怕不是还在做着比肩尧舜、四海咸服的美梦吧!"言罢,他的语气竟更加激昂,仿佛看不到周围奋笔疾书的御史,继续道,"某李文元,行排第九,家中自有八位兄长照顾,也没韦公那般显赫家世,蒙圣人宠眷,某不过四旬便位列中枢,当慷慨直言、以身报国!韦公还是离某远一点,莫要耽误了大好前程!"

韦见素怔怔无言,只好趋步向前,回到四品官列。兴庆宫是圣人为藩王时的潜龙之地,相较朔望和大朝时的大明宫宣政殿,虽然也有层层宫门、唱籍,但一路风

① 李宓(698—754),唐代将领,天宝十三载(754)带兵十余万征伐南诏,兵败后投洱海殉国。

② 验对鱼契。唐宋之制,殿门开闭要核对鱼契。用檀木刻成鱼形,分为左右两部分,左部留在宫中,右部置于门使处,鱼契左右相合始开殿门,称为勘契。

③ 左右监门卫官员守宫禁殿门。

④ 本文设定李文元为八品上供奉官,依照唐代上朝官员站位,李文元位次应在韦见素四品职事官之后。

⑤ 文臣上朝时插在头顶冠上的书写用具或饰品。唐代七品以上官员都簪白笔,但只有殿中侍御史有用白笔记事的职责,其他官员所簪白笔应为装饰之用,以代替头簪。

⑥ 唐人自称,还可称"愚""某",主要用作个人的谦称。

景却是生动了许多。近几年兴庆宫一直在修缮，倒也不输大明宫之繁华。

今日常朝，仪仗从简，仅仅是宫中近卫人员列站左右，待文武常参官①列位就绪，侍中高喊一声外办，玄宗皇帝才姗姗来到，在音乐声中端坐在羽扇之后②。待左右金吾将军奏报一切平安，一切就绪，帝国的中枢便开始了今天的议程。

不出意外，韦见素和李文元刚刚的失仪之举果然被御史弹劾，各自领了罚，被罚俸以作惩戒。此后百官各自奏事，自不再提，圣人端坐在扇子之后，也隐隐约约有百无聊赖之相。

"臣长安县③县令请圣人赈济庶民，减免赋税。"听到长安县令的建言，玄宗稍稍提起一丝精神，问道："杨国忠，户部也有奏章请赈济灾民，你看需要花费多少啊？"

杨国忠于是出列，他看上去胸有成竹，递上一盘谷穗，说道："圣人不必担忧，今年虽然连日淫雨，多地也有涝灾，但圣人尧舜之像感动上苍，故今年收成无碍，这谷穗正是臣派人在长安县郊农田所摘。至于如此小灾，却使得灾民日增，臣认为是京兆尹李岘办事不力，应当处罚。"

此时，不等杨国忠说完，李文元便兀然而出，昂然站于大殿之上。圣人笑道："李拾遗④今日怎么突然穿了朝服，不怕被同僚孤立吗？"

①五品以上官员及中书、门下两省供奉官、监察御史、员外郎、太常博士，每日参见皇帝，称常参官。

②常朝时在朝堂和宫院之内所应举行的礼仪规范，在后来的执行过程中，又对仪仗进行了增删。以羽扇遮掩皇帝就坐龙椅时的升降俯仰，以保持朝仪肃穆，也增加皇帝的神圣感。

③唐代在长安城设置两个县，即长安县和万年县，分管朱雀大街以西、以东的区域。

④拾遗分左右，分属门下、中书两省，主要职责是讽谏和荐举人才。

"圣人，臣不怕被奸人孤立，怕的是圣人被奸人所蒙蔽。臣听闻今年涝灾，农田十不存一，农人收成十不保一。臣恳请圣人体恤百姓，莫要被小人蒙蔽圣听。"说着，李文元昂然望向玄宗，更加掷地有声，"国家有灾异，乃因中枢有奸邪之人，所以上天降下惩罚。杨国忠借助妇人之力①，五年间一蹴而起②，德不配位，还夸耀战功，混淆圣听，南诏两次大败而不报，致使内外不合。臣今日奏请，罢免杨国忠以谢天下。"

杨国忠目光阴鸷，盯着这个向他发难的李文元，驳斥道："大胆！如今海内承平，万邦来朝，四夷臣服，你这是在质疑圣人！我掌国度支③多年，而你不过初任拾遗，难道比我更了解年岁收成？我且问你，每年国家绢收多少？人口多少？度田又有多少？"李文元一时口钝，无法答出，满眼怒火地看向杨国忠，竟大步向前夺下杨国忠的笏板："你既是国之重臣，又为何蒙蔽圣听，又中饱私囊？"

"够了，朝堂之上，国家重臣如田舍翁④般不识礼节？"扇子后的玄宗大怒，"杨国忠，朕的开元礼⑤白编了吗？"

李文元脸上露出失望之情，他行了个稽首大礼⑥，竟是不再争辩，缓缓道："臣请陛下杀杨国忠、李宓以谢天下。"

① 指杨国忠凭借杨贵妃和杨氏诸姐妹得宠。
② 天宝七载(748)，杨国忠升任度支员外郎兼侍御史，天宝十三载（754），已位至宰相。
③ 古代官署名，掌管全国财赋的统计和支调。
④ 代指贫贱之人，隋唐时多用于骂人。
⑤《大唐开元礼》是唐玄宗时官修的一部礼仪著作，玄宗颇以其自得。
⑥ 古代的一种跪拜礼，为"九拜"之一。行礼时，施礼者屈膝跪地，男子双腿打开跪下去形成外八字状，女子跪下去时则双腿并拢；同时，左手按右手上（掌心向内），拱手于地，头也缓缓至于地并停留一段时间，手在膝前，头点在手背。这是九拜中最隆重的拜礼，常为臣子拜见君王时所用。

唐代彩绘跪拜文官俑　陕西唐三彩艺术博物馆藏

①张九龄（673/678—740）。张九龄为相期间，多次以安禄山战败为由奏请玄宗杀掉他，但玄宗不听，并因为张九龄的多次劝谏而疏远了他。

②左右千牛卫，是皇帝的贴身卫兵。

"拖下去，朕说过，够了，不必再议。李宓为朕立下赫赫战功，朕若杀了他，岂不是寒了众人的心？"玄宗冷冷地说，"朕的拾遗和朕的张相①一样容不下边境武夫吗？"在大殿旁等待的千牛卫②立刻应声上前，将李文元拖了下去。

"至于涝灾，哼，你们以为朕是晋惠帝那个废物吗？"玄宗生气地吼道，"朕让你们这群人为相，是为了帮朕分忧，如今却连敷衍朕也只是杨卿站了出来，你们干脆全部请辞吧。"这话一出，几位宰相纷纷出列自陈己罪，陈希烈甚至冷汗都冒出来了，两腿战战，毫无宰辅气度。

玄宗皇帝气急，竟直接离开，高力士匆匆跟上，帷幕也随之撤去。玄宗仍不忘怒喝："很好，很好，都把朕作为惠帝！"临出东门，他还是冷静下来，停下说道：

"免了长安、万年两县百姓一年租庸①。"言罢便拂袖而去。

韦见素看着这个比自己长两岁的圣人略显佝偻的背影,不由得叹息,再无奈地看向自己笏板的记事,今日他还是没能达成目的,让圣人少给安禄山一些官员任免权力。

退朝后,韦见素依惯例在廊下吃些赐下的米粥,五年前他就再也不吃羊肉了。同僚中有意攀附的,虽想走近奉承,但廊下食规矩严,再者韦见素因李文元之事一直心不在焉,因而也无人敢去攀谈。廊下食结束,韦见素便一个人闷闷不乐地回了家。

呆坐在书房良久,韦见素最终还是让仆人拿出上次圣人赐他的墨锭②,开始研墨,上书求圣人不要治李文元、京兆尹李岘的罪。他涂涂画画,写了扔,扔了写,废弃多张纸,斟酌了半晌光阴,才算是完成奏章,粘连之后准备送往三省,待下次朝会上奏③。

韦见素又想起,三天前同僚达奚珣④便邀请他今晚去其府邸赴宴。由于两家同坊而居,距离不远,韦见素也就不慌忙了,再次仔细检查过准备上奏的奏折后,仍不安心,最终还是加上了关于安禄山的部分,这才准备赴宴。唤上老仆,骑上老马,他慢悠悠地朝达奚侍郎府上而去。

跨过低矮的乌头门①,再往里走,便看到达奚家飞檐

①唐代实行租庸调制,租即田租,每丁(成年男子)每年要纳粟二石;庸是力役,每丁(成年男子)每年替政府服劳役二十日。

②唐代制墨技术精良,有烟和胶汁调制而成的各种形状的固体墨锭。此处指的就是名家制作的贡品墨锭。

③唐时,五品以上的重要官员上朝奏事的内容只限于"兵马要事",其他一般政务只需呈递奏折。如果所奏事务繁杂,就必须事先将所奏之事写成奏折转送宫中禀呈皇帝,以便皇帝能在朝会之前了解情况,尽快决策。

④达奚珣(690—757),复姓达奚,字子美,河南洛阳人,鲜卑族,唐代大臣。

重楼、华丽气派的白墙红大门了。达奚珣素来喜好奢侈，因此他的府邸隐隐有些僭越之嫌，单是阍室②就要比韦见素家大一半。虽听闻文部侍郎③、彭城郡公的宅邸也奢华异常，但一个阍室便如此宽敞，实在是容易落人口实。

"某韦见素，是你家达奚郎君的同僚，应邀赴宴，且去通报一下。"仆人见这位绯色④衣服的老者如此知礼，也是一惊，慌忙要去正厅通报。忽有一人应声而出，身着和韦见素一样的绯色圆领衫⑤，头上随意系了一个黑色幞头，蹀躞松松垮垮系在腰间，语气亲切随意："韦公为何如此见外，你我同僚多载，直接进来便是。"

面对着大大咧咧的达奚珣，韦见素虽然年长几岁，但仍作揖道："达奚郎君见笑了，非是某不愿亲近，只是某数十年对任何同僚都是这般，实在是习惯使然啊。"

达奚珣哈哈一笑，说道："且把韦公的马匹牵去马厩。韦公，今晚可要欢饮达旦啊！"韦见素自然不可能留宿，便应承一番留下仆人，跟着达奚珣去了。

达奚珣虽宦游多年，但因出身鲜卑族，终究还是保留了一些粗犷作风，府中家眷行事也较为肆意。当他们走到中庭门前的时候，还看到达奚家的四个女儿⑥正在打马球。

"达奚郎君真是好福气啊。"韦见素恭维一句，"现在民间隐隐约约有歌谣云'生子莫如女①'，达奚郎君有

① 私人宅邸、寺庙等院门、大门的样式，有一定身份的权贵和豪门才能使用。它以两根木柱及一根横木搭配成草字头形，其中突出在横梁上面的两根柱头通常被雕饰成黑色，因而得名"乌头门"。
② 门卫的住宿和值班室。
③ 吏部侍郎，玄宗天宝十一年(752)改，肃宗至德二年(757)改回原称。
④ 唐代四品、五品官员依制穿绯色官服。
⑤ 又称圆领袍、上领，即圆领子的窄袖袍，唐宋时流行。
⑥ 达奚珣有二儿四女，儿子：达奚说、达奚挚。女儿：达奚㛂、达奚婉、达奚娩、达奚庆。

四个千金,真是羡煞旁人。"

"韦公说笑了,终究是少了撑起门楣之人,我那两个儿子不成器,较之韦公家三位公子真是差远了。"韦见素捋胡一笑,和达奚珣前后进入中堂,此时堂上已经有了三位官员,均与达奚珣共事多年。众人长揖②礼毕,达奚珣招手让仆人为韦见素和自己脱鞋,韦见素也不推脱,跽坐③在达奚珣旁边。

"久闻韦公为名门之后,重礼节,今日一看,果不其然。大郎,快给韦公凭几吧。"

"是啊,韦公有长者之风,素来宽厚,大郎莫要怠慢了。"

达奚珣让仆人为自己和韦见素各搬来一个凭几,又拿上来两个隐囊④,说道:"某与诸位同是宦游人,共事多年,无须拘于礼数,何况韦公是宽厚长者,都不必太过拘谨。"言罢,他主动在榻边垂足而坐。

三人见达奚珣已如此,自然不会驳了他的面子,更何况垂足而坐确实要舒服得多。这样一来,气氛倒是轻松

唐代陶彩绘伎乐女俑
(姿势为跽坐)
故宫博物院藏

①杨氏一门因杨玉环受宠而飞黄腾达,故当时流传着"生女勿悲酸,生男勿欢喜"的说法。

②唐代见面的基本礼节之一,拱手高举继而落下。

③两膝着地,小腿贴地,臀部坐在小腿及脚跟上。是一种很正式庄重的坐姿。

④供人倚凭的软囊,像今天的靠枕、靠褥之类。

了不少。

众人攀谈之际，几位丽人缓缓入堂。韦见素平时对风月场所并无兴趣，但旁边两人却已认出，这正是近一个月在长安城大火的三位歌伎①，后面还有两个西市请来的胡姬，满头珠翠，香风阵阵，实在是光艳照人。

此时鼓乐备齐，堂上已经热闹非凡，虽四人吃酒，但服侍的竟多达数十人。领舞的歌伎梳九骑仙髻②，穿孔雀翠衣，佩七宝璎珞③，一看便是准备奏《霓裳羽衣曲》。

韦见素看着渐趋激昂热烈的歌伎，眼神一阵恍惚，他仿佛看到了今早常朝时李文元被千牛卫拖下去时那不屈的眼神，他想起了天下大旱，农业凋零，百姓流离！

眼前却是一片奢华！韦见素不由得问自己，自己一直标榜名门之后，素来温和公正，现如今却要对杨国忠小心逢迎，今天杨国忠可以把涝灾归结于京兆尹李岘，那明天自己是不是也要成为他的靶子，或者和他一起被钉在耻辱柱上？

"韦公？"达奚珣打断了韦见素的思绪，"我知道

①唐代乐工歌伎数量很大，大致有三种，分别是官伎、家伎、私伎。

②唐代的宫廷舞姬有梳高髻的习惯。
③将项圈或项链以及长命锁等颈饰融为一体的一种饰物。

敦煌莫高窟第45窟大势至菩萨（胸前佩戴的就是璎珞）

韦公您年轻的时候喜欢看胡旋,今天就特意从东市带来了几个胡人。"

韦见素应声承情,向达奚珣表示感谢。那胡女在鼓乐声①中急速起舞,像雪花在风中飘摇,千旋万转,那立体的五官、丰满的身姿在韦见素眼里却渐渐幻化成安禄山那肥硕的身躯②。他不明白,为什么圣人可以放心地将军权交给这个"其心必异"的胡人?李相、杨相虽素来奉承上意,但都不是蠢人,怎么也信了那个胡人?自己多次提醒杨相小心安禄山,杨相却一直觉得安禄山并无反心。好不容易在上次安禄山入朝时,杨相看清了他的狼子野心,圣人却又对杨相三番两次的提醒置之不理。

"韦公可是觉得不满意?"达奚珣看韦见素多次神游天外,小心翼翼地问道,"若韦公不满,我们可换别的。《秦王破阵乐》可好?"

唐代彩绘釉陶乐舞俑　陕西唐三彩艺术博物馆藏

①胡旋舞的伴奏以打击乐为主,因而给人以慷慨激昂之感。

②据史书记载,安禄山体重三百余斤,十分擅长胡旋舞。

①白内障，此处是韦见素的托辞。

②饮酒沉醉，或饮酒过量而生病。

③唐代官员法定假日之一，十天一休，除旬假外，唐代官员还有法定假日共计四十一天。

④此处的杨郎并非杨国忠，而是杨暄。杨暄（？—756），唐代大臣，杨国忠的长子，天宝十五年（756）在马嵬驿哗变中被杀。

"无事无事，实在是近几日似乎得了白翳①，看东西有些吃力罢了。"韦见素敷衍道。达奚珣知韦见素并非不满自己的款待，长出了一口气，笑道："听闻胡医中有人擅长治此顽疾，等明天让我家大郎将其送至韦公府上便是。"

韦见素因为李文元的事情一整天都心神不宁，此刻也难再待下去，便准备起身请辞："达奚郎君，今日实在是某失礼，但隐隐约约有些病酒②，待下次旬假③，我们再好好畅饮，可好？"达奚珣有些不悦，但心知韦见素即将拜相，也不好发作，他本就是趋炎附势之人，如此也只好哂（shěn）笑道："今日若有得罪韦公之处，韦公可莫放在心上。"韦见素自然点头称是，正准备穿鞋离开，达奚珣又叫住了他："韦公，下次我们宴饮，可能喊上杨郎④共乐？"

韦见素突然对达奚珣的嘴脸感到有些厌恶，又恼他将自己看作杨相一党，但也只说了一句："那是自然。"便转身而去，结果差点撞上小厮端来的一盘荔枝。韦见素看了一眼荔枝，终究忍不住提醒道："达奚郎君，这荔枝，怕是有些奢侈啊。"说完，便径直去寻仆人。

出门的时候，韦见素却又被一声"韦公"叫住，回头一看，原来是达奚珣的大儿子。他对小辈一向和气，问道："达奚大郎，还有何事？"达奚大郎气喘吁吁，手中

| 唐人的一天 |

捧着一支毛笔，道："我家大人素来感激韦公帮助，一直想送韦公些礼品，但知韦公清廉，不敢妄送，又想起韦公爱书法之事，便特意求了一支上好的诸葛笔[①]，送予韦公。"

韦见素推辞不过，也不想再拉扯下去，只好让老仆收下了诸葛笔，辞别达奚大郎，出了外门。此时，太阳渐渐落下，一抹残阳照在韦见素的脸上，就像他在乐游原上看到的夕阳一样美丽。这是天宝十三载（754）的太阳，这个四海咸平、万邦来朝的帝国，明天的太阳是否依旧如今天这般美丽呢？韦见素遥望着大明宫的方向，这位比他还要年长两岁的圣人此时究竟在干什么？他不得而知。

（李耀祖）

①唐宋时的名笔，属宣笔，为宣州诸葛氏创制，因此又称"诸葛笔"，为紫毫笔中的佳品。

山雨欲来，西京仍醉
——给事中裴士淹①的一天

这是天宝十四载春三月丙寅的一天，太阳还未升起，天空是一片令人不悦的阴翳。远处的终南山在晨曦中若隐若现，薄雾流过山头，倒有些变幻莫测的意味。此时，大唐的都城像是沉在幻梦中，却又似刚有生命胎动的迹象。虽然还在夜里，空气也有些寒冷，但城里的各坊已经有了动静，很多居民已经起床做事，更不乏有人立在坊门旁边，等着坊门开放。

此时，给事中裴士淹也在长兴坊里自己家的居室中醒来。他是官阶为正五品上的给事中，是常参官的一员，每日都要参加朝参②。这样一份工作，当然需要每天早起。如果迟到没能赶上点卯，不仅会被罚薪俸，官位也有可能不保。③好在长兴坊在长安城内属于偏北部的坊，离兴庆宫比较近，所以他也能从容一些。

伴着屋外的一些炊事声和说话声，裴士淹也逐渐清醒。他掀开衾被，慢慢地从床上坐起，拉开寝帐，就这样

唐十七娘有话说

①裴士淹，字士淹，河东闻喜（今山西闻喜县）人，唐代大臣。

②古代朝廷官员参加早朝的一种制度，由皇帝亲自主持，属小范围议事。

③百官朝参无故不到的，罚一季薪俸。

坐定在床上。过了一会儿，他起身唤来家中奴婢，在奴婢的服侍下换上了常服内衬。

裴士淹转身来到几案前，对着圆镜简单地打理了一下自己。奴婢早就打好了水，裴士淹就在这里进行梳洗。在早晨去看望父母前，士淹要先让自己看起来整洁干净些。毕竟，保持好仪容仪表，也是身为儿子更是身为臣子的必修课。何况，前些天还听到消息，说今日皇帝要赐宴，虽然不是上元和冬至那样的大朝会，但群臣还是要注重礼仪得体。

士淹又想起是两三日没有洗头，便对正准备去做事的奴婢吩咐道："吾欲沐头，烧汤送来。"家奴应了一声，恭敬地退了出去，忙着去烧水。

没过多久，奴婢烧好热水送来，服侍士淹把头发披散开，放入水中浸湿。另一个奴婢早已带来了皂荚，加入盆中。两个奴婢轮番上阵，换了几趟水，再把他的头发弄干后，便恭敬地退了下去。

终于梳理完毕，士淹想，是时候去看望一下父亲了。

他拉开帷帘，走出居室，过了内堂，发现父亲的门半掩着，于是探声询问。得到父亲允许，他才小心地进屋。见到父亲裴倩，士淹先是顿首[①]，随后正身跪坐，询问父亲昨晚睡得如何。由于今日要上朝，所以他在和父亲聊了几句后，便顿首告退。

[①]以头叩地，即抬起而不停留。古代的一种交际礼仪，跪拜礼之一，为正拜。

①一种巾子式样，巾子向前倾斜，好像要倒下来。唐中宗、睿宗和玄宗朝比较流行。

②古代附于腰带上的装饰品。

③由六块皮革缝制而成。六合指东、西、南、北及天、地四方六合之意。

换好常服，士淹准备出门。他头上是一顶衬垫为内样巾子①的幞头，身着不加缘饰的浅绯色圆领襕袍，腰间束有金銙②所饰的腰带，带上系有银鱼袋，脚穿乌皮六合靴③，手中还拿着象笏囊。

此时，天色稍稍亮了一点，似有一抹深邃的幽蓝。城楼上的鼓手确认好时间为五更二点，便铆足一股劲，将棒槌狠狠地砸向大鼓。鼓声似海浪一般，迅速向外传开。

随着承天门城楼上的报晓鼓声响起，长安城的各条大街都响起了悠扬的鼓声和庄重的钟声，安上门外的这条大街当然也不例外。长安城在这一刻开始热闹起来，各坊里的早餐店已经陆续开张，胡饼和蒸饼的香味丝丝缕缕，渗入坊里各街各道。已有官员乘着马在沙堤上前行，直奔皇城的方向去了。

三彩马及牵马胡俑　河南博物院藏

士淹出了内堂，来到前院，两名青衣仆人已将马从马厩中牵出，在门口等候他的指令。士淹边出大门，边和仆人说自己要吃早饭。两名仆人顿时会意，牵好马紧随在士淹之后。

三人一马出了宅邸，到了坊里的横街①。这里有一些人正推着小车卖胡饼，仆人清楚主人的习惯，便跑过去为士淹买有馅带油的胡饼。这种食物如今在长安城十分流行，它由炉火烤制，面脆油香。

就在等仆人买胡饼时，士淹遇到了同住长兴坊的赵国公李峘（huán）②。李峘是太宗第三子吴王李恪的曾孙，之前因不附和杨国忠而被排挤出京，现在因公事进京听候调遣。士淹于是拱手作长揖，李峘也赶忙回礼，口中说着"裴给事不必如此"。经士淹一问，原来李峘也是在此等仆人买饼的。二人略一交谈，都对当前的朝政忧心忡忡。

李峘愤愤道："眼下杨国忠独揽大权、排除异己，势必会蒙蔽圣上视听，阻塞言路。"裴士淹深以为然，也尽陈杨国忠擅权之弊病："当下，安禄山将反已是朝中诸臣咬定的事实，圣人却不纳忠谏，令人忧心啊！"

可当今形势下，两人也无可奈何。这时候的他们，大概也未曾想到，安史之乱中，长安将陷，二人陪同玄宗入蜀避难。李峘后来因在蜀作战有功，封越国公，家

①长安城坊中的街道。

②李峘（？—763），陇西成纪（今甘肃秦安县）人，唐代宗室大臣。

境显赫非今日可比。他的兄弟李岘①也恪尽职守，成为一代贤相。

等仆人买好饼，李峘便行礼告辞。士淹以长袖作遮掩，迅速地吃饼②，然后翻身上马，两名仆人则紧随在后。他们出了坊，行上沙堤，直奔兴庆宫而去。如果是朔望朝参，还需要前往大明宫紫宸殿"入阁"，但今天并非朔望日，更何况自开元十六年以来，皇帝已将兴庆宫作为常朝听政之所，只是朝贺礼仪不能变。

此时坊门才刚刚开启，街道上的人并不多，士淹也乐得清净。这时天色尚暗，时间却是紧了，士淹无暇观察路边的景象，一切以抵达兴庆门为紧要。

兴庆官大门前已经有不少官员，大家一起待漏③，有御史大夫正在点卯。等到五更五点夜漏尽，天色已明，宫门开启，御史台官员便带着大家去监门校尉处验证门籍。

宫门之上挂着百官们的门籍，上面有着他们详细的个人信息，包括年龄、姓名、字号、形貌等。等轮到士淹，只见监门校尉肃整地拿着门籍，说："唱籍。"士淹于是报了自己的名字、字号等信息。校尉确认无误后说："在。"

校尉又上前一步进行监搜，此举是为了防止官员携带刀具等武器。一番搜检之后，士淹又从自己的银鱼袋

---

① 李岘（709—766），字延鉴，唐代宗室大臣。

② 唐代曾有一四品官员因站街吃饼被御史弹劾，但仍有不少官员这样做。这里我们假设士淹未被御史弹劾。

③ 大臣在五更前到达，等待上朝的时刻。

中取出鱼形符契，和校尉所持的那一半进行核对。这些都做完后，校尉才放行，士淹得以入宫。

在前往兴庆殿的路上，道路两旁侍卫或手持长矛，或张弓执弩，戒备森严。此时是文官在前、武官在后，而兴庆宫宫门向西开，要入阁门时，则文官由东门进入、武官由西门进入。

兴庆殿的两侧有威严的仪仗卫队，进入殿内，各文武官员依班次职爵列队站立，文官列左侧、武官列右侧，士淹很快到达了自己的朝谒位置。

殿中省①监、少监分左右随皇帝羽扇侍立，殿门口的武班侍奉也已按刀肃立，随着侍中一声高呼"外办"，皇帝在宫女和太监的陪同下从西门进了殿。

等皇帝坐上御座，侍立两旁的执扇者便将羽扇交合在一起。左右金吾卫将军中一人奏："左右厢内外平安。"在通事舍人的召唤下，宰相和两省官员们按顺序稽首两次。拜完后，常参官员们开始行蹈舞礼②，士淹也开始跳舞。一时间，兴庆殿内钟磬合鸣，香蔼弥漫，群臣舞之蹈之，热闹非凡。

这就是常参官们的日常。并且，最近这些年，皇帝更倾向于出游和宴饮，对听政并不大感兴趣。前些日子皇帝还专下敕书，允许常参官们仅单日上朝，以便皇帝和大臣们都有时间玩乐。所以，今天朝谒结束之后，便不必再

---

① 官署名，主要掌管皇帝生活诸事，一般设监一人、少监二人、丞二人。

② 唐代每逢重大节日或者朝会，在臣子向皇帝跪拜祝贺结束后，皇帝会"举酒"即举杯说一些国泰民安等寓意吉祥的话，然后臣子们要一起跳舞，再三称万岁，这样典礼才算是结束。

奏国事。何况，皇帝还下敕，非重要的兵马之事，就不要在上朝时面谏。自安禄山上次进京后，皇帝已经不许群臣再上奏陈说安禄山谋反一事。

这时，侍中到皇帝前接受诏旨，又走到官员们东北位置，大声说："有制！"

于是大臣们又行了一次再拜。原来是皇帝今日要赐宴群臣，地点就设在勤政楼①。现在，常参官们被允许留下陪伴皇帝、贵妃及众宦前去龙池游乐。

① 唐代著名建筑，因楼额题有"勤政务本之楼"而得名。

出了兴庆殿，天色已大亮。晨光洒在兴庆宫各处，让这里的殿楼更似天上琼阁。兴庆宫不像大明宫、太极宫那般庄严，没有"九天阊阖开宫殿，万国衣冠拜冕旒"那般磅礴的气势，景观十分和谐，每一处林木、亭院都恰到好处，景与景自然融合，令人赏心悦目。

过了苑门，皇帝、诸官来到了南薰殿，这里是兴庆宫的中路正殿。从正路出了瀛洲门，就到了龙池。龙池是一方大湖，湖水清澄皎洁，景色秀美，时有云气缭绕，似黄龙腾跃其中，既有帝室之威，也有仙家之韵。

到了龙池，视野顿时开阔起来，有种豁然开朗之感。此时正值晚春时节，龙池草木旺盛、绿意渐浓，树丛间也可见鸟雀蹿跳，处处生机盎然。见到龙池景色这般好，皇帝也是兴致勃勃，时不时和大臣们交谈几句。大臣们在这帝苑美景中，也是心旷神怡，只有个别大臣，包括士淹在内，无心赏景，心怀忧虑，试图用婉谏的方式暗示皇帝种种危机，但皇帝却不以为意。

君臣一行又向东到了沉香亭，这里种植着各色牡丹及芍药。这个时节，牡丹已盛开，姿色艳丽，大臣们平时也难得一见，芍药却还未到花期。

途中又见一匹马，相传此马为道士孙甑生[①]折草而变，令人惊奇。裴士淹看了一眼，但也没发现此马与普通的马有何差异。

一行人游完东边，又走过南面的长庆楼，这里是君臣饮酒观街、休憩游幸之所。再到花萼相辉楼[②]，这里也是歌舞宴赐之地。一番游览完毕，终于到了勤政楼。光禄寺[③]和尚食局的官员早已在这里布置齐全，就等皇帝抵达。

皇帝从西门入，百官则依次序、面向纷纷就位，等到光禄卿向皇帝跪奏后，侍中收到皇帝旨意，称"制曰可"。于是，尚食捧着御酌寿酒传给殿中监[④]，侍中拿着笏板上前跪奏："臣等不胜大庆，谨上千万岁寿。"他拜了两次，群臣上下也都拜两次。皇帝接受了大臣们的庆酒，侍中又上前承制而后宣告群臣："得卿等寿酒，与卿等内外同庆。"并举起酒杯。

饮了数次酒后，光禄寺和尚食就开始提供食物了[⑤]。尚食局的官员在那里候着，凡是送给皇帝的食物，他们都

[①] 孙甑生擅长道术，被玄宗召至京城。他能折草变为马，杨贵妃曾数次召其入宫观其道法。

[②] 唐代长安著名皇家建筑，简称花萼楼，始建于唐代开元八年（720），位于兴庆宫之内。花萼相辉楼是长安城内的大型文化艺术中心，也是玄宗与万民同乐、交流同欢之处，享有"天下第一名楼"的美誉。

[③] 唐代中央机构，掌祭祀、朝会、宴乡酒澧膳馐之事。

[④] 唐代殿中监掌管天子服饰车马，总领尚食、尚药、尚衣、尚舍、尚辇六局官属。

[⑤] 唐代宫廷里的宴会首先是饮酒，然后才是进食。

要先尝一口来检验。

在主食上来之前，可先品尝点心，暂且充饥。点心种类繁多，有以乳酪为馅的单笼金乳酥，此酥是用独隔气笼所制；又有水晶龙凤糕，糕体绽如花开，枣香扑鼻，饭粒晶莹剔透；还有用糯米制成的花色糕团，称玉露团，上有奶酥雕花；等等。

此时歌舞戏开始表演。宫廷乐队开始齐奏《九部乐》[1]，一时间琴瑟和鸣，筝篌声、钟磬声、琵琶声互相交合，风情各异，雅俗融合，令人叹为观止。

大臣们一边吃着糕点，一边欣赏歌舞。这时，又有舞人穿着色泽各异的服装上前。他们挥动衣袖，在旋转中组成仓颉之字体。[2]

宫人们又进食物，有鸭汤花饼，还有水晶饭，当然肉食也不能少了，炙烤羊肉[3]等也一一上了席。

这之后还有马舞[4]，是安禄山在京时最喜爱的乐舞之一。在三层板床上，舞者乘马旋转如飞，令人心情激荡，恨不能立刻骑马奔驰。

接下来是士淹最喜爱的《霓裳羽衣舞》。此舞已风行多年，其间舞蹈和乐曲也一直不断改良，如

[1] 又称《炀帝九部乐》或《隋制九部乐》。大业七年（611），隋炀帝在《七部乐》之上扩设《九部乐》，包括清乐、西凉乐、龟兹乐、天竺乐、康国乐、疏勒乐、安国乐、高丽乐、礼毕曲。
[2] 运用队形变化组成各种字样的舞蹈，盛行于唐代，类似于今日的团体操，表演人数众多，场面很大。
[3] 羊肉是宫廷饭桌上的重要肉食，供应量巨大。
[4] 模仿马的各种动作形态的舞蹈，舞者身穿马舞服饰，通过舞蹈表现形式来模仿马的各种动作，创造马的生动形象。

唐三彩童子叠置伎俑
西安博物院藏

今又有另一番韵味。这时，正表演到中序，节奏舒缓，宫伎们的动作优美自然，好像要将人带入仙境。待入破①之后，舞曲节奏陡然加快，宫伎们动作变大，身上的环佩璎珞也跳跃闪动，羽服衣带飘然其间，让人的心跳也随之加速起来。

此后，还有百戏②表演，有上竿、走索、翻跟头等。之后又有戏弄，伶人们那夸张的动作和生动的神情，让大臣们面露莞尔。

终于，赐宴结束。常参官们向皇帝再拜后，便有序地离开勤政楼，出了兴庆宫。士淹出了宫，仆人已牵着马匹在外面等候。他上了马，沿着街道向长兴坊的方向行进。街道两旁有一些修建得很好的私家园林，那些大多是王公宰相的府邸。一路望去，街道还是那么齐整，寺观还是那么宏伟，远处的皇城依然气势磅礴。

士淹一时竟有些恍惚，想起了李太白的诗句："紫阁连终南，青冥天倪色。凭崖望咸阳，宫阙罗北极。万井惊画出，九衢如弦直。渭水银河清，横天流不息。"③近些年来的种种危机，让士淹有些怀念从前。

此时有一些贵族妇女骑着马经过，她们身穿衫物，衣靴就和男子的一样④。士淹有些感慨，妇女们现在也变得不一样了。

很快，他到了崇仁坊东南处的街口，从这里能远远

① 唐宋时大音乐的一个专用术语，曲调应是节奏明快且声调高昂。

② 对汉族民间诸技的称呼，尤以杂技为主。

③ 出自李白的《君子有所思行》，展现了盛唐时期长安的壮伟富丽。

④ 盛唐时期，女子穿男装十分流行。

地望见资圣寺①那高大庄严的寺塔。那寺塔上的菩萨隐约可见，好似要将观者的灵魂引到佛门圣地。

又经过宣阳坊，杨国忠的家就在宣阳坊的东北隅。杨宅里的四香阁露出坊墙，此阁楼是用十分名贵的沉香木所造，其栏杆则由檀香木制成，墙壁上涂有麝香和乳香筛土混合而成的泥，可谓是极尽奢华之能事。

再向西，在道路交叉处可以望见远处的漕渠②。等到了长兴坊时，天已近黄昏，昼漏将尽，街鼓将要响起。士淹进了自家宅邸，便立刻去见父亲。顿首后，他向父亲禀告，十数日后自己就要远离京城，去河南、河北办公事。此消息是士淹在游龙池时听侍中替皇帝传达的。

再次顿首后，士淹离开，走进书房。在几案前，他正身跪坐，伏案写下今日所思所想。今日的赐宴如此奢靡，自己作为给事中，却不能有效劝谏。而自己不日就要前往河南、河北去见那安禄山，届时又会发生何事，自己又将如何处事呢？③

黑夜的帷幕再次落下，士淹带着一些忧虑，回屋就寝。

这一日，或者说这几月，西京的繁荣景象似乎已是余晖。

（茹东晨）

① 唐代佛教建筑。

② 人工挖掘或疏浚的主要用于漕运的河道。

③ 给事中裴士淹十数日后去往河北，之后，重创唐王朝的安史之乱爆发。裴士淹到达范阳二十余日后，才见到安禄山，且安禄山已不再用人臣之礼以待。

侠客行
——少年游侠归心的一天

天宝十四年十一月的一天，清晨的曙光洒满了关中大地，施施然照在这座宏伟的长安城上。城北的太极宫①超乎其上，沐浴在阳光中，峨峨巍巍，显示着唐帝国大一统王朝的宏伟气魄。随着报晓钟鼓阵阵响起，各坊中人影绰绰、炊烟氤氲，昭示着这座巨城正慢慢醒来。此时，城外门口处已有许多人等着入城。这些人或是进城做生意的商贩，或是进城卖菜的城郊菜农，或是投奔城内亲朋的文人书生，他们已经等待了许久。

"哒、哒、哒、哒"，一阵轻快的马蹄声由远及近，逐渐靠近了城门。待马势渐缓，定睛一

唐代彩绘釉陶女骑马俑
（头上戴的即是席帽）
新疆维吾尔自治区博物馆藏

唐十七娘有话说

①太极宫承隋大兴宫而来，位于长安城北部正中，是唐初的政治中心。

②唐代流行时间较长的一种帽子，最初叫帷（或围）帽，以藤织成，有檐，四周有下垂网，以障尘土。男子戴时将网去掉，称席帽。

看，白马银鞍，高冠席帽②，圆领白长袍，乌皮六合靴，好一个英姿飒爽的少年游侠！他叫归心，今天也要进城。归心跟随师父在山上修行数载，一下山，策马扬鞭任驰骋，飒飒风动如流星，好不惬意！今日来到了都城长安，他定要好好领会一下都城风采。

长安城内，一派祥和景象。时值深秋，道路两旁的槐树叶子已经全部脱落，给长安城带来一丝萧瑟之感，但这丝毫影响不了归心的游兴。将自己的马交给马肆看管，他便开始各处游玩起来。因为是早晨，各坊居民刚刚起床，大多还在自己坊内，坊外的大街上又见不到很多行人，也没有什么店铺，显得有些冷清①。归心走在大街上，顺势一拐，进到一坊内，顿时大感热闹②。坊内卖早食的店铺早已营业，赤膊的胡人师傅梆梆地打着胡饼，蒸笼里的白气腾腾往上直冒。看着这诱人的早食，再加上一路奔波的劳累，归心顿时觉得饿了，便随手买了些蒸饼吃。垫饱肚子之后，见天色尚早，归心便继续优哉游哉地闲逛。长安城最中央的朱雀大街两边，各里坊排列整齐，对称规整，颇似星罗棋布的棋盘，又像农家菜地里规整的菜田。

沿朱雀大街一路闲逛，等归心来到长安城中部的时候，已近午时，正好能赶上长安城东西市开市。归心往东一拐，走过三坊之地，便来到了东市门口，此时已经有众

①唐代律令规定，坊外大街禁止私开店铺，店铺一律集中在东、西市开设。

②唐代各坊坊内管理并不严格，大多有开设的各种店铺，供坊内居民生活所需。

多商人、买家在等待开市。正午时分，市管击鼓，足足二百下之后，市门大开，等待许久的人们一拥而入。一入市内，归心顿感喧嚣，讨价还价声不绝于耳，店铺开门迎客的大声吆喝此起彼伏。胭脂店、珠宝行、绸缎铺依次排开，吸引着小娘子们进进出出，郎君们则直奔骡马行、刀剑库，举人秀才急着进书肆淘买坟典①。众多店铺，人来人往，让这个涉世未深的少年游侠目不暇接，大感新鲜。除了长安本地居民外，还有波斯人、新罗人、大食人、回鹘人、南诏人、粟特人等，他们都是从世界各个地区不远万里来到长安都做生意的。

不多时，归心看到前面拐角处有一间酒肆，不禁喜出望外。须知，为了赶路，他可有好几日没有痛快饮酒了。一进门，归心就嚷嚷着让店主人上些好酒好菜来，不一会儿，店主人就端着几壶酒几碟菜送了上来。长安城的酒肆的确不一般，上的酒是颜色发红的黄酒，比一般乡野村间的浊酒不知道要好到哪里去。②顷刻间，几壶酒已见底，归心微醺，一边吃酒菜，一边看行人，悠然自得，颇有几分酒中仙的味道。

酒足饭饱之后，归心走出酒肆，脚步还有些飘忽，穿行在人群之中却能不倒。飘飘然间，他仿佛又回到了当初跟随师父练剑的时候，一剑刺出，飘忽不定。师父给自己取名归心是何意？归心，归心，回归本心，随心所欲，

①三坟（即伏羲、神农、皇帝之书）、五典（即少昊、颛顼、高辛、唐尧、虞舜之书）的并称，后为古代典籍的通称，在唐代已泛指古书。

②唐代的黄酒有清浊之分，一般颜色越清表示酒质越好。当时的好酒一般呈琥珀色，清中发红。

悠然自得，这不正是自己名字的真谛？他有点明白了师父让自己来尘世历练的真意。

就在这时，一队全副武装的士兵从大街上奔袭而过，街上行人匆忙让路，原本安详热闹的大街顿时多了一份肃杀之气。归心一个激灵，酒醒大半，又颇感奇怪，长安城如此安宁，为何有士兵调动？询问身旁行人，那行人道："听说是北边的节度使王爷起兵造反了，势力很大，现在河北都成了反叛军的地盘，朝廷正在加急调兵镇压呢！"①归心暗暗吃惊：大唐如此强盛富饶，竟然还有反贼叛乱，岂非自寻死路？那行人又道："听闻那叛军首领名唤安禄山，一身肥肉重达三百斤，肚子上的肥肉能垂过膝盖，长得凶神恶煞的，乃是上天派来的杀神②。也不知道朝廷能不能镇压，唉！不管怎么样，河北的百姓算是遭殃了……"

听罢，归心还是有些不敢相信，但朝廷那紧急调兵的情形又不是假的，他觉得自己应亲自去一探究竟。于是，他立刻到马肆处取回自己的马，从长安城北出去，一路驰骋，路上途经几个小村庄，又经过了不少大庄园③。沿途荒田也众多，多有流民④。又见田间劳作者大多是老翁妇孺，一问才知，青壮年都被朝廷征去充当兵士，家中只剩老弱妇儿，日日辛劳，勉强果腹，好不凄惨⑤。归心的游玩心情顿时沉到了谷底，只剩下震惊、迷茫。难道

①本文时间设为天宝十四载（755）十一月间，此时安禄山已经叛乱，正是势力大举扩张的时期。
②此处"杀神"的说法为笔者杜撰，反映的是古代平民的天命观。
③唐代土地兼并情况严重，庄园众多。所谓庄园，就是大地主所拥有的众多的田地，由佃户为之耕种，成为一个经济单位。庄园的发达，意味着唐代社会矛盾的尖锐。
④唐代中后期流民颇多，主要原因是均田制的破坏。均田制由于授田不足，征收却不减，迫使均田农民不得不放弃土地，踏上流亡的道路。
⑤关于唐中后期征兵的残酷，历史记载很多，如杜甫就有名篇"三吏"和"三别"。

真如师父所说，表面的繁华迷醉了达官贵人的双眼，他们沉醉其中，却忽略了潜在的危机？现如今，北方的叛乱已起，声势如此之大，不知道唐军还能否一如既往地平定呢？

在山中无忧无虑的少年，这时才真正体会到了尘世的无常，身为游侠的昂扬壮志，不知怎的，化成了一腔无能为力。坐在马背上，他变得有些垂头丧气，连马也变得无精打采。一人一马，缓步前行，黄昏已近，夕阳的余晖照在他们身上，又平添了一分萧瑟和凄凉。夕阳迟暮，如同昭示着帝国的迟暮……

良久，归心猛然间抬头，手握缰绳，令马头一拐，向东而去。归心归心，归去本心，尽管帝国迟暮，自己也不能听之任之，听闻大唐的安西节度使封常清正在东都洛阳募兵以抵御叛军①，自己既有报国卫民之心，何不去投军为平叛出一分力？生死不论为国殇，才是游侠归心的真正意义啊。

"哒、哒、哒、哒"，少年游侠清瘦挺拔的背影一路向东，与快要落尽的残阳背道而驰。那马蹄声虽远没有来时那样轻快，却更加坚定而有力……

（张笑尧）

①安史之乱爆发后，朝野震惊，迅速罢免了与安禄山有关亲属的官职。时任安西四镇节度使封常清入朝长安，即被任命为范阳、平卢节度使，驰往洛阳募兵抵御安军。

何去何从
——户县主簿李质的一天

李质,字文道,陇西李氏①人也。父名平,开元末为礼部尚书。天宝十载,父卒,质为家中独子,奉养老母在堂。及长,以父官至三品,入国子学②。天宝十四载登进士第,俟数月,以书判拔萃登科,授户县主簿③。旧宅在城内宣阳坊,质追思旧物,忆父音貌,哀恸不已,故迁城西北某处④,出开远门,过便桥⑤,行数里便至。

天宝十五年,六月,某日,平旦。

李质揉着眼睛,下了床,一夜无眠。听说洛阳早就丢了,陕郡是被放弃了的,如今安史叛军正在猛攻潼关,倘若潼关一破,叛军继续……他不敢再往下想。今天恰逢旬休,他决定进城去拜访他的老师国子博士周先生⑥,与周先生讨论一下时事,商量一下对策。

李质骑上马,直奔开远门而去。到了门前,距离开城门却还有一段时间,也没有什么人,他只好下马等候。

唐十七娘有话说

①北魏时与卢、崔、郑、王并称为"五姓",李唐皇族自称出自陇西李氏。贞观年间修《氏族志》,将李氏列为第一等。

②学生为三品以上官员及国公的子孙、从二品以上官员的曾孙等。

③户县在唐开元、天宝年间应属京兆府,地位高于一般的县。

④杜甫曾把家安在樊川杜陵原下。杜甫寓居长安时,长时间不得任用,经济并不宽裕,尚且可置家于杜陵原,此处可假设李质也置家于城外。

⑤咸阳桥,建于长安城西的皂河之上,为出长安西行的必经之路。

⑥对国子博士称"先生"。

他的心里就像放了一锅沸腾的水，一个念头一个念头翻滚着，十分的煎熬。

忽然，开远门中间的门开了，上千人骑马而出，中间还簇拥着几十辆车，行色匆匆地往西北方向去了。李质看着，心中不免泛起疑问，这队车马好生奇怪，那中间的门道，平常可是只有皇帝才能走的呀，莫非皇帝……不，绝对不会，他打断了自己的想法，不由得有些心慌。

不久，鼓响，门开，李质靠着左边的门道进了城。①

他骑着马，沿着普宁坊南街②向东走，去往街东③的崇仁坊。走着走着，街上的车马多了起来，看着地上槐树的影子，应近食时④了，他本可以绕进西市买一点胡饼来充饥，但他顾不得了，只想早一点见到周先生。

终于，崇仁坊到了。他进了西门⑤，直奔周府。

进了中堂⑥，见到周先生，他开头便是一句："先生，叛军欲破潼关，为之奈何？"

先生沉吟着，捋了捋胡须，答道："前者封常清、高仙芝皆败于贼，陕郡已失，长安以东唯潼关一险，势不利我。然则，今天下有变，闻河北颜氏兴义师，连破数镇，贼为之大震。又闻李光弼克常山，郭子仪出井陉，败贼将，破贼师，久闻燕赵之地多慷慨壮士，今乃知此言非虚。"

已有青衣⑦前来奉茶，先生端起茶杯，抿了一口。

先生又说："故，圣人但守长安，且外有崤函之固，

①凡宫殿门及城门，皆左入右出。
②直通开远门的大街在普宁坊之南，故称普宁坊南街。
③街特指朱雀大街，朱雀大街东侧的地方统称为"街东"。
④特指古人朝食之时，即每天7—9时。
⑤长安城内诸坊，除靠朱雀大街两侧的四列坊只设东西向的横街外，其余各坊都设十字街，即有东西、南北向的纵横街道各一条。朱雀大街两侧四列坊，之所以不修南北向街道，是因为晦气正冲向皇宫，不吉利。
⑥唐人家中接见宾客的地方。
⑦指婢女。

若诏告天下发兵勤王,则天下可定矣。"

听着周先生的话,李质没有说什么,他的脑海里又浮现出早晨开远门前的那一幕。只有皇帝才能走中间的门道,难道圣人真的弃百姓而去了吗?不,不会的。

终于,李质问道:"先生,圣人尚在长安否?"

周先生刚想说些什么,忽然有客来访。

李质便暂时回避了一下。

等到他回来的时候,周先生开口便是:"文道,休矣!潼关失守,天子已弃长安而去。"

李质说不出话来,那一瞬,他的脑子里"嗡"一声,眼前一片漆黑,再也想不起什么了。

他不想久留周府,先生也无意留客。

走在路上,他想,完了,全完了。他读过史书,知道乱军一过,剩下的将是什么。长安城,将近三百年的长安城,多少巍峨的建筑,多少美丽的风光,都要毁了呀。他不想看到这些,他爱长安。可是,他又能做些什么呢?他想起了宏伟的慈恩塔①,想起了秀丽乐游原②,还有……他出神地想着。

等到他回过神来,已经走到了安上门外的务本坊,坊内便是国子监,里面还有孔庙。他心里烦乱,想进去在孔夫子面前坐上一会儿。

看着孔夫子,他想问,天下何至于此,我又该何去

①今天西安的大雁塔。

②今天西安交通大学南门外。唐时,常有游人至此地游玩。

何从呢?

潼关丢了,圣人跑了,圣人走的是延秋门,想来也要经过便桥的。他的脑海里浮现出几句诗来:"爷娘妻子走相送,尘埃不见咸阳桥……君不见,青海头,古来白骨无人收。新鬼烦冤旧鬼哭,天阴雨湿声啾啾。"[①]咸阳桥呀,咸阳桥!想不到今天圣人也得过咸阳桥!早知有今日,何必当初穷兵黩武,致使内地空虚?何必当日专宠安禄山,惹得今日之祸?何必贬斥忠良,任用小人?又何必……

你自己呢?是走还是留呢?李质忍不住问自己。

听闻安禄山已自称大燕皇帝,倘若叛军一到,必然会胁迫他出仕伪朝,他能接受吗?不,决不能,"三军可夺帅也,匹夫不可夺志也""君子固穷,小人穷斯滥矣"[②]!孔夫子和先生们的教诲,他句句记在心上。如果走,母亲怎么办?他可是家中独子。

难道,要留下吗?可是,留下就能侍奉得了母亲,让母亲颐养天年吗?叛军一到,定然是烧杀抢掠,什么叫"白骨露于野,千里无鸡鸣"[③]?他懂。就算能苟活下来,只怕也会渐渐地失去志气,如同行尸走肉一般。

走,还是留?他不知道。

看着太阳渐渐西移,他才想起,时间已经不早了。饭点早就过了,他竟不觉得饿,若是平时,他定会去买上

① 出自杜甫《兵车行》,揭露了唐玄宗长期以来的"穷兵黩武",给人民造成了巨大的灾难。

② 出自《论语》。

③ 出自曹操《蒿里行》,记述了汉末军阀混战的现实,揭示了人民的苦难。

一份樱桃饆饠，或是来上一份馄饨①，大快朵颐一番，可是今天，他没了这份心情。

他爱他的长安，他也爱他的大唐，他绝不想看着长安毁在叛军手里，生于斯、长于斯，长安就像是他的母亲。他想走，他想去找皇帝，他想去找军队，他想学班超②，他想上战场，他想去砍下叛军的头颅，他想光复大唐的山河。

想着想着，一个白发苍苍的老妪浮现在他的眼前，那是母亲啊。长安是他的母亲，他去上阵杀敌，那家中的老母亲，又该怎么办呢？母亲年纪大了，绝对受不了长途颠簸，倘若带着母亲一起逃离长安，只怕母亲……

走着，想着，走了一路，也想了一路。

黄昏时分，他终于回到了家。母亲见他回来，问他与周先生谈得如何，他含糊地应着。

他太累了。他倒在了床上。

一切都寂静了，只有那暗夜想变为明天，还在寂静里奔波。明天，或许就有了办法，或许也没有……

(沈世龙)

①西汉时，已经开始食用馄饨，人们认为这是一种密封的包子，没有七窍，所以称为"浑沌"，后来才改称"馄饨"。起初馄饨与水饺并无区别，至唐代起，正式将馄饨和水饺区分开来。

②班超(32—102)，东汉时期著名军事家、外交家。起初为官府抄写文书谋生，后投笔从戎，抗击北匈奴，出使西域，被封为"定远侯"。

日昳兴平，暗流涌动[①]
——禁军齐泓棣在马嵬兵变这一天

天宝十五载（756）六月十四日，子正。

我从睡梦中惊醒，汗水从后背浸出。我又想起那可怕的梦，在梦中，安禄山的叛军占领了长安城，杀烧抢掠，百姓四散奔逃，而我的妻儿老小也在逃亡的路上，迎头碰上了叛军……虽然是梦，可我的心依然怦怦直跳，身体也颤栗不止[②]。

这是我们禁军护卫圣人出长安的第一夜，金城驿站早人去楼空[③]，小道消息频传。住惯了长安的砖瓦房、习惯了长安的锦衣玉食，这些人又怎能在这黑灯瞎火的驿站外安睡？

我抬头，今夜的天气格外明朗，数以万计的星星布满天空，温热的风徐徐吹来。我不禁心想：要不是这该死的杂胡[④]，今夜不说聚上三两好友吃一顿浑羊殁忽[⑤]，喝几杯美酒，至少也是妻儿和睦，岂不美哉？张小敬跟我挤在一起，这会儿也在翻来覆去，不得安睡。过了一会儿，

唐十七娘有话说

[①]本文主人公为齐泓棣，禁军龙武大将军陈玄礼的亲兵，马嵬兵谏的亲历者。安史之乱时，陈玄礼率军护卫玄宗逃亡四川，行至马嵬驿（今陕西兴平西）时，发动兵变杀杨国忠及杨氏姐妹，并逼唐玄宗缢死了杨贵妃。

[②]禁军众将行程仓皇，家属仍在长安，生死未卜，因而军心涣散。

[③]驿卒听闻叛军进逼长安的消息便提前逃跑，唐玄宗一行人无法在逃亡路上取得补给。

[④]指安禄山。安禄山为中亚胡人与突厥人通婚所生。

[⑤]唐时一道知名的以羊肉为主要食材的菜品。

①天宝十四载（755）安禄山谋反，高仙芝、封常清战败，玄宗召哥舒翰率河西、陇右、朔方、奴刺等十二部二十万军队守卫潼关。他听信杨国忠谗言，逼哥舒翰出潼关作战，唐军果然战败，哥舒翰被部下抓去送给叛军，潼关随后被破。

②唐代官府征用有恶迹者充任侦缉逮捕的小吏，其统管者称"不良帅"。

③今青海湟源西南，天宝八年（749）唐代在陇右节度使哥舒翰带领下成功夺取吐蕃军事重镇石堡城。

④天宝元载（742），王忠嗣北伐，与奚人怒皆部在桑干河作战取胜，后又击败奚怒皆及突厥军队，不久又在墨离讨伐吐谷浑，占领其全国后凯旋。

他干脆坐起来，和我一起望着天空发呆。

我拍拍张小敬的肩膀，问他："哥舒翰战败潼关的消息①听说了吗？"

张小敬反问我："你从哪知道的？"

在他看来，哥舒翰据城不出的策略非常稳妥，如果这样潼关也不至于被安禄山攻破。张小敬从不良帅②的位置退下来以后，一向对各种事务漠不关心，自然也不知道哥舒翰是因杨国忠向皇上进谗而被迫出战的。

我答他："圣人信了宰相谗言，逼哥舒翰出战。刚才有人看到王思礼将军匆忙来过，大家都说圣人要让王思礼将军担任新的陇右节度使。"

说到陇右，我和张小敬都来了兴致，那是我们年轻时并肩戍守过的地方。

我对张小敬说："过惯了好日子，这下没床的觉也睡不安稳了，其实这点苦哪比得上当年的石堡城③啊。"

张小敬彻底打开了话匣子，和我回忆起当初一起攻打石堡城的事。毫无疑问，那是一场惨胜。石堡城之战前几年，王忠嗣将军在漠北可谓威震四方④，乌苏米施可汗与白眉可汗在连续两年内先后被杀，突厥从此不振。尽管如此，他在其节度使的任期内仍然没有攻取石堡城。之前，石堡城为吐蕃所据，那里东、西、南三面为绝壁，仅北侧可从山沟处登上山顶，虽无城墙，却似一个天然石堡，易守难攻，地势险要。吐蕃人还在通往城池的唯一路上做了充足的防备，布置了大量的檑木①、石块、弓箭等。那一年，哥舒翰将军奉命集合了陇右、河西、朔方等部及突厥阿布思部兵马共 6.3 万人，但由于山道险远，且在狭窄的道路上每次也只能由少数人发起冲锋，因而屡屡无功而返。

①从高处往下推以打击敌人的大块木头。

那时，我和张小敬正在中军拼杀。夕阳落下，染红了地平线，同袍的血，也染红了石堡城前的每一寸土地。高秀岩、张守瑜将军立下军令状，誓要三天破城。在一次次疯狂的冲锋下，我们终于攻破了石堡城。城破后，我们随军队入城，一路上几乎无处下脚，只得在漫山遍野的尸体间行走。这些年的安宁生活几乎让我忘却了战争的残酷，只有在这睡不安稳的夜里才再次想起。

我重新躺回地上，努力克服心中的不安，尝试再次入睡。断断续续的睡眠，支离破碎的梦，三番五次的醒来，不知过了多久，无尽的黑夜透出一道黯淡的光，禁军中也逐渐躁动起来，想必大家都没睡成好觉。

六月十四日，辰初。

此时距离我们离开长安城已近一天的时间，依然没有食物供应。陈玄礼将军让大家自行解决饭食，于是大家纷纷出动。我跟在将军左右，终于凭着将军的脸面勉强买到了一些胡饼充饥。

六月十四日，辰正。

①皇帝车驾通行的道路称为"驰道",旁人不得随意通行。

②天宝十五年（756）六月十四日叛军攻破潼关,十五日消息传到长安,玄宗问计于百官,杨国忠提出"幸蜀"。十六日,玄宗"幸蜀",十七日叛军攻破长安,而十八日晚时玄宗的大队人马才到马嵬坡,离长安才一百余里。

禁军陆续集结,无精打采地踏上了驰道①。我紧随在陈将军身后,发现整支队伍全然没有了往日的雄风,跟在陈将军的身后,行速迟缓。太阳炙烤着黄土地,饥饿疲惫的士兵艰难地迈着步子,陈玄礼将军和其他军官一面鞭策,一面又好言相劝,到了接近正午时,也才仅仅走到了离长安一百余里②。

六月十四日,午正。

午饭的时间即将到来,但整支队伍依然没有找到食物的稳定来源,陈将军的脸上露出深深的愁容。一天的跋涉,露宿街头,食物短缺,所有的禁军将士都处在崩溃的边缘,开始吵吵嚷嚷,陈将军久经沙场,深知士兵哗变的后果,他在努力思考对策,同时也让我提些建议。

大概过了一刻钟,将军示意我骑马靠近,对我低语道:"今士气低落,人困马乏,众将士怨声载道,恐不能行。国忠祸国久矣,致大唐于今日之田地,当诛国忠,以防兵士谋逆,提振士气!"

我心里大惊,诛杀宰相,实在是天大的决定,更何况杨国忠乃贵妃族兄,深受圣人青睐。我对将军说:"国忠深受圣人誉爱,急杀之,岂无祸患?"

将军看向远方,坚定地回答:"祸患皆因国忠起,当诛之,以平天下之愤懑。"

从这一刻起，我明白，杨国忠的生命已经进入了倒计时。

圣人出行，不似普通人，车马辎重众多，皇子嫔妃成群，行动也较为缓慢。兵士们变得越发不耐烦，开始吵嚷起来。看样子，将军要实施计划了。他召来文书，开始起草奏疏。奏曰："逆胡指阙，以诛国忠为名，然中外群情，不无嫌怨。今国步艰阻，乘舆震荡，陛下宜徇群情，为社稷大计，国忠之徒，可置之于法。"稍早之时，将军也派使者向太子李亨汇报了此事，希望得到支持。虽然太子的态度既谨慎又暧昧①，却也没有反对，这给了将军底气。事到如今，这起筹划已经不能回头，将军自然不便直接领导众将诛杀奸相，于是我向将军推荐张小敬领导这次事件。

我说："张督尉和我在陇右时一同出生入死，为大唐挥洒血汗，又历任长安不良帅，他嫉恶如仇，诛杀奸相一事，非他无人能够胜任。"

陈将军当即同意，命我召张小敬前来商议。我骑马穿行于军中，不一会儿便找到了张小敬，和他一道去见将军。

陈将军开门见山，告诉了张小敬召他来的目的，张小敬没有丝毫犹豫，爽快地答应下来："将士在战场厮杀，奸相却于朝廷之上谋专权误国，置国家与百姓不顾。竟

① 有学者认为，太子李亨（后来的肃宗）是马嵬兵变的主谋。

置圣人于此地，罪该万死，当诛不赦！某愿受将军驱使，义不容辞！"和大家一起开始商讨行动计划。

凭我对张小敬的了解，驱使他同意的当然不是高官厚禄，而是眼里容不得沙子的嫉恶如仇。

随后，我开始四处兜转，随时观望，希望能第一时间发现奸相踪迹。这时迟迟无法获得补给的禁军士兵，怒气越来越大，只需要一颗火星，就能引爆整支队伍。

六月十四日，申初。

杨国忠从驿站外巡视归来了！还没来得及喘息，他便被二十多个吐蕃使者围住讨要饭食。①

就是现在了，只听军中一声："国忠与胡虏谋反！"一支飞矢射向了杨国忠，钉在了马鞍上。杨国忠拨转马头就要逃，禁军众将士正无处宣泄自己的不满，哪肯放过这等时机，一个个追上去，手起刀落，就把杨国忠大卸八块，又用枪挑着他的首级挂在驿门上②。众兵士发出一片欢呼，引来魏方进出驿门查看，眼前的景象着实将他吓了一跳。

魏方进③高呼道："汝曹何敢害宰相？"

大家此时已杀红了眼，见是杨国忠的亲戚，自然不肯放过，魏方进也因此被杀。韦见素也跑出来查看情况，不料上来就被一阵拳打脚踢，幸好有士兵认出了韦见素，高喊一声："勿伤韦相公！"他这才侥幸捡回一条命。

①吐蕃使者为吐蕃赞普派至长安的求和使者，在长安时恰逢安史之乱，便与玄宗一行一并出逃。

②历史上，杨国忠并没有直接被杀，而是逃亡后被追上，下场极其惨烈。

③玄宗时官至御史大夫，安史之乱时也随队伍出逃长安。

群情群愤的士兵们又将驿站团团围了起来,圣人听闻声响,拄着拐杖慢慢走了出来。这时,我才注意到圣人早不是那个目光如炬、励精图治的圣人了,现在他是如此的衰老和无力①。圣人走到士兵的面前,感谢将士们诛杀奸臣、激浊扬清,令大家收队解散,可是众人皆不动,一时局面陷入了僵持。

圣人召高力士上前耳语,随后高力士走近众将士问道:"众复何求?"②

张小敬回道:"贼本尚在!"

众将士也附和道:"贼本尚在!"声音响彻云霄。

圣人不解,再命陈将军上前解释。陈将军下跪叩首,说道:"国忠谋反,贵妃不宜供奉,愿陛下割恩正法。"③

圣人听完这话,立时呆住了,他无论如何也没想到事情会发生到如此地步。良久,他才回道:"朕自当处之。"说着便颤颤巍巍地拄拐回了驿站内。

士兵们仍紧紧围着驿站。不知几刻钟后,高力士来召陈将军及其他几位将领入内。我也随将军进入,只见杨贵妃的尸体已横陈于驿站院中。几位将领查验了尸体,私语了几句,确认无误后,一起脱下甲胄,跪下向玄宗叩头谢罪。

陈将军又叩拜道:"杨国忠祸国殃民,以致生灵涂炭、陛下迁播。臣等为了社稷,矫诏杀死他,真是罪该万死。"

①此时唐玄宗已经71岁高龄,晚年已无治国之志,且沉溺于声色。

②唐玄宗统治期间,高力士地位达到顶点。由于曾助玄宗平定韦皇后和太平公主之乱,故深得玄宗宠信,一般事务都由高力士出面解决。

③陈玄礼作为禁军统帅,首先考虑的应该是安全逃脱问题,而非平众愤。安禄山号称的追杀对象是杨国忠,追夺对象是杨贵妃,那么将两人杀掉就可能走出窘境,因此才有后文禁军着急将杨贵妃的死讯散播出去的行为。

皇上轻叹一声，说道："朕无识人之明，致使用人失当，近来本已觉悟，欲至蜀地再诛杨国忠，今日诸位提前了朕的心愿，当重赏。①"

众将谢恩退下，退至院外，领禁军高呼万岁，便开始整顿兵马，继续出发。同时，陈将军也令人即刻发散杨国忠及贵妃被诛杀的消息。

这一幕巨变终于行将收场，此时已经是酉时。将士们的情绪得到了极大的安抚，士气也由低落逐渐高涨。陈将军没有多言，但从他的脸上，看得出一丝久违的放松。

这一晚，我们没有再着急赶路，而是在原地驻扎，等待着第二天的到来。陈将军焦急地等待着长安方向的消息，打探安禄山是否派出了追兵。但长安那边出奇的安静，仿佛已经遗忘了出走的玄宗②，只忙着迎接它的新主人。

① 历史上参与马嵬兵变的禁军确实没有在日后遭遇清算，甚至有加官晋爵的待遇。

② 可能是基于军事和政治上的多重考虑，也可能是无暇顾及，安禄山没有追击仅行了一日路程、几乎坐以待毙的玄宗，放任玄宗最终幸蜀。

唐代鎏金银香囊（相传曾归属于杨玉环）
中国国家博物馆藏

我们既庆幸又忐忑，生怕探子打听不到追兵的消息。

夜色越来越深，天上的星星依然如昨夜般熠熠生辉。一天的经历实在太惊心动魄，也实在是太让人身心俱疲。我的眼睛逐渐合起，被黑色笼罩。在这黑夜里，大唐帝国也逐渐进入了沉沉的暮色中。

后记

六月十五日，已经四十五岁的太子李亨领着父亲分出的半数禁军北上灵武，满怀期待地去开辟自己的天地。在灵武，他逐渐发展自己的力量，为反攻叛军做着准备。当然，这些事已经与本文的主人公齐泓棣无关。此时，他正在随陈玄礼将军护送玄宗入蜀，直到至德二载（757）十二月他才能回到长安见到久违的妻儿。

"九重城阙烟尘生，千乘万骑西南行。翠华摇摇行复止，西出都门百余里。六军不发无奈何，宛转蛾眉马前死。花钿委地无人收，翠翘金雀玉搔头。君王掩面救不得，回看血泪相和流。"[1]天宝十五年（756）六月十四日就这样缓缓落下了序幕，马嵬坡事件在唐朝近三百载的日子里也不过是短短一瞬。后来，唐王朝仍旧在风雨飘摇里度过了一百多年的时光。公元907年，朱全忠废唐哀帝李柷，建立梁（史称后梁），都开封。至此，唐朝才结束了它289年的历史。

（齐泽言）

[1]唐代诗人白居易《长恨歌》。

何以为家
——士兵刘贵的一天

乾元二年（759），春。

天刚蒙蒙亮，长安城附近的野道旁，一个身着粗麻衣[1]的男子蜷紧了身子在枯树下靠着，看模样约莫三十来岁，身材枯瘦，衣服皱皱巴巴已经看不出原本的颜色，衣摆也早已被春日里乍暖还寒的冷气浸透，可他本人却仿佛对此全然无知，只是双目紧闭，口中不住地喃喃，愈发抱紧了自己。

不多时，又有一人着青衫自远处行来，见此人倒伏于树下，瑟瑟缩缩，以为他恶疾突发，忙上前询问。

忽而一阵料峭的急风闪过，惊起一树鸟鸣飞窜，树下被梦魇住的人也猛地惊醒，见有人来忙起身要后退躲避。然而因在树下靠得太久，冷气钻进骨髓，冻得人腿脚发麻，他还未完全站起来，就又直直地往后倒了下去。那穿青衫之人的也吓了一跳，连忙把人扶正，又再三表明自己没有丝毫恶意，那树下的男子才长长地叹出一口气，

唐十七娘有话说

[1] 在唐代及唐代以前，平民在60—80岁以前只穿麻质服装是公俗。

仿佛有一种劫后余生似的庆幸。他扶着树，慢慢地站起来，慢吞吞地活动自己僵直的腿脚，掖了掖怀里皱皱巴巴的信纸，细细打量起面前的人。

只见这人穿着一件浆得微微有些泛白的青衫，戴着个幞头，肘弯里挎着一个包裹，面容倒是和善，只是脸色有些疲倦，胡子也好像很久没有修整了，年龄和自己差不多，看样子是个落魄的读书人。他心下了然，随即开口：

"某名刘贵，此地荒僻，少有人至，不知相公何故经过此地？"

那读书人好似没有料到他会开口，迟疑了片刻，说道："某自洛阳来，要往华州去，此处乃是必经之路。"

"华州？相公莫不是华州故人？"刘贵的脸上闪过惊喜，面色都好似红润了起来。

"非也，某乃差事在华州，却并非华州人士。"

听见读书人的回答，刘贵有些失望，不过一想到自己马上就能回家见到阿娘，他的心情又欢快起来，便热络道："华州就在不远处，如不嫌弃，你我何不二人相伴同行，路上也好有个照应？我母亲烧的胡饼乃是一绝，你可一定要尝尝。"

那读书人欣然应允。

一路上，刘贵对着那人东拉西扯聊了许多。四年前（755），刘贵因为朝廷的一纸诏书入了军伍，那时的他

刚过不惑之年，正是年富力强的好时候，得知朝廷要大规模招兵，他满心欢喜，觉得自己终于可以建功立业，便咬咬牙狠心辞别了常年卧病在床的母亲，决心要混出一番模样来，将来衣锦还乡，也好让母亲享受享受好日子。于是，他兴冲冲地跟着队伍一路向东①而去。

一年前（756），刘贵与他的同乡刘阿宝一同在兵马副元帅哥舒翰麾下当差，坚守在潼关，关外就是南下的叛军。那时的他已经当上了伍长②，尽管是个连流外③都算不上的小职，但好歹手下也有四个兵，走起路来腰杆都挺直了不少，总惹得同乡一阵笑骂，刘贵才不管他们。后来，听说皇帝陛下已经好几次派遣使臣催促哥舒翰将军出关迎战，这可是个建功立业的大好机会啊！大家早就对将军闭城不出的命令感到不满，对面就那么几个老弱残兵，有什么可怕的？成天像个缩头乌龟似的躲在城里，眼瞅着那群反贼在城下叫嚣，大家早就憋了一肚子气！大家都说，就应该直接出兵，把那什么安禄山打个落花流水！他又听说哥舒翰将军一直抱病在床，把军政都交给了行军司马田良丘来决断，田良丘又让部将李承光管辖步兵，王思礼④管辖骑兵，竟是由着三人为了兵权斗个不停。这几个人表面上看着和气，背地里斗得多狠军中谁不知道？大家早就厌烦了。一天巡夜的时候，他还听到有几个士兵凑到一起抱怨，嚷嚷着什么这仗不打也罢。不过，这事儿他

①根据唐军平定安史之乱的路线推断。

②古代军制以五人为伍，户籍以五家为伍，每伍有一人为长，称为"伍长"。

③唐时称未入九品者为流外，也分品级，多充任京师官署吏员，经过考铨以后，可以递升流内，称为"入流"。

④高丽人，父为朔方军将。安禄山反，哥舒翰为元帅，奏请王思礼加开府仪同三司，兼太常卿同正员，充元帅府马军都将。

谁也没告诉,这要是捅到明面上,那是动摇军心!是杀头的罪过!其实这样坚守着也不差,至少叛军跨不过潼关,就打不到长安去。刘贵心里这样想,他也相信哥舒翰将军。

可是有一天,皇帝派来的使者进入了哥舒翰的中军帐^①。

① 军队主帅所住的营帐。

"将军,陛下可已经等不及了。探子的消息非常明确,对面尽是些羸弱之辈,将军坐拥二十万甲士^②,何不乘胜追击,也好在陛下面前讨个彩头?"

"你有所不知,安禄山此人常年带兵,如今才刚刚反叛,不可能没有丝毫防备,现在出兵,正是中了那贼人的圈套!"

② 玄宗令哥舒翰统领河、陇、朔方、奴刺等十二部兵共二十万人守潼关。

唐代描金石刻武士俑　中国国家博物馆藏

"陛下口谕！命兵马副元帅哥舒翰速出关迎敌，不得延误！将军，陛下遣人催了这么多次，你一再违逆，莫不是当真像杨国舅说得那般存了什么不该有的心思？你也别嫌我多嘴，圣人的心思，可不是你我能左右的！"

帐中，使者已经离开，独留哥舒翰一人捂面恸哭。

时值六月，草木茵茵，绿意葱茏。初四，哥舒翰领兵出潼关，二十万大军气势浩浩荡荡。初七，哥舒翰与安史叛军崔乾佑部相遇于灵宝①。

一阵风轻轻拂过每个人的面庞，没有一个人在意它。

哥舒翰将军与田良丘乘船在黄河中观察军情，看见崔乾佑出兵不多，而且阵形混乱，就命令大军前进：王思礼等率精兵五万在前，庞忠等率十万大军继后，另派三万人在黄河北岸高处击鼓助攻。刘贵此前参与的战事，不过是一队几十个人的小战，哪里见过这样的阵仗，一时间既有些紧张，又有些心潮澎湃，又突然好似燃起了一团火，火光里分明是自己得胜升职的景象，叫人好不激动。刘贵使劲儿探着头往前边儿看去，只见敌人列着队，阵形有些稀稀拉拉，简直不成模样。刘贵心中窃喜，"这一仗一定会很快拿下！"这般想着，他的脸上挂满了即将大胜的笑容。

没一会儿，王思礼率领的五万精兵就追上了一盘散沙似的崔乾佑部，甫一交战，那群人就四散溃逃，惹得唐

① 位于今河南省西部边缘。开元二十九年（741），玄宗在函谷关掘得"灵符"，易年号为"天宝"，改桃林县为灵宝县。

军众人连连发笑，心里对这场战役愈发懈怠起来。

随后，唐军大队人马随着逃跑的叛军长驱直进，很快上了隘道①。这个隘道蜿蜒着依山而行，北边紧紧挨着波涛怒吼的黄河，南面临靠着奇诡险峻的山势，可谓险极。叛军慌不择路，有的就径直往前冲撞着跑，把自己完全暴露在唐军的视线里，有的则攀着树往山上逃窜，攀不牢的就直愣愣掉下来。只可惜山道远不如平原那般适合大部队的铺排，唐军只好把平铺的军队收整起来，改为竖列前进。即便如此，追这么点儿七零八落的叛军也还是绰绰有余。

突然，天地间好像安静下来，连平常夏日里聒噪的鸣蝉也不愿意再发出声响，只听到唐军大部队行进隘道时发出的杂乱的脚步声。

"是不是有点不对劲？"旁边有人低声道，刘贵远远地望着远方，心里也慌了起来。

仿佛是要验证他们的猜想似的，原本只有树木林立的山坡上突然冒出一茬叛兵，像是从树木的影子里钻出来的，密密麻麻、居高临下，从山上直溜溜地投下滚木礌石②。猝不及防的唐军士卒被困在狭窄的隘道上，越推搡越拥挤，越拥挤越推搡，进不得进，退不得出。刘贵眼看着自己的袍泽有的被滚石砸死，有的被推到河里淹死，有的被推挤到地上踩踏致死……一时间，哀嚎声、哭喊声挤占了所有人的耳腔。哥舒翰将军见状，急令毡车在前面

①北临黄河，南依高山。

②古代作战时从高处往下推以打击敌人的大块石头。

冲击，企图打开一条通路。然而，此时正值午后，东风突然起势，叛军用火焚烧起草车，竖起火墙，堵塞了通道，顿时浓烟滚滚，唐军被熏得睁不开眼睛，根本看不清目标，只以为叛军躲在浓烟中，便乱发弩箭，只听得草车被烧得噼里啪啦，火星在士卒的盔甲上跳跃。不知道过了多久，刘贵只觉得自己挥刀的手臂已经酸痛得厉害，也不知近身的到底是谁，也来不及分辨到底是敌是友，只是麻木地挥砍，只求能将自己的性命护住。

太阳渐渐西下，天边被染上一层橘红，火势慢慢地弱了下去，刘贵的瞳孔猛地一缩。

血……到处都是血……

这时，崔乾佑军的精骑又从南面山谷迂回到唐军背后杀出。唐军腹背受敌，乱作一团，有的弃甲逃入山谷，有的被挤入黄河淹死，有些甚至被自己人在逆行时杀死！绝望的号叫声惊天骇地，一片惨状。后军见前军大败，也不战自溃。黄河北岸的唐军见势不利，也纷纷作鸟兽散。最后，哥舒翰只带着数千骑兵仓皇突出敌人的包围圈，从首阳山西面渡过黄河，回到潼关。潼关城外有三条堑壕，均宽二丈、深一丈，逃回的人马坠落沟中，很快就将沟填满，后面的人踏着他们才得以通过，其境况惨不忍睹！去时唐军有将近二十万，逃回潼关的却只有八千！

当然，这些情形是刘贵后人听闻的。那时的他，正

被埋在尸堆里①。突围的时候,他被绊了一下,没能够及时逃出去。等敌人清扫战场时,刘贵更是不敢乱动,生怕引起注意。贪生也好,怕死也罢,他只想活着回去,回到家乡,回到阿娘的身旁。刘贵清楚地感受到被自己拖到身上当掩护的同伴正一点点变得冰凉,猩红的血液正顺着杂乱肮脏的头发滴落到自己脸上,夏天的热气混合着尸体的冷气以及血液蒸发的腥气,熏得刘贵几乎喘不过气来。除了自己砰砰不停加速的心跳,刘贵听不到任何声音。

"那后来你是怎么逃出来的?"读书人问他。

可刘贵自己也有些记忆模糊,只记得后来夜深了,他睁开眼睛,就看见月亮明晃晃地挂在天上,散发着柔柔的光,让他想起了家里的阿娘,想起阿耶去得早,阿娘一个人受了多少苦才把他拉扯长大,老了还落下一身的病。刘贵僵硬地推开身上的尸体,身子被压得已经有些发麻。他把四肢摆成一个大字,两眼呆呆地望着空中那轮月亮,他想哭……他抬手捂住胸口,那里厚厚地塞了一叠纸,那是刘阿宝还没来得及写完的家书。刘阿宝是队伍里为数不多的会写字的人,跟自己这种空有一身力气的莽汉不一样。记得那天他写家书时,自己还笑话他,说他写的那小字密密麻麻跟虫子一样多了还没写完。结果,今天,阿宝就那么直愣愣地倒在自己的面前。慌乱中,他看到阿宝朝他伸出一只手,手里紧紧攥着这一沓已经被鲜血浸透了的

① 古代清理战场尸体的方式有四种,埋、火葬、横尸于野、筑京观。为后续情节的展开,这里姑且采用第三种方式。

家书。他连忙接过，塞进了自己的前襟里。"阿宝，你放心，我一定把这家书给你带回去。"刘贵心里想着，又慢慢地闭上了眼睛。

第二天，太阳慢慢爬上了天空，刘贵站在一片狼藉里，回想起自己从家中辞别老母亲时说的大话，只觉得可笑极了。再看看这周围的一切，尸骸遍野，一只只黑漆漆的不知什么鸟在头顶盘旋，时不时地俯冲下来在士卒们的尸体上猛地叼走一块肉，甚至还有的直直朝他这个活人冲过来，吓得他拔腿就跑。

可他又能跑到哪里去呢？刘贵不想再回军队了，也不再想着立功受赏，他所有的梦想在血淋淋的现实面前都成了被戳烂的泡沫。自己本来就是一乡野村夫，不过仗着有几分力气便想着立下军功过好日子。这军功又岂是那么好赚的？都是拿命拼的罢了。算了，还是回去种田吧，还能尽孝。想罢，他便打定了西行回家的主意。他倒也没有急着离开，反而又踱了回来，一个个驱赶着夺食的黑鸟，翻找着刘阿宝的尸首，同乡一场，自己既然没有能力将人带回家乡，总要让人入土为安才好。了了这一切，刘贵才向西走去。他不敢再回潼关，此时的他仍在军名册上，一旦被人发现，肯定要被抓回去①。所以，他决定偷偷回到家里，接出阿娘，换个地方生活。他在军里听人说过，有个地方叫桃花源②，是个躲避战乱的好地方，他打算带

①唐律规定，在军中逃亡的士兵，轻则受徒刑，重则处死。

②此处借用东晋陶渊明《桃花源记》中的桃花源。

着阿娘到那儿去，只要能垦出个一亩三分地，还愁养活不了他们娘儿俩吗？

又过了一个多月，刘贵东躲西藏的，倒也走了挺远的路，渴了就灌点树根底下的积水，饿了就把裤腰带勒一勒，乡下人嘛，总能寻到些能吃的野菜。有时候运气好了碰上还有人居住的村落，不但吃食有了着落，好心的大爷婶子看他可怜，还会留他在家里睡一宿。要是在路上碰见赶着驴车的人，顺路的话还能捎他一程，免去他走路的辛苦。眼瞧着离家越来越近，刘贵的心情忽地雀跃起来，三四十岁的大汉，笑起来竟像个孩子。

可就当他快要走到自家村落的时候，突然遇到了一队官兵，不由分说地把他架走，带到了军营里，甩给他一柄刀，叫他随着众士卒一起训练。刘贵不愿意再打仗，就趁着军营守备放松的时候跑了，结果又被捉了回去，还差点掉了脑袋。好在营里实在缺人，他只挨了一顿板子，无奈只得老实下来。刘贵跟着军队又东奔西走，噩梦一日日加重，这种日子不知道什么时候才能到头。就这样，刘贵混在军中，挨过一日算一日，活像是一具行尸走肉。他不想打仗，他想家，他想阿娘。

日子一天天过去，转眼到了乾元二年正月，邺城战事①吃紧，他们这支队伍被派往去支援。一路上，刘贵看到尽是无人掩埋的白骨，路边或坐或卧的人瘦骨嶙峋，看

①唐肃宗乾元元年（758）九月至乾元二年三月，唐军围攻邺城（今河南安阳）安庆绪部，与其援军史思明部交锋时被狂风惊散溃败。

见他们过来，眼睛里忽地冒出精光，一瞬又熄灭了。千里江山，战火接连不断，农田无人侍弄，百姓流离失所，十室九空，野有饿殍！

刘贵越看越慌，越看越怕，越看越悲。这乱世，人啊，连牲口都不如！这世道，到哪里，究竟要靠什么才能活下去！刘贵眼睛忽地发酸，却是干涩得很，连一滴泪也挤不出来。

一个月后，他们终于到达了邺城。那儿的唐军已经被围困四个月，兵将都已疲惫不堪，更有传闻道"那叛军已经截断了我军后备粮草"，我军马上就要面临断粮的危机，因而人心惶惶、颓废萎靡。三月初，唐军将领觉得不能再拖了，便下令六十万大军布阵安阳河之北，与安庆绪、史思明部展开最后决战。此时，安庆绪、史思明部的总兵力尚不足唐军兵力的一半，所有人都觉得这是一场结局已经注定的战役，圣人甚至已经在后方预备筵席要为得胜归来的将士们接风洗尘。刘贵心中又提起了希冀，或许这一仗打完，就可以风风光光地回家去了。

三月初六，唐军六十万大军与史思明亲领的五万精兵展开激战，漫天遍野的血腥的红色再一次遮掩了刘贵的眼球，冷兵器不断碰撞发出的咣当声，铠甲被穿透破开胸膛的惨叫声，绝望而又无力的冲杀声、嘶吼声，各种声音混杂在一起，在刘贵的耳腔里不断地撕裂重组，让他忆起

了黄河边上那场残忍的厮杀,几乎就要把他逼疯!他又想逃,可他无处可逃,他只能前进!他要活着!只有活着,才有可能回家见到阿娘。可他实在挥不动了,他就要倒下了。这次还能像上次一样死里逃生吗?他摇摇欲坠了……

"郭将军[①]的援军到了!"身旁突然传来一声兴奋的大叫,刘贵顿时惊醒,果真,有一支队伍正擎着大旗往这边赶来。他不由得心中一振,眼泪都要流出来了。

然而,还未等郭子仪带来的人马列好阵,忽然之间,狂风大作,天昏地暗,黄沙被卷上了高空,好似一条黄龙在众甲士之间吟啸盘旋。战士们的眼睛被吹得睁不开,耳朵里、嘴巴里被灌满了沙子。刘贵听见将军正用嘶哑的声音大吼着撤退,刘贵再也无心与面前的敌人缠斗,却也不敢直接转过身逃,只好半遮着眼一边后退一边继续挥舞着手里的大刀,待到确认自己已经完全退回到唐军的阵营里,才敢撒丫子奔逃起来。

这一退,唐军军心大乱,颓势已成,再难更改。

邺城之战,成了唐军反击安史叛军中最惨痛的一战。

"就这样,某终于被遣散还乡,这么巧碰到了相公。"刘贵道,"好在落得一条贱命,后半生还能在阿娘榻前侍奉。"

读书人的目光逐渐变得凝重,低下头不知道在想些什么。良久,他低语道:"看不见,青海头,自古白骨无人收。[②]"战争竟是如此的残酷,它让蔚蓝的天染了猩红,

[①]郭子仪。

[②]出自杜甫《兵车行》。

让土黄的地浸了鲜血,让有兄弟的失去了兄弟,让父母亲失去了儿子,让小儿女失去了父亲,让黎民百姓失去了家园,让所有的"有"都化为了"无",让所有的安定和平化为了池中泡影!

天大亮的时候,两个人终于到了华州镇。刘贵急急就要奔向自家,他日思夜想的梦里描摹过无数次的家。可还没等进入村庄,就被龇牙咧嘴的野狐拦住了去路。野狐蛮横地啸叫起来,还跃跃欲试要扑将上来,两人只得寻了根腕粗的棍子将其轰走,这才进了村子。刘贵站在门口,抬手又迟疑,如此反复,脸上的表情变了又变。那读书人笑他:"刘兄,你盼着回家已经盼了三四年,如今怎好近乡情怯啊。"

刘贵这才下定决心推门进去,泪水早已在眼眶里打转,却迟迟不肯落下。"阿娘,儿子回来了。"屋里却没有传出有人应答的声音,他的心跳突然漏了一拍,表情仿佛在一瞬间被冰封,只有不住往下淌的泪水证明着时间还在流动。刘贵猛地冲进去,屋里早已空空荡荡,那张阿娘常卧的榻上已经落了厚厚的一层灰,角落里到处是灰白的蛛网,竟是丝毫也看不出有人居住的痕迹了。此时此刻,天地间仿佛只有刘贵压抑的哭声。那读书人站在门外,也拿衣袖掩面啜泣着……

"贵儿,咳咳……是你吗?"

刘贵顿了顿，用干枯的手随意抹了抹脸上的泪，转过身去。一个年过八旬的拄着拐的佝偻老妇人正看着他，他认出是隔壁的李婶，也就是刘阿宝的阿娘。

"你……你可算回来了……咳咳……那我家阿宝可也一同回来了？"

说到这里，老妇如同一沟死水的眼里忽然亮了一瞬。

刘贵抹了一把脸上的泪，掖了掖怀里的信纸，往前搀起老妇，强忍痛楚道："阿宝他是有大出息的人，我是打了败仗被赶回来的。阿宝跟着将军打仗去了，还要过段时间才能回来。"

"这样啊，那你托人告诉他，你就说，娘不求他出人头地，只要他平平安安啊，我就放心了。"

说着，两人到门前的石碾旁寻了个土坡坐下，那读书人也默默地跟在身后。

"我阿娘她……"

"唉……你阿娘在你走后不久就去了。咳……她是个苦命的人，一辈子也没享过福。你也别太难过了，你娘临去前还盼你回家，嘱托我，等你回来，一定要告诉你，一定要在家好好过日子。像我们这样的穷苦人家，又碰上有人造反的大乱子，还能指望什么呢？咳咳……咳……咳咳……"

刘贵掩面，大滴大滴的泪滚落在他的胸口，烫得他

无力说出话了。过了很久，刘贵终于问出了声："那我娘现在在哪儿？"

"唉，村里的老少汉子都被拉去当兵，就我们几个妇孺，哪里操办得了这样的大事？这几年，但凡出了这样的事，都是官府来人，拿草席卷了，就拖到村后的乱葬岗去了。这世道，人命比草贱啊……"

刘贵终于大声痛哭起来："早知道……早知道……"

那读书人想伸手，停了停，又收了回去，和那老妇人一起，谁也没有动，谁也没有劝，只是静静地看着他。

末了，老妇问刘贵："还走吗？"

"不走了。"

不久，老妇回去了。

读书人跟着刘贵去了村后，看着面前哭得像个泪人的刘贵，他不知道说些什么来安慰，索性陪他一起哭。刘贵见了，反倒扯出一个难看的笑脸来："说好要相公尝尝我阿娘做的胡饼，如今看来，是要食言了。"那读书人知晓他心里难受，便止住了自己的泪，问他今后打算怎么办。

"还能怎么办，某生于此、长于此，虽然阿娘不在了，日子总要过下去。"

草草祭奠过后，两人就沉默着回到了院子里。

日头已经偏西，刘贵翻箱倒柜了许久，也找不到一点儿粮食，只好羞赧地笑了笑，最后两人还是掰着读书人

包裹里的干巴巴的胡饼凑合了一顿。吃完饭，刘贵在墙角的箱子里翻找了许久，寻了一柄锄头，在院里的空地上翻起地来，打算在院子里种点菜。

不一会儿，院外传来一阵急促的马蹄声，刘贵停下了手中的农活，呆呆地立住。马上坐着个穿官服的衙役，说是传县太爷的话，令刘贵速速前去本州军营服役，即刻启程，不得延误。说罢，那衙役便翻身上马，扬长而去。

刘贵呆呆站在那儿，眼神直愣着。他又想到了母亲，母亲在世时，他未能在旁尽孝，母亲过世后，他未能在旁守灵，如今却是连守着母亲和他的这个家过日子也做不到了。他又想到他出生入死的战友，他们中有五六十岁的老人，有和自己一样三四十岁的壮年汉子，甚至有十一二岁的孩子——他们连脸上的稚嫩都还未褪去就被送上了时刻与叛军搏命的战场。

要不，逃吧？

可是天大地大，自己孤身一人又能逃去哪里呢？

想来想去，竟是无处可去，还是去从军吧。

夜幕悄悄降临，刘贵已在院中站了许久。他收好锄头，细细打量院子里的陈设，好像要把一切深深刻在脑子里。他又走进屋，轻轻掸了掸榻上的灰，躺了上去，像幼时蜷在母亲的怀里那样，眼睛紧紧闭着，却是一滴泪也流不出了。入夜了，屋外春风料峭，不时夹杂狐狸的吠叫，隐隐约约，是回旋不去的凄惨的哭声。

昏黄的月亮渐渐退下去，床上早已没有了刘贵的身影。

那个读书人，沉默地观望着这一切，提笔写下了一首诗：

寂寞天宝后，园庐但蒿藜。

我里百余家，世乱各东西。

存者无消息，死者为尘泥。

贱子因阵败，归来寻旧蹊。

久行见空巷，日瘦气惨凄，

但对狐与狸，竖毛怒我啼。

四邻何所有，一二老寡妻。

宿鸟恋本枝，安辞且穷栖。

方春独荷锄，日暮还灌畦。

县吏知我至，召令习鼓鞞。

虽从本州役，内顾无所携。

近行止一身，远去终转迷。

家乡既荡尽，远近理亦齐。

永痛长病母，五年委沟溪。

生我不得力，终身两酸嘶。

人生无家别，何以为蒸黎。①

① 杜甫《无家别》。

（王雨萱）

万寿无疆
——农妇窦二娘的一天①

恍恍惚惚中,窦二娘听见了几声鸡鸣,她向窗外看了看,灰蒙蒙的一片,已是寅时了吧?二娘看了看身边的小妹与阿娘,不忍心叫醒她们。

二娘从土榻②的另一头抓起她的麻布裙③套在身上,穿上草鞋,轻轻地走到窗户下,在昏暗中摇起一台老旧的织机,唧唧的声音回荡在空旷的土屋中。晨风乍起,二娘可以听见道路上的桑树叶翻滚的声音,仿佛看见大片的桑树宛如绿色的浪涛在翻涌。④

不久,东方的天有了几丝红云,蒙蒙的天光透过残破的纸窗映在二娘的脸颊上。二娘轻轻地走出院门,拿起木桶来到村口的一口老水井旁。木桶沉进水中,咚咚的下沉声音惊起了树梢的鸟儿。二娘弓着身子,费力地提着两桶满当当的水,回到家中几根木头搭建的庖屋⑤,将冰凉的井水哗啦啦地倒入桶中,桶底的尘垢被激起,在水中无止境地回旋,白色的热气袅袅升起……

唐十七娘有话说

①唐中后期,天灾人祸不断,无休止的战争使大量男子奔赴战场,乡野中男子劳动力匮乏,便只能女子承担起农耕、纺织等劳动,这些女子出于缴纳赋税、操持生计等原因,承受着巨大的生活压力。本文中的窦家女子就属于这一女性群体。

②用砖或坯砌成的狭长土炕。

③许多贫穷的妇女身着褴褛的布裙。

④官府在村中道路上贴出告示,要求农民栽桑树养蚕缫丝,所以本文中村路上种的都是桑树。

⑤厨房。

①隋唐时低矮的几和案相当于今天的桌子。

②穷苦人家往往以野菜为食。

③唐代的水利灌溉是由官方安排的。

④女子外出害怕被人认出而以头巾掩面。

小妹已经扶着阿娘来到几和案①边坐下，二娘将一锅煮透的槐叶野菜②放在案上，热乎乎的，为这个冷清的屋子增添了几分生气。

阿娘最近虚弱了很多，只吃了几口就放下了筷子。

"太阳又出来了，恐怕这阵子还是没有雨。"

"没事的阿娘，我们这两天就能把东边那块地给刨完，过两天就赶得上和村人一起用筒车灌水③了。"

"二娘，等会儿走的时候别忘了给小妹戴上头巾。"④

二娘应下。

莫高窟23窟　唐代《耕作图》

晨食过后,朝阳已经升了半空,夏日的早晨已经开始闷热。晨光流淌在碧绿的田野中,两个麻黄色的身影在田地上缓缓移动,月牙儿弯的砍刀上下摇晃,粉碎的泥土升起又落下。偶尔有几只布谷鸟发出清亮的鸣叫,穿梭在田垄边的小树林里,晨风拂来,风吹草动,树叶婆娑。

二娘直了直腰,向四周望了望,把头巾解开,又打了一个结。小妹终究还是年纪小,她已经累得蹲在地上用刀翻土了。

"小妹,去田垄上坐会儿吧,就那棵树那儿吧,别走远,还有,把头巾戴好。"

二娘继续沿着田垄翻土。这两天就可以把土翻完,再过两天再把地浇了,今晚还要赶点麻布出来去卖成钱,村正①说过这次的税费不会再给放宽期限了②。二娘心不在焉地盘算着,一不留心,将耕刀甩到了田垄上。田垄上有一棵菇娘果③,二娘把熟黄的果子摘下来,分出一半装在腰包里,拿着另一半向小妹招呼着。

"小妹,来,菇娘果。"

小妹把果子去了皮,一个一个地放进嘴里,黄色的汁水从嘴角溢出,小姑娘忍不住拿舌头舔了舔嘴唇。变化无常的天气,骄阳高悬的白昼,黄土破碎翻滚,人迹罕至的村郊却彰显着不可言说的生命力。

"阿姐,午时了。"小妹清脆的声音提醒着二娘。

①唐代乡村调查户口、检查非法、课值农桑、催纳课税的小官吏。

②唐德宗中元年(780),颁行两税法,规定夏税限六月纳毕。既交钱也交物。户税根据户等纳钱,田税根据田亩数量纳米粟。

③一种野果。

时至正午，天上出现了大片的云，但耀眼灼人的阳光还是轰轰烈烈地张扬着。

二娘双手掐腰，慢慢直起身。这时大道上有个老者经过，二娘慌忙地转过身去，又整了整自己的头巾。

"小妹，拿着刀，咱们回去，阿娘还等咱们呢。"

大道上已经没有人了，二娘背着耕刀，牵着小妹，走在大道上。路过水塘，水中菱叶丛中的朵朵白花让二娘感到惊喜。她想，等到七月的时候摘了去，换几枚通宝，就可以给阿娘再添些药。

风走，云流，远树如烟，这变化无常的空中多了几片大大的乌云，成群的雨燕在天地之间盘桓、嘶喊……

二娘和小妹走到了家门前，天地已是阴森森的，让人透不过气来。二娘突然觉得自己的胸口好像被什么东西堵着，她跟跟跄跄地跑进了院子，把背篓扔向墙沿，向着屋内大喊了一声：

"阿娘！"

无人回应。

小妹早已跑进屋里，一声声颤抖的"阿娘"随之响起。二娘冲进屋，只见阿娘正躺在床沿边，下半身顺着床沿垂下来，上半身歪在麻上，身子只有一点点的热意，本就苍黄的面颊已经没了半点血色。二娘从冬衣里找来一点柳絮放在了阿娘的鼻子下[①]，二娘的手颤抖着，柳絮却纹丝不

① 将棉絮放在口鼻上，用于判断是否绝气。本文中二娘家贫，没有新棉，只能以冬衣中的柳絮来测试。

动。她又摸了摸阿娘的手腕和脖颈,又把手指凑近阿娘的人中。顷刻,二娘的眼泪便如断了线的珍珠,从蜡黄粗糙的面颊上纷纷掉落。

"阿娘……"二娘轻声唤着,屋外响起了淅淅沥沥的雨声,而颓圮的屋内只剩下凄凉与沉默。一声震雷响过,惊醒了二娘,她拿着阿娘的上衣冲出屋门,蹬着院墙爬上屋顶,腰包里的果子散落了一地,白茫茫的雨水潮翻浪涌般打在她的脸上、身上。她左手提着衣领,右手捏着衣腰,站在屋脊上向着北面大声地喊①:

"阿娘,回来吧。"

"阿娘!"

"阿娘,回来呀!阿娘……"

时间仿佛在这一刻停止,无人的旷野、安静的村子都逐渐模糊,泪水混入雨水,不见了踪迹,二娘一声又一声地喊着。雨越下越大,等声嘶力竭的二娘从屋顶下来,衣裙已被泥水染成了泥黄色。她回到屋里,小妹已经让阿娘平躺在床上了,还端来了刚烧好的热水。二娘为阿娘脱去衣服,轻轻擦着阿娘冰冷的布满褶皱的身子,小妹从柜子里找出一套白布缝成的寿衣——那是阿娘在阿耶和阿兄参军后亲手缝制的。二娘又为阿娘重新梳了头发,剪了指甲。②阿娘给二娘说过很多遍了,她希望走的时候可以是干净整齐的。

① 一种招魂仪式。招魂时,唐人先将逝者的衣服搭在自己的左肩上,从东边爬上屋顶,踩在屋顶最高的地方,面向北方,左手拿着衣服的领口,右手放在衣服的腰部位置,连呼三声"某某归来吧"。

② 招魂之后的下一个环节是沐浴,即给死者洗头和身体,梳发、剪指甲,表示洁净反本。

脚步声混着雨声传来，一个瘦弱的穿着蓑衣的身影走进了前院，好像在用尽全身力气高声喊着：

"二娘——二娘——"

"婶儿……"

"二娘，我刚才看见你在屋脊上。唉，告诉社司①了吗？"

"还没来得及。"

"唉，要先去的。②二娘，快去告诉录事你阿娘没了，我来烧米。小妹啊，你在这儿守着你阿娘。快去吧。"

二娘穿上蓑衣，冲进了雨中。渐渐地，雨声轻了，天色也不似之前那般昏暗，旷野寂静悠远，一片杂芜，只有一个瘦弱的身影孤独地行走在寂寥的雾霭之中，独对苍天。

二娘到录事家的时候，录事正在啃着一张胡饼。

"窦录事，我阿娘没了。"

"什么时候的事？"

"正午从田里回去的时候发现的。"

录事轻轻叹了一口气，把胡饼放在碗里，走进内屋，拿出纸笔铺在院里的木桌上，一笔一画地写着：

"右件社户今月四日巳时身亡，葬宜五日殡送，为缘日速……并限于明日寅时于录家送纳。"

"找窦先生写丧报了吗？"

---

①唐代民间社邑中社官与录事基本是正副首领。社官属于社中德高望重具有一定领导能力和号召力的人员，录事处理社内具体事务。

②社邑内谁家有凶丧，要立即向社司报告。

"还没,我也很久都没收到我阿耶和阿兄的信了。"

"明天去找窦先生写一份丧报①,不管能不能收到,先寄了去。"

"嗯,二娘明白。"

"天色不早了,你先回去,等寅时送纳的时候你再过来。②"

"唉,二娘,把这块胡饼带着。"录事家的夫人叫着二娘,把一块还温热的胡饼放在她的手里,二娘没有推脱,她是真的有些饿了。

从录事家中出来已是戌时③,夕阳收尽残照,寂静的暮色铺满大地,草木和泥土的气味弥漫在空气中,形单影只的二娘在泥泞的土路上、黑润的草木间穿行。这是一天中最为落寞的时候,几声虫鸣、蛙声就把这天地叫得更加苍凉……

等回到家里,二娘见家门口已经挂起了白灯笼④,白色的火光闪烁着。二娘走进屋内,只见阿娘躺在床边的草席上⑤,小妹坐在阿娘的身边,喃喃地说着什么。

"小妹,给,吃了你先去睡,明天寅时就有人来了。"

小妹匆匆吃完后,便轻手轻脚地爬上了床,和着衣服睡下了。

二娘整理着阿娘的物品,这都是阿娘之前说一定要带走的物件。在一堆物件里,有一个用麻布包裹,包得整

①讣闻,也称"报丧贴""门报儿",用于将丧葬消息告知亲友。

②接到凶丧报告后,社司发转帖通知全体社人,社人携纳赠物品按规定的时间、地点集合交纳,纳物不足数、不按期或不纳,都要受到处罚;社人在丧葬互助活动中缴纳的物品包括粟、麦、面、饼、油及褐、麻、绫、绢、绣等,有的还须纳柴,有的在纳物外还要送葬,各社不同。

③19时至21时,又称为黄昏。

④应是村民帮助窦二娘家打点的。

⑤确定断气后要将逝者放在地上。

整齐齐的，里面都是前几年收到的父兄的信。

二娘倚靠在墙壁上，一滴滴泪珠在月光下发出透亮的光，啜泣声在静谧的夜中令人心颤。虫鸣狗吠淹没了流泪的声音。空明的月光映照在小小的庭院里，在这样的夜中，总是让人想起一些往事和已经离开的人。

明天还是去村小[①]请窦先生帮忙再写一封信吧……

（黄传悦）

[①] 唐代乡村小学。

贺兰雪
——游医沈晏的一天[1]

广德二年[2]冬。

长夜渐散,朝晖初升,天边有淡白的光泛起。"哒哒"的马蹄声响起在冻着的黄土地上,此刻刚到辰时,城中自是劳作熙攘,然古道荒凉,便只见一人一马独行。那马儿毛色棕红,鬃毛滑亮,步伐稳健,看得出它的主人将它照料得很好。马上之人则身披大氅[3],头戴帷帽,辨不清面容。

俄而后方又传来一阵急促的马蹄声,伴着声声疾呼:"娘子留步!"——原来先前那人是名女子。

那女子听得动静,勒了马缰停下。一家仆打扮的少年见状,便翻身下马,抱拳作揖道:"沈娘子,奴家夫人用了您的方子,现已好转,我家明府[4]悔极,斗胆遣奴致歉,还望娘子莫怪。"

女子道:"你家明府不是不信晏之所言吗?"

"不瞒娘子,昨夜夫人突然血崩,医工皆无法,

唐十七娘有话说

[1] 本文人名均为虚构,但地名除万花谷外均为真实。九针、苍耳散等为医学用语、药方,俱有出处。文中第一个病例原型取材于明代汪机的《石山医案》,第二个为现代案例,主人公的医学思想则来源于孙思邈等,不一一作注。

[2] 公元764年,广德为唐代宗年号。

[3] 又称氅衣,属于男装罩衣的一种,由道教鹤氅演变而来,特点是对襟大袖,整体宽大且有系带。

[4] 唐代对县令的别称。

我家明府也是冒险用了您的方子，不想今晨夫人便好多了……"

女子笑着摇了摇头："走吧。"

"娘子？"

"晏再去为你家夫人诊断一番，昨夜出了新症候，方子也该改一改了。"她勒马回转，"病人要紧，快些走吧。"

少年大喜："多谢娘子！"

女子名叫沈晏，或许可以称之为一名江湖游医。

大唐尚游侠，白衣处士遍天下，何况方经数年战乱，如她这般羁旅天涯之人甚为常见。她虽为女子，然既谙杏林悬壶之道足以谋生，又通点穴截脉之术足以自保，是以并不惧只身在外。

此时，天下初定，百废待兴，她一人一马，一笔一笛，带着一套九针①，由南入北，且行且医，仿如往年出入在叛军战乱之中一般。

第一站，是贺兰山。

谢朗说过，他生在贺兰山，那里朔风呼啸，月带寒光，是有着六月晴雪奇观的高山。

沈晏没有见过雪。

万花谷②从来不下雪。

前日她进入灵州③境内，听闻县令夫人重症在身，医工们争论不休，有人道是滑脉，有人道是气虚，治疗许久

①针灸器具。古代九种针具，即镵针、圆针、鍉针、锋针、铍针、圆利针、毫针、长针和大针。
②同下文"青岩万花谷"，虚构武林门派，设定取材于游戏《剑网3》（安史之乱前后为背景），类似桃花源，晴昼海等亦来源于此，地处通州、巴州一带（今达州、巴中一带，约处四川省东北部）。
③灵武郡，简称灵武，今宁夏吴忠市境内，朔方节度使治所。

也不见好转。于是，她请求一诊，经一番望、闻、问、切，得出结论，是内有郁热，宜食甘温之物以养脾。那县令却是不信，硬说自己夫人有喜。扁鹊有六不治①，这已是应了一条。沈晏原是主动请缨，便是一走了之也无可厚非，他们谷中还有"活人不医"的怪人，这算不得什么，然沈晏心性慈悲，每每不忍眼见他人受病痛折磨，是以虽遭误会也往往义无反顾，当下还是留了张方子才走。

　　她是青岩万花谷的弟子，自幼从师学医，以济世救人为己任，今见那家人醒悟，自是决定再回头为其诊看。

　　那县令名叫于英，在灵州任职多年，虽无什么大作为，但为官还算踏实，将本县治理得倒也安宁，唯一的憾事大概是膝下只有一女，也无怪他求子心切。

　　那少年仆人牵走马去喂食，沈晏则随着婢女走过砖石铺就的院子，走进一间布置得很是简洁的屋内。见于夫人形质苍瘦，脸色比之昨日更白了些，沈晏心下摇头，没有问话，只细细号脉，足有一刻钟。

　　她这才低声问道："夫人昨夜用了什么？凉血汤？那可真是胡来……先去煮胶艾汤。"

　　沈晏又简单给于英解释了一番，问道："明府，夫人秋冬时可有痰嗽？"

　　于英称是，沈晏又道："但春暖即安，只是年年反复，

---

① 骄恣不论于理，一不治也；轻身重财，二不治也；衣食不能适，三不治也；阴阳并，藏气不定，四不治也；形羸不能服药，五不治也；信巫不信医，六不治也。

病状愈重,可有七八年了吧?"

于英惊异,此刻他终于心服。很快,沈晏写下几味药,于英略看了看,便急得亲自去取了旧方来。他方出去,青绒帘内忽然冒出一个身着团花夹袄的小娘子来,眉似新月,眸似点漆。她凑到沈晏身前小声问道:"娘子,阿娘会好起来吗?"

沈晏心知,这必是于英的女儿了,见她玉雪可爱,心中柔软道:"会的。"

"那……弟弟呢?"

沈晏斟酌着措辞:"暂时还没有弟弟。"

"七娘[①]好想有个弟弟,这样阿娘就会开心点了……"

"会有的。"沈晏不由地摸了摸她的头,"你也是你阿娘的好孩子。"

七娘羞涩地笑了,露出两个梨涡,却见父亲已经回来,不待发话便提着襦裙小跑走了。

沈晏看过药方,紫苏、薄荷、滑石、半夏……果然与她所料无差,这旧方旨在发表疏内,然于夫人脉象洪滑,乃内有郁热,而秋冬皮肤致密,内热难泄,不治病本而徒以发散,反是愈增郁热之势,因此每年复作,且愈发严重。

沈晏道:"夫人可是齐鲁人氏?"见于英颔首,她继续道,"那是养人的好地方。夫人的体质本是极康健的,

[①] 唐人起名,有时根据核心家庭(即一夫一妻小家庭)中的排行来定名,有时则根据大家族中同辈兄弟姐妹的排行来定名。本文中,县令只有一个女儿,因此七娘是在家族同辈中排行第七。

然而生产后似乎未调养得宜……"

于英默然叹息："七娘是某的独女，她生下时都是极欢喜的，只是当年就大乱了……"

"这便是了。夫人生养令爱时恰逢战乱，身子未能好好调理，才留下这么些遗症。况晏观夫人是个心思要强之人，想来日日操持内务，也是辛苦非常。"

于英不由地想到当年自己被调至灵武之时，诸妾皆不愿随，唯有妻子一直不离不弃。这半生宦海沉浮，也是她将家中打理得井井有条，心中顿时愧悔交加。

"唉……某非糊涂，只是不愿接受罢了。莫说某自己，内人也不愿相信。"

沈晏道："明府连八年大乱都经过了，对子息之事还如此看不破吗？至于夫人的心结，那是你们夫妻自己的事，晏帮不了的。"

于英沉吟。

"另外……明府虽心系夫人子嗣，也莫要冷落了娇女，令爱心思细腻，但毕竟才九岁之龄。"

于英面露愧色："某近来确有些忽略七娘……"

沈晏淡笑："明府不必太过忧心，夫人身子根基尚在，精神又是好的，仔细将养几年便是。只是晏能医身，却不能医心，若能解开心病，自是不愁子息。"

午间沈晏在县令家用了黍臛①，战乱方息的时代，这

① 一种杂以黍米的肉羹。

已是极美味的食物。于英让仆人奉上诊金，沈晏便也不推辞——县令是地方官，官虽小却是个实差，一点银钱还是有的。

沈晏将方子重新写过，走前又叮嘱一番："夫人，晏知你求子心切，但切记不可太过伤神，你生育小娘子时伤了根本，需得好好调理年余。"

于英亲自送她出来，临别前忽道："其实……以娘子的医术，便是进太医馆也使得。"

"如此，晏便救不得令夫人了。"

于英立刻明白了此中深意，语气中敬重更甚："娘子当真医者仁心，某受教了。"

又嘱托了几句，沈晏便打马离去。宽阔的官道两旁，草木凋零，一片萧索。在这西北边陲，入目即是莽莽荒漠，快马疾行，耳畔是风声凛冽，倒别有一番滋味。于是，沈晏忽然便想起了谢朗。

那个少年，最喜欢纵辔骑御。

第一次见到谢朗时，沈晏五岁，还是个垂髫[①]的小姑娘。她自幼记忆超群，那时已背熟了《本草经》[②]，心里多少有些得意，自诩将来必成大医。待见到那个左臂伤了筋骨却依旧精力旺盛的男童时，便禁不住以说教的口吻，阻止他做各种不利于痊愈的事。

谢朗，人如其名，仿佛初夏的日光，明亮而不刺眼。

[①] 亦作垂髫，古时儿童不束发，头发下垂，因此以垂髫指儿童。
[②] 《神农本草经》，中医四大经典著作之一，成书于东汉时期。

他眉目秀气，似遗传自江南的母亲，却又继承了波斯人祖母白皙的皮肤和星辰般的眼睛。他性子灵动跳脱，极爱舞刀弄枪，亦常常闯祸，只每每因他好看眉眼，让人不忍斥责，颇感无奈。

沈晏是个弃儿，师父仅收她一徒，为她取名，教她知识，养她长大，亦师亦母。师父本是吴兴沈氏女，与谢朗之母是闺中好友，却不知何故于韶龄之时遁入万花谷。谢朗的父亲在灵武任职，他们一家人一直生活在那里，只因谢朗不慎伤了左臂，医工道他先前受过寒气，此次合该好好休养一番，他母亲便带他来了四季如春的万花谷，也希冀师父为他治一治。

每次见到谢朗，他都带着他的木枪，那木枪显然是按照孩童身量专门铸造的，他左臂虽伤，右手还时时想要比划一番。沈晏性子倔强，因受师父嘱托，要盯着谢朗不让他乱跑乱动，便时时约束于他。久而久之，谢朗便觉得索然无味，对于沈晏的约束，便有些抵触，却不发声，常常沉默以对。见他如此，沈晏便为他介绍谷中景致。万花谷曲水流风，山峦奇秀，更有繁花蔓草遍布，细论起来处处皆是美景，其中有一片花海尤为动人，乃是谷中弟子采撷各地花草，精心培育而成，白日花团锦簇，夜间与星河流萤交相辉映，光影徘徊，蔚然如海，因名之"晴昼海"。

谢朗道："确实很美，但一年四季都如此，岂不是

太没趣了?现在明明是冬天,你们这里竟然不下雪!在我们贺兰山,早就一片银白了。"

沈晏奇道:"雪是什么样子?"

万花谷地形独特,四面是高山巉(chán)岩,谷底则平坦开阔,终年温暖湿润,雨水都如柳丝般缠绵,而雪,沈晏从未见过。

"雪是白色的,就像梨花一样,不,比梨花还要白,很冷,也很干净。我们那里的树,一到冬天都光秃秃的,但只要一下雪,天上地下就都是白的,那些树也都像开了银花,披了银妆,这叫'琼枝玉树'。"

"且不说这些,冬日下雪还是平常,很多地方都有的,但贺兰山在六月也积雪不化,太阳光洒下来,和金丝酥山似的,这景还有个好听的名字,叫'贺兰晴雪'①。"

沈晏听得入迷,然而想到世上居然有万花谷没有的美景,不免有些闷闷地,便转而走去采药,谢朗跟着她,有一搭没一搭地说话。

"你不是要采连翘吗?怎么摘起金钟花了?"

"这是金钟花?怎么会……"

谢朗掰开一枝:"连翘枝里是空的,你瞧这是不是?"

沈晏有些不可置信:"小叶,短茎,四瓣黄花,明明和书上写的一样……"

"它们本来就长得很像啊,我阿娘最喜欢连翘了,

①古宁夏八景之一。指暑日蓝天晴空而白雪盖顶,也有冬日雪后天晴说,文中采用第一种。

我才不会认错呢。"谢朗狡黠地笑了笑,"不是不读医书就认不出草药来,你若是只读书,会变呆的。"

沈晏赧然:"……你说得对。"

"哈哈……对了,听你师父喊你燕燕,你是大雁还是小燕子啊?"谢朗终于想起来问她的名字。

"是海内晏如的晏。"沈晏看他茫然的样子,又补充了一句,"就是天下太平的意思。"

岂料谢朗睁大了双眼:"那你为何不叫平平?"

她灵机一动:"朗即明也,你为何不叫谢明?"

谢朗嘿嘿笑了,拍了拍她的肩膀:"我记住了!"他欢快地奔向远方,回首的目光十分的明亮,"走啦晏晏,我们一起采药去!"

她和谢朗便从此成了玩伴,当然,中间也发生了一些小插曲……

那时方是初春,沈晏除了读书采药,还在学吹笛,刚学会发声她就兴冲冲地去找谢朗,硬给他吹了一首《高山流水》[①],谁知《高山》还没吹完,谢朗竟已睡了过去。沈晏不死心,喊醒他又吹了一遍,这次谢朗倒是没睡,不过没听几声就开始捧腹大笑。沈晏有些气恼,但仍然耐心道:"阿朗你看,我们面前是流水,背后是高山,我们两个也是友人,多么应景呀!你用心感受一下。"

不料谢朗仍然笑个不停,见沈晏真的气极了才渐渐

①中国古琴曲,后世分为《高山》《流水》二曲。

止住:"啊呀,我真的听不出这是《高山流水》……你别生气,晏晏,下次我一定好好听。"

到底是小孩子,没一会儿,两人的话题就转移到笛子本身上。那笛子碧色沉沉,音色悠扬,很是可人,谢朗便求了来自己把玩。却不料,那时两人已不知不觉离湖水越来越近,岸边青苔黏腻,谢朗脚一滑,整个人便栽了进去。

莫高窟第158窟　唐代吹笛飞天

初春的湖水尚凉,谢朗坠下的一瞬间,沈晏下意识也扑了进去。谢朗身上有伤,必难凫出,她是会水的,却忘了对方是个比自己还要大些的男童,以她的力气怎能救得上来?当下,两人便一起在水中挣扎着大声呼救起来。

好在正好有人经过,须臾之间已把他们捞上岸来。那人青衣幞头,脸色阴沉,皱眉道:"韫之平日便是这样教导你的?不能为之事,为何强出头?"

沈晏见是谷中一等一的怪人"活人不医"四师伯,顿时心中发怵,只央求道:"晏知错,只求师伯先为谢小郎君看一看,莫要留了遗症。"

四师伯沉声道:"他并无大碍。"

沈晏松了口气，忽然脸色煞白："我的笛子！"

谢朗落水时，手中正握着那支笛，生死之际自然松了手，那笛子早不知沉到何处去了，沈晏最终也没能找回。那笛子原是师父从会稽郡带给她的，是用柯亭竹①做成，她固执地认为不会再有更好的笛子了，甚至为此大病一场。谢朗颇为自责，只不知如何劝慰。

谢朗是在暮春时离开的，两人都有些沉默，心里实在是有些不舍的。马车方行，谢朗突然掀帘大喊："晏晏，你等我，我一定还你一支最特别的笛子！"

马车渐渐远去，只等片刻，视线已无人。沈晏哑然一笑，惋惜仍在，但她已经不那么在意此事了，对于谢朗的话，便没有放在心上。

忆起这些事，沈晏拉缰的手不由得有些沉滞，马儿的步子便慢了下来。上午还有些日光，午后却起了云层，驿道两旁的枯树空空荡荡，偶见几颗沙枣缀于枝上，四野苍茫，枯黄杂草丛生，大概就是谢朗描述的冬日景象了。若是战乱之前，一路上应会碰见些商队，很远便能听得驼铃声声，但如今已是鲜见②，只有风声呜咽，淹没了所有的传说。行走在这样的路途，沈晏只觉与天地融为一体，直到看见下一个驿站，竟觉恍如隔世。复行数刻，进入永宁县内，此处离贺兰山已是不远，眼见云雾笼绕，沈晏心

① 柯亭位于会稽郡（今浙江省绍兴市西南），以产良竹著名，相传汉蔡邕取以制笛，后以柯亭笛借指美笛。

② 安史之乱后，河西地区的军队被调往内地平叛，吐蕃势力趁虚而入，通往西域的商路被阻断。

料怕是会有雨雪，便决定歇在这里。

月娘走在街上，人群各自做活，只有她失魂落魄。用了那位医工的方子后，阿爷的病反而更重了，她今日去寻那人，却被对方告知已无能为力。阿兄已经没了，弟弟还那么小，她不能让阿爷再有事，可是……哪里来的钱？安贼乱前，家中尚有几亩薄田，倒也可保温饱，而现在……

月娘心中忧愁如惔，自从阿爷病倒，家中本就不多的钱全被砸在求医问药上了，她和阿娘缝补所得不过能果腹罢了，怎么办……

"小娘子且当心。"

一双温暖的手将她扶起，月娘愕然顿住，眼前之人容色温婉，袖间笼有药香。她恍然反应过来，自己竟走到了一片碎石上，险些跌倒，于是急忙道谢。

女子道："小娘子，观你神色焦灼，不知有何困处？晏或可相助。"

这女子正是沈晏，她沿街走时，发现这少女面带哀戚，猛然一个趔趄，便眼疾手快扶起了她。

沈晏见她欲言又止，柔声道："小娘子青裙布衣，面色微黄，想来是困在囊中吧？晏身上倒也有些闲钱，可与你救急。"

"这不成……"月娘慌忙摆手，踟蹰开口，"阿爷

病了许久，吃了许多药也没治好，就算有钱……怕也无济于事。"

沈晏微微一笑："这便巧了，晏略通岐黄之术①，如蒙不弃，可以一试。"

月娘眼神一亮，却又随之黯淡："可是……儿家贫困……"

"无妨。"

沈晏随月娘至家，一间两架的门，一进房屋，环堵萧然，四壁残破，墙上的黄泥都有些剥落，显然是户贫家。月娘的母亲张氏知晓原委，自是千恩万谢。病人唤作刘成，一个多月前的一天出门劳作时偶感大风，当晚便目斜唇偏，言语漏风，换了多种治疗方法，总是不见起色，近来竟加重了些，已难以下榻了。

沈晏仔细打量着刘成，只见他面目相引，口舌㖞斜，颜色苍苍，气息闷乱；再探其脉象，发现他脉浮而紧，肝肾阴虚，气逆血瘀，痰湿壅盛，正是气衰之际，风阳上扰；又细细察看，见他面黄唇青却仍有一点赤色，额上至两目亦是微青，又仔细询问张氏，心中已有七分把握。张氏呈上药方，沈晏看过，大惊："怎么用了这么些防风？"

沈晏心下叹然，挥笔写下一副方子，对月娘说："娘子且照此抓药，晏来针灸。郎君拖得久了，开始须用大针②，会疼，但切记不能动。"

① 岐黄指岐伯和黄帝，传说二人是中医的始祖，因此用岐黄代指中医。

② 九针之一，主治水肿。中风一般用毫针（很细），但在现实病例中曾目睹严重者开始用较粗的针，治疗一段时间后再换细针。文中大针即指较粗的针。

风者乃百病之长，她从小苦学这针灸之法，早已如庖丁解牛般精准，且针法轻盈，如以手探汤，一触即还。针毕，沈晏又道："半个时辰后取下，其间万不可随意动作。"

张氏激动地几欲落泪，只见月娘忐忑不安地问："沈娘子，别的倒也齐全，只那灸草现下没有，店家道是还需二三日。"

沈晏检查了一番："灸草？那改用蜂蜜炒甘草亦可。甘草不是什么稀罕物，野外生的到处都是，家中若没有，可去邻家借些。"

月娘道："我去借。"

沈晏走到院外，极目是莽莽荒原、辽远群山，天边云气沉沉，并无一点日光。湖面结了一层薄冰，依稀可见深处之水依旧静静流淌。初冬时节，已是寒气逼人，连湖中的点点小洲都染上了些许冷意。忽又想起谢朗。

谢朗走后，沈晏的生活又与往日无异，采药、学医、吹笛。谷中清静，人声稀少，有时她会怀念谢朗的热闹，但也只是一念掠过。不曾想，三年后她竟收到了一封信，还附着一支别致的笛子。

那是一支骨笛。

谢朗的字比当初工整了许多，他说他没法再弄来一支柯亭笛，竹笛又太常见，思来想去就做了一支骨笛送给

她。因她名中有个"晏"字,他便以雁骨为材(虽然并不是一个字),那是他打下的第一只大雁,又解释说那是秋日的老雁,让她不要担心。

沈晏怔怔地看着那支笛子,笛身骨质坚实,古朴通透,不着一饰却有返璞归真之感,举笛横吹,果真好特别的音色,不觉已如痴如醉。然而理智告诉她,这是很珍贵的礼物,问询师父,师父亦惊讶,但终让她收下。

她给谢朗回了封信,并带去一盒新制的各类丹丸,虽是常见药材,但是她亲手所杵,礼尚往来,心意已到。春去秋来,尺素彩笺,此后数年,虽路途遥远,两人书信未绝,然而再见谢朗,却是将近十年后的事了。

十四岁那年,师父带她去长安游玩,恰逢上元节,街上热闹非凡,她在谷中哪里见过如此情景,兴奋得和同辈的几位师姐妹一起逛得不亦乐乎。

长安城宵禁极严,一年中只有正月十四、十五、十六三天不禁,灯火夜以继日,四方通明,车水马龙,人头攒动,举国同庆。长安城的三十八条大道与一百零八坊都笼罩在火树银花下,端的是灯光胜月光,时时有华冠丽服的美人乘着香车玉辇出来赏灯夜游。满城连袖齐舞,祝词相和,胡旋舞、凌波舞、绿腰舞……最难得的是剑器舞,如雪剑光衬着舞者绛唇珠袖,自有一番锋利美貌,听说是公孙大娘的弟子呢……

灯火闪烁中，不知何时，她和师姐妹们竟走散了。沈晏因记得住处，便也不以为意，独自穿行在人潮中看热闹繁华。她的目光忽而被一座巨大的灯楼所吸引，那灯楼极高极宽，铺锦列绣，玉带流苏，镂金错彩，一眼望去只觉光华耀目，而她在人山人海中，忽然便看到了那个人。

少女一身墨紫缠枝花的襦袄，下着同色稍浅的罗裙，手中提灯暖红，鬓发素额，微风动裾，如有林下风气。

而那满街灯火下走出的少年，却是一身绯色胡服，颀然而长，神采秀彻，熠熠生辉。

与君重逢，犹似故人。

只一相视，隔阂全消。

那一天，她和谢朗一起在路边的小摊吃饭，谈天至深夜，而这之后在长安的时光，也因有了他而更加多彩。

谢朗是随父亲和祖母来长安探亲的，他的祖母本是定居长安的波斯富商之女，本家就住在醴泉坊中，因此这长安他也来了不少次。谢朗说起长安诸事，如数家珍，一双眸子朗若星辰："说到这吃食，饦饹和古楼子[①]都香甜得紧，晏晏可尝过那飞刀脍鲤？有些人是吃不惯的。西市的新丰酒是极好的，葡萄酒也甚好，不过小娘子们还是更爱五色饮[②]一些……

"大慈恩寺的戏场可有趣了，下月初一我带你去看。如今尚是春寒料峭，等到二月份，曲江那边的杏花也要开

[①]一种馅饼。将一斤羊肉馅铺在很大的胡饼中，胡饼的夹层里加入椒以及豆豉，把饼贴在炉内，用火烘烤，等羊肉半熟时即可食用。

[②]五种颜色的饮品，用果品、香料、药材熬制而成，口感风味备受时人喜爱。

了。对了，还有终南山……"

这次临行，是谢朗送她。她忽然想起一事："可惜这次我忘带笛子了，不然就可以给你吹一首《高山流水》，下次若是再见，必扫榻而待之。"

谢朗大笑，与她击掌相和："一言为定！"

月娘借回了甘草。沈晏道："家里也可备些常见之药，平时多去采一些。采药和耕作放牧一样，也需据时令而变，若不知时节，不依时采取，虽有药名，终无药实。如苍术采于秋后至春苗未出土前，当归采于二月、八月，有的则要求更严格一些，像是苍耳散所用苍耳叶，当以五月五日午时干地刈取最佳，这是治诸风通方，若病胃胀满、心闷发热即可服之。"

"须知天下物类皆是灵药，玉石草木、鸟兽虫鱼、菜果米谷，万物之中，无一物非药者。行医者既需妙手仁心，也需身体力行，不能畏手畏脚。像取熊脂熊胆便着实要有胆魄，师父还以此试炼过我呢……当然平时去药行买即可。"

沈晏便想起自己取熊脂熊胆时的慌乱，虽然那时的自己武艺已有小成，猎熊又以智取为多，但她到底有些紧张。很久以后，当她拥有足够的勇气与胆识时，她才发现，其实每次出行师父都会在暗中保护着她……

"另外，有很多药草长得相似，但其药性相似也有差别，还需分辨清楚。比如……连翘，它和金钟花极像，只是连翘枝中空，金钟花则呈薄片状，二者皆味苦清热，但细分起来仍有不同……不对，金钟花生于南方，你应该没见过……和迎春也是很像的，不过连翘四瓣，迎春六瓣，这却好认。"

月娘满脸钦佩，认真地点头，沈晏见她机敏好学，不由多言许多。

"娘子的笛子好生别致——是笛子吗？"月娘注意到她的骨笛。沈晏摘下道："是。这笛子原是故人所赠，幸得不算贵重，才能保全于乱世。"她忽地笑了，"晏来这里，也是为一探故人。"

月娘问道："娘子的故人可在县中？是哪户人家？"

沈晏沉默片刻，道："不，不在。"

月娘年纪虽幼，但观她神色，已隐约察觉不宜再问。

只听沈晏继续道："月娘，想听一听它的声音吗？"

纤手横笛，唇启珠玉，正是一首《渭城曲》①。这笛声比之寻常竹笛更加高亢清脆，却并非百灵鸟般的激越，反而有一股呜咽之感，似孤雁栖在天之涯，积郁处若无枝又风雨，慷慨处若扶摇入青云，恍然是长烟落日边声起，又或是月色青白冷千山，折柳相送，烈酒穿肠，前路黄沙漫漫，最后终是满地唏嘘。月娘安静聆听，一曲毕仍不觉。

"前些年，我经常给人吹曲，缓解病人之苦。"

①《阳关三叠》，据王维《送元二使安西》谱成，产生于唐代。

| 唐人的一天 |

月娘道:"娘子仁心!"她绽开一个笑容,"现下遇到娘子,也是儿全家的福气。"

父病弟幼,长兄战死,兵革不息中天下有多少离乱。沈晏看月娘稚嫩中透出的沧桑之感,不由得暗叹一声。如七娘那般已是万幸,更多的是月娘这样的女子,可是生者仍要活下去,须勉力撑起一个家。

沈晏又叮嘱了煎药之事。月娘家贫,为免她为难,她便推说已订下住所,又约了明日针灸之时,当下便去寻了家邸店①。

等她安顿下来,已到闭市时分,深青色的炊烟袅袅升起,铜锣铛铛响了三百下,人群各自回坊。沈晏点了份汤饼,一边用食一边听店中旅客闲谈,忽而闻得一阵甘美醇香,心念一动,扬手道:"博士,可有葡萄酒?"

谢朗说过,贺兰山的葡萄酒是极好的。

听得此言,有长者回首,见是个年轻的娘子,却是气度沉静,和善而不可侵,萍水相逢,皆是天涯倦客,自然攀谈起来。那长者问及行程,抚髯叹道:"若娘子仍要西行,某却要多提一句,中原虽定,河西仍陷于吐蕃,娘子宜小心为上。"

沈晏颔首微笑:"多谢,晏至贺兰山为止,却是不再向西了。"

① 唐代以后供客商堆货、交易、寓居的行栈,亦称邸舍、邸阁、邸肆、邸铺、塌房。

谢朗再来万花谷，恰逢连绵多日的秋雨方歇，亦是沈晏风寒初愈之时。她长至如此年纪，不过生过两场大病，一次是那年为救落水的谢朗，一次就是现在。雨后天晴好，那树下的少年长枪在手，怒马鲜衣，站在斑驳光影里，挺拔成临风玉树。

他轻声道："晏晏。"

沈晏那时方读完一卷医案，执笔作注的手不知为何就抖了抖，墨点晕了一片。

"恰好要去会稽一趟，顺便来看看沈姨和你。"

"路上小心。"

"晏晏，你……还用着这支笛子？"

她点头。

"记得你那时拿的是柯亭笛，此去会稽，可以为你再带回一支。"

沈晏想起幼时为那支笛的黯然神伤，不觉莞尔："不必了，这一支的音色极为特别，用着用着，就用惯了。"

谢朗眸中一点一点升起惊喜的光芒，明灭几番，却是沉默良久："……那，朗便走了。"

"等等。"

沈晏解下骨笛，猛然咳嗽："本来想给你吹一首《高山流水》的，可惜最近身子实在不好，如果有机会……下次再请你听。"

"好。"谢朗的目光望向她的清澈眼眸，转瞬又移开，"下次再来，我有些事想和你说。"

"想说什么，现下便可说。"

"不了，晏晏，你好好休息吧。"他又恢复了平日灿烂的笑容，"那么，我们约好了，下一次你一定要吹给我听！下一次，朗一定不会笑你，也不会睡着。"

问邸店人主要了一个炭盆，回房生起，沈晏便打算将今日所治病症记下就睡。可不知是不是饮了酒的缘故，她只觉今日心思格外纷杂，许是离贺兰山近了，故频频想到谢朗。

她此来贺兰山，是为周游天下，但将此地列为第一站，却是为探访和故人。

那年她和谢朗约好，要为他吹《高山流水》，她以为相见终有期。

可是啊，那个送她骨笛的故人，再也不会回来了。

而她也再没有机会承认，自己最初的笛声真的很难听。

天宝十四载十一月初九，谢朗走后两月，安禄山、史思明于范阳起兵，两京相继失陷，此后八年，战火不熄，宫室焚毁，百曹荒废，民坠涂炭。

谢朗死在了睢阳之战。他本是朔方军中人，与她告别后前往会稽，战乱陡起时却恰逢因故转至河南道，回

军途中路过雍丘，后随张巡转战睢阳。睢阳之战历时二载余，是一场何其冗长而惨烈的战役啊，城破之时，数万人仅余四百，谢朗便死在了那里。

而沈晏，那时正随师父奔走各地，救治伤亡百姓。

他向来是热血忠义护天下的男儿，她向来是立志为医医天下的女儿，这样的结局，是否也算是无憾？

乱起那一年，师父问她："晏晏，还记得我教你习医时的第一句话吗？"

"晏晏，你如若随我学医，成为万花谷弟子，须立下誓言。

"为医者，须安神定志，无欲无求，先发大慈恻隐之心，誓愿普救含灵之苦。若有疾厄来求救者，不论贵贱贫富、长幼妍媸、怨亲善友、华夷愚智，皆普同一等，如至亲之想。亦不得瞻前顾后，自虑吉凶，护惜生命。见彼苦恼，若己有之，深心凄怆，勿避险巇、昼夜、寒暑、饥渴、疲劳，一心赴救，无作功夫形迹之心。"

"我来问你，你是否愿意终生遵行此誓，正式成为我万花谷弟子？"

"我愿随师父行医，济世苍生！"

那一年，她与师父辗转各地，救死扶伤。

那一年，那个"活人不医"的四师伯亦出谷而去，自请入军中。

那一年，万花谷因收容逃难百姓受瘟疫侵袭，前有汹汹军队，后有老弱妇孺，师祖仰天长笑，带领弟子手持火把，毅然烧了晴昼花海，也阻断了叛军的追捕。

那一年……

这世上哪里有真正的桃花源，他们这一群人，虽身处桃源，可终究是心忧天下。

到底是眼冷心热。

沈晏心思百转，仍是辗转难眠，不由起身静坐窗前，而后惊讶地推开了窗。她伸出手，接下那冰冷而干净的物事。

天空不知何时飘起了雪，纷纷扬扬地落下，大如席子，裹着风，凛冽刺骨。夜色本应如墨，现下为雪所染，天地竟泛着一层亮光。

贺兰之雪！

沈晏仰头望天，但见远方山脉绵延，静默而巍峨。

她轻轻解下腰间的雁骨笛。

贼乱已经平定，你我共同守护的大唐元气大伤，然魂魄犹在。

那个埋葬在记忆深处的少年，今天我的笛音正好，再为你吹一曲《高山流水》可好？

为你，为我，为天下所有付出过代价的苍生。

为这不灭的大唐魂。

（李云舒）

民心如水国似舟
——退伍士卒老李的一天

唐十七娘有话说

①公元779年五月，代宗崩，德宗继位。本文所写为这一年冬日的一天，故文中出现的是皇帝均为德宗。

这一年是大历十四年①，距离叛贼作乱已过去了十余年，然而大唐王朝一身的污泥尚未完全洗净，好在新皇登基后的几场仗打得还不错，给了朝野一点安慰。

同往年一样，酒馆里时不时地流传着消息，比如谁谁被流放了、谁谁被提拔了之类。这些事对老李这等平民百姓来说，都可算是惊天动地的大事了，只是因为距离自己的生活实在太过遥远，所以听到了也仅仅是听到了，顶多就是乐呵一下，就像现在，听到某贪官污吏被罢免流放时，老李嘿嘿一笑，露出空缺的门牙，脸上的皱纹仿佛快要把一双几乎快瞎了的眼遮住了，一条瘸腿上下抖动着，说着诸如"活该！咱老李就是看不清楚，走不利落，不然也要去拦路骂上两句"之类的话，四周便发出一阵杂乱的笑骂声。

酒馆的常客们大都彼此相熟，不熟的喝两杯也就熟了。不过，对于这个又半瞎又瘸腿的老李，还真没人知道他的来历，只知道他总是带着自己的破酒壶来打酒，然后就地找个角落坐下，从没见他愁眉苦脸过。听他自己说，他当年跟着郭子仪将军南征北战，还在这西边不远的香积寺附近打过一阵硬仗①，一只眼睛也是那时候受伤才瞎的……

老李的眼睛实在瞎得壮烈。据"知情人士"说，当时战场上一支飞箭破空刺来，只听见"嗖！"的一声，便直直射入老李的一只眼眶。又据说，杀红了眼的老李头那时候可是真虎，挥刀又砍杀一番，才失血昏倒。自此，他便退伍回乡，谁知经过辗转这几年，家里早已是物人两非，他便来投奔了定居长安的同族一支，也算是有了个落脚的地方。对于这些说法，老李从来不多回应些什么，久而久之，也便无人再提了。

不过，无论别人怎么说，老李自认也不能算作是一员猛将悍卒，说好听点叫老卒，说难听点就一个兵油子。虽说上了战场也不是怕死的孬种，不过当年老伍长教的第一件事就是怎么在战场上"混下来"，说白了就是要活着上去活着下来，所以老李除了最后一次上战场杀红了眼，其他时候都很能"混"。

老李头自己还说，当初是因为年成不好，又各处闹乱军，那时候还是能跑能跳的小伙子的他便投了军②，穷苦人家出来的娃，别的不会，倒是因为长期打猎能使得一手

① 香积寺之战发生于安史之乱期间，此战无论是对于唐代还是安禄山一方来说都具有决定性意义，唐军此战获胜，标志着唐军由战略被动转化为战略主动，叛军一方则由攻势转化为守势。

② 唐代征兵往往遵循"富者先行、多丁先取"的原则，但在实际操作中，却经常出现豪富行贿来逃避兵役而贫贱被征为军卒的情况。

好弓箭,几经周转最终成了郭子仪麾下的一名士卒,开始了常年的离乡远征。

……

马上到年关了,长安城里处处是一片热闹情景。对于贫苦老百姓来说,年关属实可以算作一年中最大的"关卡"了,但是大家也都欢欢喜喜的,富看烟火穷看月,各有各的过法儿嘛。老李也不例外,看到这早已步入腊月的时节难得出了个大大的太阳,心里便觉舒坦,正适合去坊里打些酒喝①。勒紧脖子活了一年,总要有个放松的时候嘛。

东市那里,老李是肯定去不了的,连想一想都不太敢,毕竟去那里的都是些达官贵人,一个个都是能去朝廷见天子的人,可不是他一个又瞎又瘸的老头能光顾的。说到又瞎又瘸,这穷老头更无奈了,按说这去见识见识贵人们的胆子,老李自认还是有的,毕竟当年他也跟着郭将军狠狠打过几场硬仗,可毕竟是英雄迟暮了,光是从家到东市,便是一段难以逾越的距离,走路是肯定到不了的,估摸着还没走到明德街,天就黑了,犯了宵禁,他一个老头子承受不了的。②

老李拄着根木拐杖,缓步走出归义坊。腊月的长安是灰色的,道路两旁的老槐树褪尽了绿色,只留下空荡荡的树枝在寒风中耸立着,落叶也早已消散,不见了踪影。

往东走了约莫一里路,他拐上了直通南北的永安街③,

①唐代中后期坊中也出现了许多酒楼,但由于主角李老头家住在贫穷偏远的归义坊,故需要到相对富裕一点的坊寻找酒家,即后文提及的延福坊。

②违反宵禁的人员,要笞打二十下,故老李难以承受。

③唐代街道命名原则不明,经过初步考证,本文拟按照地标建筑或街道相连接的城门对街道进行命名,"永安街"即由于永安渠流经而得名。

那里有直通南北的永安渠。

朔风从水面上吹过，含水似冰刀，携带更甚的寒意向为数不多的行路之人袭来。老李终究是老了，身上老旧的破羊皮也如它的主人一样抵挡不了这冷风。老李默默裹紧了身上的衣服，沿着街道沉默地走着。突然，三两骑手挥舞鞭子的声音打破了这份宁静，听声音似是从北边发出来的，那里有长安县县衙，应该是公人们出来公干了。迎着寒风再往北走约莫六里路，便到了今天的目的地——延福坊。

这延福坊可是好地方，对于老李这类去不起东西二市享受大酒楼的穷苦百姓和在附近出公差的公人们来说，这坊内开的小酒楼正是大家消遣娱乐、扯皮侃山的好去处。酒楼老板人实诚，酒不贵，掺水也不多，自然生意兴隆，日进斗金。

进了延福坊，入目可见许多高大竹木，左行百十步，便能看到一个大型酒旗，上书"小蟆陵"三个大字，字体苍劲有力。蛤蟆陵[1]，那可是长安城最炙手可热的地段了，每天都有无数人前去买醉，其规模远不是这开在坊间的小酒肆所能比拟的。据酒友说，小蟆陵酒肆的主人早年在蛤蟆陵给人打过下手，后因缘际遇才自己开店。他酿酒的手法也确实老道，虽说比不上那传说中的黄酒[2]，但所酿清酒够醇，白酒酒质也比开在西市的那些大酒楼

[1] 京城附近的一处酿酒圣地，酒业十分兴旺。
[2] 现代黄酒多呈黄色或琥珀色，唐代时也逐渐出现了这种颜色的酒，是唐人心目中最优等的酒种。

好上不少,可以说无愧于酒楼的"大名"了。①

挽着拐杖,老李走进酒肆,虽是上午,却已经有不少人聚集在此。终究是年关将近,人们在经历了一年的辛劳后也终于喘了口气,都准备好好放松放松。酒肆有上下两层,二层的面积仅有一层的一半,主人还花大价钱请来了两位奏乐先生②。以老李的腿脚,自然就不上二楼了,他在一楼就近找了位置,要了一壶白酒,就着一碟小菜,美滋滋地开始了年终的消遣。

既是年关,自然少不了好事者们谈论起这一年来的种种奇闻轶事。就如此时,酒肆里谈论最多的便是从九月开始的蜀地之乱。

①在激烈的竞争中,出售假冒伪劣产品的不正当行为,在唐代的酒肆业中已经出现了。但是,一些里坊内的酒肆反倒是由于名气不显,仍旧坚持高水平的酿造工艺。

②唐代酒肆中的音乐气氛相当浓烈,丝竹歌舞成为当时饮酒助兴的重要方式。

酒肆　莫高窟第61窟

"便是某家最新消息，李良器①大将军在蜀地亲领大军，那是连战连捷，打得南诏那群小子丢盔弃甲，夺路而逃！"正敞开喉咙发表"高见"的是老刘，也是个老酒客了，因为家中有晚辈在长安县任小吏，便总能传出一些"真知灼见"，引人惊奇。不过这次老刘倒没说错，李良器将军确实在蜀地战场上捷报频传，这是不少平民百姓都有所耳闻的，故而引得酒楼内一片叫好声。

"好样的，小小南蛮，也敢来挑衅我们大唐？我看他们就是不想活了。打得好，哈哈哈哈！"爽朗的笑声从二楼传来，不少人也紧跟着发出开怀与乐观的大笑。

酒楼里多是平民，不少还都是亲身经历过十几年前那场劫难的老人，如今有幸活到相对太平的年景，已是看透世事，便肆意地在酒楼里发出几句豪言壮语。

听到酒楼里的热烈讨论与此起彼伏的叫好声，老李也忍不住咧开了嘴，跟着众人一并开怀大笑。很快，便有人问道："怎么样老李头，咱们这些年轻人打起仗虎不虎？和你们那时候比着咋样？"

听到这邻桌酒友的快意提问，老李不紧不慢喝了一口面前的浊酒，答道："一代人有一代人的活法，我倒是想年轻人少去打仗，太平光景来之不易啊……"

酒友闻言，突然想起些什么，说道："停一下，老李，听说你家那小子也在李将军的麾下，这次可少不了有了军

①李晟，字良器，时为右神策都将，德宗派遣其入蜀地平乱，是此行的最高统帅之一。

功,赚大了啊,回来打算怎么庆祝庆祝?"

老李愣了一下,握住酒杯的手微微一颤,没人比他更清楚战场的无情,再大的胜仗也会有死亡,他的儿子,此时正在李良器将军麾下作战,已经一个多月没有消息了,这不免让老人有些心神不宁。看到老李神情有变,那发问者赶忙补充道:"老李你也不用太担心,咱们小李从小机灵,一定会带着军功当上大官回来的。"说罢,他打了个哈哈,便继续与其他酒客们胡吹互侃去了。

大家随之聊到了新登基的皇帝,又是一片赞美之声,说一登基就惩治贪官污吏,提拔有才有德之人,又保卫了西蜀那边的安全,和南诏打有如神助,屡战屡胜云云。在酒楼众人眼中,好日子近在眼前,便多了几分盼头……

饮罢半壶酒,已到了午时,远远能听到街上传来的热闹的声响,想来是筹备新春驱傩①的年轻人发出来的。老李有些饿了,便叫来博士点上一碗汤饼,就着剩下半壶老酒一并吃下。也许是临着水渠的缘故,延福坊深处生长着一片葱郁的竹林,过年正是用上它们的日子②。老李坐在靠门的位置,抬头可见,顺着动静望去,只见几个年轻人正举着斧子或砍刀结伴路过,往坊市深处走去,定是准备爆竹去了。寻常人家的后生,平时砍柴种地都亲自上阵,身体自然是健壮的,一把子力气仿佛用不完一样,听说不少后生都有投军的想法,老李心中一乐,看嘛,咱们这代

①唐代重要的庆典活动,是在除夕夜举办的一些乐舞表演,含有祛除鬼怪妖孽、保平安祈祥瑞的成分,直到近代仍存在于一些乡村。

②唐代,火药还没进入大众生活,过年时的爆竹声多是把竹子丢入火堆造成的。这也是"爆竹"一词的由来。

士卒也不愁后继无人了。他举起酒壶，仰头大口喝尽，清清喉咙，便起身叫来酒博士①，又打满一壶白酒，带上木杖往家走去。

路是来时的路，但午后的街道已不似清晨那般冷清，许多人正在公人的指挥下搬运着一些彩灯与木台，旁边是围观的居民——毕竟是一年中为数不多的热闹时候。由于远离长安繁华区，驱傩大队选在此地开始了驱傩活动的排练。围观的人群不时发出喝彩声与笑声，在他们的一生中，也很少有机会能亲眼欣赏正式的驱傩，趁此机会一饱眼福也是不错的慰藉。看着那些黑面红衫裸足的驱傩人②，老李也切切实实感受到了新年的欢乐。

冬天的午后并不寒冷，暖阳照得老李出了一层微汗，他脱去羊皮外套，悬挂于腰间。大街上，人人脸上都洋溢着微笑，小孩们四处奔跑嬉闹，大人们在不断提醒孩子要注意行人和不时经过的马匹与马车。在老李看来，这一幕实在是暖人极了。

待老李回到家，已是未时。说是"家"，倒不如说是一间遮风挡雨的屋子，里面的陈设极为简陋。一个小小的院子，中间摆着一个小胡床，灶屋里面唯有一个低矮的土灶，还有一个木桶，一些碗筷和一小堆柴火。

推门进入堂屋，映入眼帘的是一桌两椅③，都是老李亲自做的，由于很有些年头的缘故，材质普通的桌椅都呈

①唐代酒肆从事服务业的人员，也就是店小二。

②据推测，驱傩人的装扮是把脸涂成异色，仅留牙白，赤裸双脚，身着红衣，故作此描写。

③初唐时期将"椅"写作"倚"，唐中后期将"倚"写作"椅"。"桌"的称呼在唐代并不普遍，或尚未称为"桌"，但桌子的形制已经出现，并得到广泛使用。

现出一种圆润的感觉。再往内走，一张简单的直腿床孤零零地躺在那里，床头不远处是一个低矮的衣箱，便再无其他了。①

若是往年的这个时候，他还能和李林这小子闲聊两句，可自从李林前年从军之后，这两年都是老李一个人过节，不免有些寂寞冷清了。没有这个小子插科打诨扯扯天，日子还真有些难熬呢。虽说前线战事顺利，不过看如今这架势，想这小子今年复员回家是没戏咯。想到这里，老李往床上一躺，迷迷糊糊便睡了过去……

……

夕阳残照，晚风吹过，三两寒鸦站立枯树枝头，受到惊扰，便发出"嘎嘎"的叫声。

"哎，这世道啊，马上过年了，竟然发生这种事情，真是无常啊。"一名身着官服的年长骑手坐在马背上，正和身边两位同僚感慨着。

"可不是嘛，王县丞，您说这前线战事一直顺风顺水的，怎么会有这么大的变故呢！我刚刚听说的时候，可完全不敢相信这是真的。"说这句话的是个年轻人，看他的衣着，不像是有品官的老爷，估摸是个司佐之类的胥吏②。

"这可如何是好啊！这可如何是好啊！怎么偏偏出在我们坊了，这可怎么办啊！"坊正大人一手握着缰绳，

①直腿床通常为坐面下安置四只直腿，腿间无枨，多与屏风结合使用，但老李穷困，仅能安置单床。箱，由箱身和箱柜两部分组成，又称为"合"，在此作"衣箱"。

②唐代的"官"由朝廷任命，有品级（如一品、二品等），享受国家俸禄，被称为"朝廷命官"。而"吏"通常由地方长官自行招聘，没有品级，不享受国家俸禄，相当于普通百姓。

一手不停地摩挲自己的胡子，长吁短叹。

三人就这样沿着永安大街缓缓南行着，短暂的交谈后是长久的沉默，只有马儿发出"得得得"的声音。

……

醒来已是申时，老李也饿了，正琢磨着去准备晚饭，大门突然被敲响。

打开门，首先看到的是邻长和保长①。两人先是扯出一个僵硬的笑容，随后侧过身露出身后三人，并介绍了三人的身份，除坊正外，另外两人是长安县衙来的，一位是王县丞，一位是刘司佐。听到这里，老李心中一颤，赶忙请几人进院子。

看到屋内的情景，王县丞和刘司佐不禁一愣，两位虽不是出身"钟鸣鼎食之家"，可也是从小住在东市附近、多少能有几家对街开门的亲族的人物②，哪见过这类简陋的住宅？二人面上不显，保持着礼貌，在老李的指引下，坐在了房中仅有的两张椅子上。

"家中简陋，没有多余的茶碗，还请诸贵人见谅。"老李低头弯腰，眼眸半阖，看着两位穿着官服的人物脚下的地面。

"不必麻烦，某此次前来，是要告知老丈……"年轻的刘司佐说到这里，似乎也不知怎么继续下去，便求助地看向王县丞。而王县丞好似没看见，仍旧保持端坐之姿，

① 唐代的坊设有坊卒，由坊正领导，邻长和保长可能是一种杂役。

② 尽管唐代平民也时常非法对街开门，但只有唐代高官是可以合法对街开门的，故在此暗示两人出身优渥。

只把眼睛看向地面。

"诸位前来，可是为了我那不成器的儿子？"最终，还是老李打破了沉默。

刘司佐仍是支支吾吾说不出来，正踌躇着，便听见王县丞的声音悠悠传来。

"不错，我们此番前来，正是为了您那儿子，李林。"

老李面沉如水，在昏暗的灯光下，让人看不清表情："可是有前线的战报传来了吗？"

"没错。"王县丞叹了口气，道，"半月之前，李良器将军率众大破南诏，击至大渡河外，您的儿子李林正是先锋军中的一员，也立下不少战功。未料返程途中突遭变故，遭遇了一股早已被打散的南诏溃军敌人趁唐军不备，突袭我军大营……"

老李的面色更沉了，本就弯曲的腰更加伛偻了起来，似乎再也无法站直，那双被岁月与伤病侵蚀的浑浊眼睛在烛火的映衬下明昧不定："那敢问王县丞，这与我家小子可有关系？"

"此役我军损失惨重，那批乱军已是亡命之徒，加之蜀地地形崎岖，我军不备，一度被乱军冲杀至前锋军主帅营帐前。李林身为火长，率全火人马拼死抵抗，硬生生拖住了十倍于其人数的乱军，稳住了整个战局，保证了主帅的安全。不过……"

屋内气压低到极点，火苗直直向上指着，几乎一动不动。

结局，老李是早已预料到的，他明白王县丞的"不过"只是不愿亲口说出罢了。他佝偻的身躯顿时变成了一截枯木，好似随时要倒下来，他试图说些什么，但喉咙里只能发出低沉的怪响。众人见状，赶忙上前扶住了他，刘司佐快步起身，把自己的位置让给老李，看着老人无力地瘫倒在椅子上，年轻人的眼眶也微微湿润了。

风声呜咽，寒鸦悲鸣，一时间，房中竟然如水般沉静，只有老人无力的喘息声好似水面波纹，渐渐扩散开来。

又过了约莫半炷香的时间，刘司佐似乎承受不了这令人窒息似的沉静，率先开口道："老丈，您请节哀，李林兄是我们的英雄，我们会永远铭记他的！"

老李低下头，又仰起头看着房顶，空洞的眼神里，火光暗淡下来，几近熄灭。

"是啊，李林这次立下大功，朝廷是不会亏待你的，有啥需要尽管提！"邻长是个中年男人，他瘦高的身材此刻在干枯老人面前却显得那么渺小，只是徒劳地安慰着老人。

老人仍旧没有答话，桌上的那盏烛火开始摇摆，众人的影子也跟着起舞。本就剩下不多的蜡烛此时即将燃尽，就在这行将熄灭前，烛火却爆发出异常的光亮，那是烛火最后的生命华彩。

见老人的状态逐渐稳定,都似乎一时仍无意交流,王县丞也不恼怒,便向坊正交代了一下诸如今后老人的赡养问题①。交代完,他起身道:"今天已经不早了,就不再叨扰老丈,还请老人家凡事向前看,不要过分沉迷悲痛之中,伤了身子。"说罢,便迈步向外走去。

见老人仍静静坐着,像没有听见这些话一般。只是在王县丞即将迈出屋子时,老人仿佛想起了什么极其重要的事情,眼中突然爆发出异常的光亮,盯着王县丞的后背,问道:"老头子我没啥要求,只是想问问王县丞,军报上可有说到我家小子在战场上勇猛否?"

众人闻言,皆惊讶回头,这位悲苦的老人,此刻哪里还有半点萎靡之气,透过他枯瘦的身躯,分明看到了当年那个血溅贼寇、奋勇杀敌的意气悍卒!

年轻的刘司佐一时间浑身颤抖,试图说些什么,却最终只是一揖到底。

王县丞却是第一次真正动容,嘴角微颤,答道:"令郎足有万夫不当之勇!"

老李头终于落下两行浊泪,在最后一丝烛火的映衬下,悲痛与欣慰同时出现在这个年过六旬的老人脸上……

(李子林)

① 唐代承担养老责任的主要是家庭,即子女。对于一些由各种原因导致的没有子女的家庭,政府允许其收养义子、过继甚至是买子,或由同族派出晚辈进行抚养,同时予以免税、衣食等补贴。

糖耗子
——吹糖小贩郝祥奴的一天

唐宪宗元和四年（807）冬日的一天，天色尚早，即使四面高墙林立①的长安城也阻挡不了寒冷的北风，街道空荡荡的，也不知是这天儿冷得瘆人，还是说那断壁残垣、破墙碎瓦、荒草枯叶叫人从心底发寒。

这时，一名五十多岁的老汉从长安城归义坊蹒跚而来，身形十分的干瘦，裹着一层残破的棉衣，头戴羊毛帽，帽上的羊毛早已掉落，肩上挑着挑子，挑子一头是一个带架的长方柜，柜子下面有一半圆形开口木圆笼，里面有一个小炭炉，炉上有一个大勺，中间放满了糖稀。他叫郝祥奴，是这个长安城里出了名的吹糖手艺人，人称"糖耗子"。他吹的糖人甜滋滋的却不腻歪，入口就化，样式也美得很，活灵活现的。

祥奴边走边吆喝着："卖香印嘞！"②人数不多的街道上，这苍老沙哑的声音显得有些突兀。他家在长安城南部，那里是有名的穷人区③，从安华门向西，祥奴一

唐十七娘有话说

①长安城里的居民区及每一坊都有高墙环绕。

②据说吹糖人这行生意在唐代就已经出现了，那时制糖人的糖稀还有一种香味，所以吹糖人的小贩都称之为"香印"叫卖。

③唐长安城中，宫阙在北部，因此达官贵人为了上朝方便亦多居北部，因而北部人口密集，而南部一些地段人口稀少，甚至空旷无人以至变成耕地。

①道路上每隔五里有一个土堆，每隔十里则有两个土堆，这土堆成方形，高约五尺，上狭下宽，称为"里隔柱"，行人望见里隔柱就能知道自己走了多少路程。

②唐代贫民常常吃不起盐，只能吃淡食，或者只吃一些酱菜。

③唐代儿童所戴帽子有类似后世瓜皮帽的无沿圆帽、尖顶带沿帽、虎头帽等。

路经过了大安坊、昭行坊，已经记不清看见多少个里隔柱①了，却没做成几单生意。祥奴决定去西市碰碰运气，西市此时还没开门，等他慢慢走到刚好是午时，就该开门了。

冬季的阳光照耀在蹒跚而行的祥奴身上，午时，他来到了西市南门前。西市里有各种各样的手工作坊和形形色色的商业店铺，有茶坊、酒肆、肉铺、寺观、卦摊等，有赶集的、买菜的、闲逛的、饮酒的、说书的、卖唱的，有乘轿的、骑马的、推车的、挑担的，真正是士农工商、医卜僧道、牛马骆驼、杂色诸买，一应俱全。

祥奴找了一块空地，放下了挑子，且歇歇腿儿，又小心地掏出刚才在路边买的一块蒸饼来吃，才蒸的饼热腾腾的，给祥奴稍微带来点暖和气儿。祥奴满足地叹了口气，心想如果此时能再有一碟酱菜②就更美了。祥奴舍不得吃太快，可还得赶紧吃完开始做生意，再说一块蒸饼也真的不大，不一会儿他便抹了抹嘴，开始了叫卖。这玩意儿好看好玩，还能吃，孩子们都喜欢。

"猴拉稀、糖耗子、稠糖葫芦、吹糖麻婆子、打秋千稠饧、糖宜娘、糖官人、糖宝塔、糖龟儿……"各种千奇百怪的名字从祥奴口中吆喝出去，很快吸引了几个小孩子。一个长得圆滚滚的身穿棉衣头戴虎头帽③的小毛犊娃伸出手给了两文钱，胖乎乎的脸上还有两个酒窝，奶声奶气地说："阿翁，我想要一个小耗子。"祥奴看到这么乖巧的孩子，不禁想起他那命苦早夭的小孙儿，心里又喜又悲，悄悄抹了一把泪："好嘞，碎娃子莫急，阿翁这就给你吹。"

糖耗子是最便宜也是最简单的糖人儿。祥奴从用布盖着的小铁锅中挖出拇指大小的一块糖稀，放在手上揉成长条，然后放在木模子里，一吹，这条长的糖稀就膨胀起来，再打开木模一看，果真变成了一只活灵活现的小老鼠。"戴帽帽，吃糖糖，长高高，来，碎娃拿好了。"这让小娃娃们羡慕不已，争着抢着要买。祥奴又吹了一个"猴拉稀"。"猴拉稀"就稍复杂些了，需要用手把糖稀捏制成一个小猴，立在一根小苇子杆上，底下再放一个小糖碗，碗中放一点稀糖糊糊，可以用一个小糖勺舀着吃。

祥奴正忙得不可开交，忽地看见两个人骑马扬鞭，翩翩而来，那是谁呀？是皇宫里派出来的采办，穿黄绸衣裳的是头儿，着白绸衣裳的是随从①。祥奴打了个寒颤，失急忙慌地摆手赶人："不卖了，不卖了，要收摊儿了，走，都走，都快走。"②小娃子们被祥奴的突然变脸吓着了，转眼就一哄而散。那两人瞥见祥奴，互相交换了一下眼色，慢悠悠地骑马走近："哟，老汉儿，吹糖人呢。你这糖人还挺好玩的，给我们露两手呗。"祥奴双手交握，颤巍巍地说："两位大人，实在不巧，老汉我刚好收摊儿，

①唐高宗上元年间（674-676），因洛阳县尉穿黄服夜行被人殴打，所以特下诏令：参加朝参的官员一律不许穿黄。自此以后，官吏中穿黄衫的只有三种人：一种是流外官以及无品的参选者，故有"黄衣选人"的说法；第二种是宫内的低品宦官；第三种是里正等各种胥吏。

②唐代后期，宦官专权，横行无忌，常有数十百人分布在长安东西两市及热闹街坊，以低价强购货物，甚至不给分文，还勒索钱财，名为"宫市"，实际是一种公开的掠夺。

要不改明儿我再来给您做。"那黄衣使者顿时面色微怒道:"哎呀,我刚才还见你在这儿卖着,见着我们一来就不卖了,是做啥呢?"那白衣使者也立马附和,三棱暴跳地说道:"你少兀些废话,你这老儿甚不通便,你好好儿吃谋(掂量)一下,我们可是宫里的人,你知不道?宫里的人说的话就代表着上面的意思,我们手里可有敕令呢,你敢不从?今儿我还非得叫你瞧瞧咧。"说着他就挥起腰间软鞭,向祥奴的挑子上舞去。祥奴一看,连忙跪地,不停磕头,不断求饶:"大人饶命啊,我老汉儿也是苦哇哇的,这是我老汉儿唯一的营生了,没了它我可怎么活呀!大人饶命,大人饶命啊……"凄厉的哭声引得路人无不凄惶,都避得远远的,街道上的其他小贩也早就收了摊儿,大家早已见怪不怪了。等那黄衣使者终于稍微满意了,那白衣使者也果真是个有眼力见儿的,立刻向那黄衣使者说:"大人,这样可好得?"那黄衣使者似是连眼皮子都懒得抬,微抬右手,翘起兰花指,轻轻说道:"今儿个怹的不痛快,走,跟我吃歇马杯①去。"

唐代宦官俑
新疆维吾尔自治区博物馆藏

①指喝酒。

那白衣使者立马溜须拍马:"哎,走着,您小心着点,别摔着了!"两人就这样驾马扬长而去,只剩下一地凌乱不堪……

"没了,都没了,什么都没了,我以后可怎么活呀……"祥奴无助地坐在地上,抓着那些散架的木头,掩面而泣。洒落在地上的糖稀已经渐渐凝固,空气中还散发着黄米和麦芽的香味,久久不散……

冬天天黑得快,后半儿黑时(傍晚),祥奴步履艰难地回到了明德门①,手里费力地拖着那挑子的残木,整个人死灯打灭(半死不活)的,脚步也慢不叽叽的,和他沉重的心思一样。

天上飘起了鹅毛大雪,似要将他吞噬。他这一生啊,经历安史叛乱,亲人离散,儿子战死,儿媳被捉去军中做饭,妻子因没钱治病离世。大唐啊,早已回不到百年前的盛世了。他就这样慢慢走,越走越慢,好像随时要倾倒,一如这晚唐帝国。

祥奴费力地回到了自己的小茅草屋,屋里黑乎乎的,险些把他绊倒。他掀起暖帘②,走了进去。屋里布置很简陋,只有一张床,一个几案,一个柜子,一个箱子,一把椅子。此时他身上早已落满了雪花,四肢也早已僵硬。他将挑子放下,到厨房里找了几把干草,生起了地炉③,坐了一会儿,才感到稍微暖和了些。外面的雪似有下一整晚的苗头,

① 长安城正南门。

② 冬天,唐人除了借助炉火取暖之外,还会在房屋内部安置很多御寒的设施,其中最常用的就是暖帘。暖帘是由一张毡布制成的厚重帘幕,可以有效遮住木结构房屋的缝隙,将寒风挡在屋外。因此,唐人在布置房屋时,总是在房屋靠北的一面留下悬挂帘幕的地方。

③ 唐代家境一般的人,买不起铜暖炉,又需要生火取暖,便会在自家的屋子里挖一个深坑,在坑里堆满木柴,掺着松脂之类的易燃物,点火取暖,称为"地炉"。

祥奴将双手插到袖子中，就那样蹲坐着，微弱的火光映着他那苍老憔悴的脸庞，深陷的眼窝中一双眼睛黯淡无光。他回想起今天发生的事情，抹了一把眼角，至于那破烂的挑子，等明天再说吧，他太累了，只想好好睡一觉。

祥奴爬上床，天儿实在太冷了，于是他又找出柜子里的纸衣纸被[①]裹在身上，地炉还在燃烧，屋子里只有微弱的火光和干柴迸裂火花的声音。良久，黑暗中，祥奴叹了一口气："实在活得叵烦人咧！"

后半夜的时候，屋里的祥奴忽地又发出呓语："婆娘咧，恁说俺致一会儿心里咋蛮难受的……俺想碎娃子了……"随后渐渐没了声响，屋里的地炉早已被冷风吹灭……这天啊，恁的冷啊！

（陈珍珍）

---

① 唐代造纸技术发达，纸张的价格相对较低，而且书写后的纸张更加便宜，许多穷苦人家都会将废纸收集起来，制成纸衣、纸被以御寒。

罪犯梁悦的一天①

元和六年十月某日，夜漏三下②，沉睡中的富平县四处都静悄悄的。在县衙一间漆黑的牢房内，一个男子努力支撑起身子坐起来。他上身着素色圆领窄袖衫，下身着素色单裤，一头杂乱的头发披散在肩上，袍衫上的腰带也早已不知所踪，颈部和手部分别被枷杻所械系。褫夺巾带③、枷而杻之④，这分明是一个犯死罪或流徒之罪的囚犯模样。

这个男子名叫梁悦，富平县人。不久前，他的父亲被同县一名叫秦果的人所杀。为报父仇，他一时情急，于九月戊戌日杀害了仇人。梁悦自知触犯了律法，便来到县衙自首请罪。依照本朝法规，杀人当抵死，因此，梁悦暂被收禁于县狱中，案件也已送达刑部等复核，等候着上头的正式判决文书下达⑤。算来算去，这么多天过去了，今天也是最后的日子了。其实按照律法，复仇自首均有减缓刑罚的可能，但怎奈自己是杀了人，杀人偿命，天经地义，本不该有奢望，可他不死心，心里不免有一些希冀，因为

唐十七娘有话说

① 本文以于《旧唐书·刑法志》《旧唐书·宪宗本纪》中均有提及的"梁悦复仇杀人案"为底本。

② 古代以铜壶滴漏计算时间，故称夜间时刻为"夜漏"。

③ 巾，头巾，是冠的一种。带，捆扎衣服的腰带。

④ 枷，套在罪犯脖子上的刑具。杻，手铐。

⑤ 唐代行政机构。唐代法律规定，判处死刑的案件需上报中央，由刑部、中书省、门下省、尚书省、御史台进行多次复核，降低错判的风险。皇帝也会直接参与死刑复核。这就是三复奏和五复奏制度。

①一种固定在墙上不能打开的窗户，主要起通风作用，辅以采光。县衙中的斜眼格子还起监视疑犯的作用。

②唐代根据各县人口数量规定官吏编制的规模，上县的官员和吏员编制有64人，中县49人，下县43人。

③类似于油炸大丸子，将杂菜和面揉成一团下油锅煎熟，捞出来放凉。这种食物可以当早餐，但更流行的是当夜宵。

本朝此前不是没有过轻判复仇杀人案子的先例，但说来说去不过都是高官和皇帝念头一动的事，自己又怎能知道命运会如何呢。因为这即将到来的未知审判，梁悦忧心忡忡、心神不定，一夜未能入眠，怔怔地透过墙上的斜眼格子①，看外面一片漆黑的世界。

过了很久，县衙里开始有些许人影走动，那是县衙的官员和吏员上值了，富平县人口不算多，县衙在职官吏也就四十余人②，又过了一会儿，天色大亮，一个身穿袍衫的衙役端着两个碗走了进来，放在地上，又马上走了出去。这便是梁悦今日的早饭，一碗稀粥，两个没有馅的蒸饼。这早饭也算不错了，因为是复仇自首的案子，县衙里的人也不会为难梁悦，当然肯定没有外面卖的胡饼、煎饼③吃起来香。可尽管很饿，梁悦也只是草草对付了两口，便紧张地坐着，一边忧虑地等待着审判的到来，一边回想起最近自父亲被人杀害以来发生的每件事。

临近正午，两个衙役打开了牢门，将梁悦领了出去。距离上次走出牢房已经过去很多天了，对梁悦来说，外面的一切都显得有些陌生。这边有两行屋子，一行用于收禁犯人，墙上有斜眼以便观察囚犯情况，另一行则用作文书卷宗收储书吏办公场所，而在两行屋子的对面，有一个较为宏伟的建筑，那里是他这次要去的地方——判官厅。

判官厅内，阶上有一案桌正对于大门，案后坐有一人，头裹乌纱幞头巾子,身穿绿色①圆领衫子,腰系红鞓(tīng)腰带,脚穿乌皮六合靴,正是本县县令。按理来说,此案本来不该由县令亲自受理,当交于其手下的通判县丞或判官县尉②,但怎奈杀人案情节严重,再加之复仇、自首使得案件的宣判变得复杂,只得由县令亲自受理。而此时在判官厅内,除了县令及其他县衙官吏之外,梁悦还见到了两个熟悉的身影,那是一老一青两位女子,正眼含泪花,盯着他看,仿佛下一刻就要扑将过来。老妇人身穿深色襦裙,青年女子身穿藕丝衫子绿罗裙。"阿娘……柳娘……"梁悦不禁喃喃念出了声,那正是他的母亲和妻子。

梁悦努力地抑制住自己的心情,恭敬地面向县令行礼说道:"下走③见过明府。"县令抬眼,看了看他,说道:"梁悦,我今日唤你以及你的两位亲属前来,是因为按照律法,审结流刑以上的案件,必须真实具体地让犯人及其亲属知晓罪名,并要取得犯人的服辩④。你复仇杀人一案,案情重大,我上报州府复议,州府又上报大理寺、刑部、中书、门下、尚书,最后上报至圣人处。按本朝律法及此前案例,你所犯杀人罪,当判处死刑,但员外郎韩愈上奏称,'按照《礼记》的规定,有仇就得报,与仇人不共戴天;但按法律,杀人就得偿命。礼和法都是治国的大事,现在它们有冲突,得说清楚。'圣人说:'报仇杀人是有规矩的,但梁悦为了正义,宁愿死也不违背法规,主动自首,本来

① 绿色是唐代六、七品官的服色。

② 唐代诉讼制度规定,中县、下县的司法机关中,长官由县令担任,通判官由县丞担任,判官由县尉一人担任。

③ 唐代男性的谦称,还可称"仆""愚""鄙人""某""奴"。

④ 指犯人对判决所做的服与不服的表示。

就没打算活。所以特别宽大处理，不判死刑，改成打一百板子，然后流放到循州去。'你可服辩？"听到这番话，梁悦浑身颤抖起来，眼泪喷涌而出，磕磕巴巴地说道："下走……服……辩……"而梁母与梁妻也一齐流下眼泪，一边激动地拥到梁悦身边，一边抬手擦拭止不住的泪水。

杖一百，立即施行。两个衙役将梁悦带下去，让他俯身趴在长条形坐具上，一名衙役手持长三尺五寸、大头二分七厘、小头一分七厘的常行杖，一次次击打在梁悦身上。受杖者，背、腿、臀分受，须数等。① 待挺过一百杖的刑罚，梁悦只觉得自己的背、腿、臀都已皮开肉绽，仿佛不再是自己身体的一部分，他甚至无法依靠自己站起来，只得由两位衙役一人抬一只胳膊把他给架了出来。

在判官厅外等候的梁母和梁妻看见梁悦出来，连忙上前，帮两位衙役把梁悦扶回牢房，两人没有多言，只有泪水止不住地往下流。

"阿娘、柳娘，我不用死了，我还为阿耶报了仇，杀掉了那个犬彘②……"梁悦忍着疼痛，勉强从脸上挤出一抹微笑，向二人说道。

二人连声附和，看着梁悦身上的伤痕，既心疼，但又高兴。这些日子里二人担惊受怕，甚至已做了最坏的打算，未料竟能死里逃生，这可真是老天保佑啊！等到梁悦的精神稍微恢复了一点，柳娘打开携带的食盒喂他吃饭，

① 唐代罪犯受杖刑时，背部、腿部、臀部分别受相同数量的杖打。

① 唐代骂人的俚语。

自己做的鸡黍和葵菜①，比之牢饭，让已经饿得前胸贴后背，经历了杖刑的梁悦，胃口大开。在临走之时，柳娘又将食盒放在了地上，说道："奴②和阿娘知道郎君近些日子受了苦，这里面还有一些郎君平日里喜欢的吃食，等到天色晚些的时候可不要忘了吃。郎君一个人在这里不容易，好生照顾自己，奴和阿娘明日还会再来看你。"

天色渐渐暗了，梁悦感觉清醒了许多，他伸手拿来食盒，里面是一份腌肉、一个煎饼。他俯卧着，透过房屋墙壁上的斜眼看着外面几处零星的灯火，咬了一口煎饼，凉了，但很好吃。

（张毅坚）

① 唐代的家常菜。

② 唐代女性的谦称，还可称"婢""妾""儿"。

一日看尽长安花
——诗人孟郊中榜那天

唐十七娘有话说

①新近建成的供旅客食宿的客栈。

②孟郊（751—814），字东野，唐代著名诗人。孟郊曾两试进士不第，在四十六岁时终中进士。

③窗的一种，窗框内有直棂条（方形断面的木条）竖向排列，有如同栅栏。

　　元和九年，八月二十五日，正是寅时，夜色沉沉，阌乡县白日里喧闹的街道上，此时一片寂静。不远处的新草店①，在夜色笼罩下，更显寂寥。二楼靠西的一间厢房内，微弱的烛光明灭不定，孟东野②又翻了个身，终究是难以入睡，便拉起放在一旁的袍衫，披在身上，坐了起来。透过直棂窗③，白亮的月光顺着缝隙倾泻一室，落下一地斑驳，更有窗外不知名的野花，伴着月光飘进室内，发来阵阵幽香。这香气，似能镇定人心，令东野连日来疲惫的心获得了片刻安宁。

　　此次前往兴元府上任的，行至阌乡，停宿于此地，白日街上人群的熙攘、小贩的叫卖，还在他耳边回响，而夜晚总让人辗转反侧、难以入眠，他想，大概是因为越来越靠近长安了。那个繁华的地方，承载着他太多的喜与忧，如今，生出股近乡情怯的心情来，倒是有些可笑。夜，快过去了，他日渐浑浊的双眼，不死心地望着这轮始终皎洁的皓月，从生机勃勃到暗淡沉寂，却仍未能合眼。

隔着十八年的月光回望，孟东野不禁怅然，自己终究是老了。在自己六十四年的人生中，那些聚散离合、嗔痴醉眠不过过眼云烟，转瞬即逝。是啊，世事一场大梦，到头来，不过一场空。在这么个寂寥的夜晚，岁月留给这个男人的，只有无尽的哀伤与历经千帆后的叹息。曾经朱雀大街上那个得意如斯的儿郎，如今也正随着记忆的消逝渐行渐远。长安，长安啊，东野此生永远难以忘却的长安啊！十八年前的孟东野，无限荣光加身，前途一片坦荡，阖上双眼，他分明还能听到自己走马看花时四周传来的艳羡声，还有那长安城内日复一日、不绝于耳的热闹。

贞元十二年，二月廿五[①]，天朗气清，往日繁盛热闹的朱雀大道，今日里倒是有些异样——人群分散站在大道两侧，空出了中间宽敞的通途。这边刘家阿婆和王家阿婆正聊得起兴，那边陈家娘子抱着自家小儿，指手画脚地比划着，兴高采烈。人群也都是翘首以盼的样子。因着今日是进士科放榜的日子，大家都想来瞧瞧看新科进士们都是怎样的郎君俊才。骑着高头大马的孟东野，隔着老远就瞧见了这黑压压的人群，心道：世人皆谓科举高中乃是人间一大妙事，今日历经磨难，自己终于尝到一点甜头。刚刚看榜时，周围不乏落第之人，乃是与自己共

[①] 唐贞元十二年（796），孟郊四十六岁，奉母命第三次应试，终于得进士登第，随即东归，告慰母亲。唐代进士放榜多在农历二月，二月正是春暖花开的季节，因此这一榜又被称为"春榜"。由于布榜的具体日期不可考，因此本文的日期为作者据此所虚设。

同在贡院中奋笔疾书、抒发豪情的儿郎，如今却不得不承受科举失利之痛，不免令人唏嘘。大概自己之前看着并无自己名字出现的金榜①时，也是这副模样吧。再抬眼看看眼前朱雀大街上与自己一同行进的新科进士，东野倒是对自己的未来增添了几分期待。自礼部南院贡院的东墙上②看完榜，到走出皇城，来到在朱雀大道上一路奔向曲江的途中，种种细节，孟东野忆不起更多了，只记得那日向他们招手示好的人应接不暇，只记得那日长安城半数的人都来为他们庆贺，庆贺他们这来之不易的进士身份。

曲江，曲江宴③，是了。

那日在皇宫内拜谒过皇帝后，正值午时，高挂于顶的白日刺得东野的双眼微眯起来，回想起往年的种种失利，只觉得恍然如梦，如今自己终于如愿以偿，总算没有愧对阿娘的希望。朝廷下诏要在曲江之滨举办闻喜宴。东野虽然不甚欢喜这类场合，但还是参加的。偏居于长安城东南角的曲江之滨，绿池荡漾，碧云舒卷，林木繁茂，花卉周环，东野非常喜欢这里的美景。他与相熟的同年打过招呼，便按顺序在自己的位置前整衣跪坐了。面前的案几上摆着圣上御赐的红绫饼④，还有诸多精致的糕点、面食，有水晶龙凤糕、火焰盏口馅、素蒸音声部。⑤东野瞧着这些美味，心下顿生感慨：这皇城美食果然名不虚传，做工

① 唐代进士榜的榜头竖贴着四张黄纸，因此进士榜又被称为"金榜"。

② 唐玄宗开元二十四年（736），朝廷在礼部南院设立贡院（科举专用考场）之后，进士科每次放榜就贴在礼部南院的东墙上。

③ 起于唐代，为殿试后的新科进士所设的宴会，宴于曲江亭，故称"曲江宴"，也称"闻喜宴"。皇帝亲自参加，宴席间，新科进士畅饮赋诗、结交好友，皇亲国戚、各级官员及其家眷，乃至和尚、道士、普通百姓都可以来参加，是唐代极其隆重的宴会之一。

④ 又称"红绫饼𩜶"，"𩜶"指有馅的饼类。以红绫裹之，故名。闻喜宴有吃红绫饼的习俗。

⑤ 参照唐韦巨源"烧尾宴"流传下来的食品名称，共有五十八种，其中面点类二十五种。本文选用的食物均为面点。

精细雅致，确是平日里所难见，况且还有上好的烧春酒①，芳香浓郁、酒味浓厚，真是没有辜负了这一番良辰美景。筵席开场，总免不了一番客套、奉承，听罢圣上对新科进士的一番提点，东野想，总算开宴了。

将烧春酒倒入银樽杯中，和着美景，浅斟轻酌，只觉得通体舒畅。东野记得，那日坐在他旁边的是个唤作陆流川的俊俏郎君，两人相谈甚欢，从诗词歌赋论到国家政事。唯一美中不足的是，流川比他小了十岁，这年岁上的鸿沟，总是在提醒着他，过去那么些年自己遭的难、受的挫，年华逝去，青春不再，让人惆怅。不过，好在熬出头了。

酒过三巡，自是少不了歌舞助兴。乐舞歌姬们身着彩衣，身姿灵动，热情奔放，梳着倭堕髻②，个个粉面桃腮、柳眉红唇、明眸皓齿，一颦一笑皆是俏丽。东野与流川从未见过如此惊艳之舞，一时间目不暇接，赞叹不已。歌舞结束后，这闻喜宴也就要结束了。待二人从曲江出来，已近未时，正好赶上了杏园的探花宴③。东野与流川相携，一同来到杏园，虽不可能被选中为探花使，但这等文人雅事，倒也可凑个热闹。

唐彩绘陶倭堕髻女立俑
陕西历史博物馆藏

①烧春酒是一种经过加热处理的酒，产地为唐代剑南道的绵州，又称"烧香春"，酒质无色，清澈透明，芳香浓郁，酒味醇厚，属浓香型大曲酒。

②唐代女性发髻种类之一，发髻偏垂于一侧，如同堕下，显得俏丽。

③进士发榜后，新科进士在杏园初次聚会，称为探花宴。宴上的探花游戏，是推选两名年轻英俊的进士充当探花使，骑马遍游曲江附近乃至长安各大名园，去寻觅新鲜的名花，并采摘回来供大家欣赏。

当日被选中的两位探花使是东野此前早有耳闻的两位少俊,一切准备好后,二人自杏园启程,驱马竞驰,好生快活,游遍了曲江附近以及长安的名园。返回后,果真摘得众多牡丹、芍药等,一时间,倒显得杏园里熠熠生辉、花团锦簇,好不秀丽。探花使回来后,宴会就开始了。

探花宴后,已过申时,东野并不想与流川就此别过,于是二人一同骑马来到西市的酒馆。这个时辰,去的人倒是不多,二人选在靠窗边坐下。馆中的酒博士倒是极有眼色,待两人甫一落座,便连忙上前招呼。

"二位郎君,需些什么?小店有郢州富水、乌程若下、荥阳土窟春、富平石冻春、剑南烧春、河东乾和蒲桃、岭南灵溪博罗、宜城九酝、浔阳湓水。客人若中意京师佳酿,本店也有西市腔、新丰酒及虾蟆陵之郎官清、阿婆清。"①一连串酒名报下来,倒是让二人有些发蒙。

"哈哈哈,你这小博士,倒有些意思。我二人尚未开口询问,你倒先报出这么些酒名来。也罢也罢,我二人无需这些花里胡哨的酒,来两盏你们自家酿的清酒即可。"东野看着那小博士尚且稚嫩的面庞,想起了自己的弱冠②之年,不也是一样朝气蓬勃、满怀抱负?于是忍不住开口调侃。

那小博士低头笑笑,许是也觉得不好意思,倒是没有再继续纠缠,利索地应下,便转身为二人打酒去了。走

①唐代酒类品种琳琅满目,有三百余种。

②男子二十岁时举行加冠礼,以示成年。虽然已经成年,但身体还未达到壮年,因此称为"弱冠"。

之前，到底没忍住，他转身冲着东野道："郎君，今日在朱雀大街上，我瞧见您了，骑着高头大马，好生威风。恭贺郎君，金榜题名。您二位，吃好喝好。"随即又作了个揖，离开了。

这回倒是换成孟东野有些发怔，金榜题名，是啊，盼了这么多年的金榜题名，终归是盼到了。想起家中阿娘那双衰老的双手，日复一日，年复一年，从未曾烦倦，尽力为自己准备一切，不由得思家心切。隔着一道窗格，是热闹的街市，街上人来人往，一瞬间，东野却清晰地感受到，自己，不属于这里。

看着对面盯着窗外陷入沉思的同年，陆流川到底没忍住，率先开口，唤回了东野的神思。

"东野兄，今日正是金榜题名的好时光，我瞧着之前探花宴上，郎君你不是得意又畅快吗？怎么现如今，倒突然消沉下来，瞧起来似有满腹心事。"

恰在此时，那小博士将清酒奉上，为二人斟满。东野摩挲着泛着暗黄的酒碗，思忖半晌，开口道："流川兄，我自幼习五经、读诗书，为的就是科举取士，将来有一天出人头地，可如今，我已四十有六，纵是有满腔抱负，也只怕有心无力啊。"

"东野兄此言差矣，登科入仕，从不计较年岁，但凡中第者，哪个不是满腹经纶，是治家理国之可用之才？"

陆流川当即朝着皇城方向拱手作揖，又道，"当今圣上，好贤求治，为人明察，贤明持重，我相信如你我二人这般人才，定不会被埋没，日后定能大放光彩。'无须独饮叹花间，理当斗酒吟百篇。'来，东野兄，干了这一碗。"

孟东野看着对面的陆流川，迟疑一下，端起酒碗，便一饮而尽。那酒自唇舌进入咽喉，先是涩，然后一股甘甜自下而上泛起，却是让他想起自己的前半生。搁在案台上的手紧了又松，松了又紧，待缓回劲，他又开口道："流川兄，我已过不惑之年，也算是见过世间种种，所谓不惑。不惑，嗤！人怎可能无惑，时至今日，我仍是看不透这红尘万丈，俗世烦忧啊。"

陆流川倒是不甚在意地摇摇头，又笑了笑，张口道："东野兄，思虑这么些事情作甚？万事皆空，因果不空，万般不去，唯业随身。在这世间，得举第者几人哉？你我当勉力而行，尽力而为啊！今日是你我二人登科中进士的好日头，且不论烦忧，只需把酒言欢！我先干为敬。"说罢，又端起酒碗，一饮而尽。

与流川的一番对话，倒让东野心中的那点烦忧一扫而空，顿时轻松起来："也罢，也罢！今日不论烦忧，只须把酒言欢！流川兄，因着你今日这番说辞，再加上今个儿这值得庆贺的日子，倒是勾得我诗兴大发。去！小郎君，去给我拿些笔墨纸砚来。"

长安城文人盛集，酒肆里一般都置备着这些东西，能得新科进士在此写诗，传出去也是一件美事。那酒博士一听，立马转身出去拿了。这边东野与流川喝得愈发尽兴，那厢小博士便抱着东西回来了，在酒案上摊开。流川为东野展纸研磨，还不忘顺便调侃道："小博士，你这家店还真是有点意思，竟然备有水纹纸[①]。好诗配好纸，看东野会写出什么惊艳才绝的章句来！"

孟东野并不理会流川的调侃，闭目凝思，俄而提笔，一气呵成，笔酣墨饱。他写得一手好字，楷书遒美健秀，字字分明，家中老母总是以此为傲。待最后一笔落下，他端起酒碗，一饮而尽，转身又望向雕窗外。

陆流川探头去看，只见纸上端正地写着："昔日龌龊不足夸，今朝放荡思无涯。春风得意马蹄疾，一日看尽长安花。"[②]当是时，已近酉时，天色逐渐转向昏暗，四下一片寂静。流川看着站在窗前的这个男人，窗外车马喧嚣，行人赶着出市，商人赶着收铺，但再热闹，也总归好似与孟东野无关。"春风得意马蹄疾，一日看尽长安花。妙啊！极妙！"流川默念着最后两句，低笑出声，"当真写得好啊！东野兄，今日是定然不会放过你了，昔有李太白'金樽清酒斗十千，玉盘珍羞直万钱'[③]，今日你我二人虽既无金樽，亦无玉盘珍馐，但有这七绝便足以自夸了。今宵不醉不归！"那一日，留给孟东野的最后记忆便是，

[①]水纹纸为唐代名纸，又名"花帘纸"。这种纸迎光看时，能显出除帘纹外的透亮的线纹或图案，目的在于增添纸的内蕴美。

[②]孟郊《登科后》。

[③]出自李白《行路难》。

陆流川即使醉意上涌，仍拉着他重复那句"勉力而行，尽力而为啊！"。

那日晚上，二人并未回到原来所住的旅舍，而是赶在西市闭市前择了一家邸舍入住。而那晚的玉钩，也让后来的孟东野一直铭记于心：那晚的月亮，真亮啊。是啊，真亮啊，亮得让人忍不住想要去摸一摸。孟东野慢慢伸出手，却被直枢窗坚硬的触感所拦，一个晃神，他才惊觉，这哪里是贞元十二年的玉钩，分明是元和九年的夜光！哪里还有什么四十六岁中了进士喜极而泣的孟东野，只有卧于床榻上呈一副颓败之势的六十四岁的孟东野了！他忽而又惊觉，自己日益消瘦的面上，正有两行清泪流下，浑浊的双眼也渐渐陷入迷茫……

"春风得意马蹄疾，一日看尽长安花。当时，自己终归还是没能看透这世道啊。"

窗外月高悬、静无风，窗内人未眠、烛光残。东野望着这恍如静止的一瞬，缓缓地闭上了眼。

"无妨，无妨，这么梦一场，终究也还是不虚此行。"

人生一场大梦，世事几度秋凉。

（孙畅）

再寻一个大唐盛世
——王载与好友李匡聚会的一天

唐宪宗元和十三年①二月，早春时节的长安城被浅绿点缀，城内几缕炊烟缓缓升起，似与远处秦岭上萦绕的寒雾相衬，城西边的黑暗不甘心地褪去，取而代之的将是东方的明昼。太极宫承天门上，坊正、市令早已到来，威严的脸庞上透出些许焦急。"五更两点已到，开坊！"咚咚的鼓声响起，各坊相继传鼓，与此同时，东方升起一缕光晕，一时间，雾气似有些退散，不知是怯鼓还是怯光……

王载，字扶光，出身于太原（今山西太原）王氏，祖父于安史叛乱时迁至河东道（今山西运城），父亲与裴氏交好，又因门荫得以在朝中任职，官品虽不高，但家中尚有积蓄，又有亲戚扶助，因而能在达官贵人满地的居德坊有一安身之处。虽是春时，但早晨仍有几分寒气。一早，王载便找出前几日父亲上朝时圣上所赐的口脂、面药②，此为尚药局所制，可以防寒冻。涂抹好后，王载便让妻子

唐十七娘有话说

① 公元818年，此时正值唐宪宗对外战争接连胜利、藩镇接连归服之时，大唐王朝一度出现"中兴"。

② 历史上有唐代皇帝每年赏赐臣下防护品的记载。

①当时士人以棠苎襕衫为上等服装。
②骑马所穿的腿衣。时人已穿袴骑马。

③武官、卫官办理公事所穿的衣服。
④紫衫是官员将领到一定品级时才能穿戴的，但是自元和以来，神策军多逾制穿紫衫。
⑤唐代中后期中央北衙禁军的主力。原为西北的戍边军队，后进入京师成为唐王朝的最重要禁军，负责保卫京师和戍卫宫廷以及行征伐事，为唐廷直接控制的主要武装力量，是唐代维持统治的最重要的军事支柱。
⑥唐代继承隋朝门前列戟的等级制度。李匡为代宗后代（见前文），府第前当列十四戟。

取过棠苎襕衫①和捻裆袴②，兀自穿上，又自己取过幞头，命仆人牵马，准备出门。妻子在其身后嘱托道："郎君且慢行，前几日听闻城东有人坠马而伤，此番去修德坊，且慢些！"王载这会儿只想着与好友李匡相会，哪还顾得上回应，只在嘴上乱答应着罢了……

李匡身份显贵，和当今圣上同宗，都是代宗皇帝的曾孙。王载和他前些年于终南山踏春时结识，自此互相来往，平日一起饮酒吃茶，不在话下。

王载骑马慢行，途经诸多波斯胡寺祆祠，至辅兴坊，忽地闻见一股咸香扑鼻，这才想起自己早上走得匆忙，没有吃早饭，便走进一家胡人开的饼肆，买了一张胡饼来吃。那胡饼入口酥软即化，芝麻、豆豉、羊肉的香味交织在一起，令人十分地满足……

正享用间，前方有骑马之人惊慌下马，王载顾不得多想，也匆忙下马，只见一队军士骑马行来，为首一人头戴平巾帻③、着一紫衫④，王载只一眼掠过，便知是何人，不敢多看，低下头，等其蹄声渐远，才吃掉怀中的胡饼，上马继续走。虽说父亲在朝中任官，也结识一些权贵，可神策军⑤实在是不好招惹，多一事不如少一事。

正沉思间，已进修德坊，到达一府邸。这府邸门前列十四戟⑥，辉煌威仪，好不壮观。见到王载，一名仆人上前，行了一个叉手礼，王载随即下马、颔首回礼。这仆人乃李匡所遣，已经多次接待王载，久之也便成了二人的通信，王载对他也较为客气。那仆人道："相公好生准时，主人命仆辰时在此恭候相公①，不到一炷香的工夫，相公果然便至。"王载笑道："前几日李兄邀我前来吃茶，言：'你我二人半月未见，适逢陛下于正月大赦②，近日又大宴群臣，赏得我一些湖州春茶，扶光可择日来品，切勿推脱。'我此番前来，乃欲与李兄一品此茶，烦劳汝为某引路。"那仆人回道："主人每念及相公便思同吃饮，仆自是不敢怠慢。"

　　说话间，早有人来牵了马匹去往一旁安置去了。进了府邸③，入门便见一照壁④，绕过照壁便是东西厢房，各色仆等往来穿梭，各务其工，井然有序。环顾四周，隐隐能望见一园林，又似听得小人⑤嬉闹之声。走过一自雨亭⑥，虽是二月早春，亭中槐木却已绿意渐起。一路走过去，院落宽绰，精美别致，平视见假山耸立，低头是青石小径，抬望有檐角高翘，心中不禁暗叹："好一个宫下宅第！往日李兄只邀我穿梭于城外及各处酒肆，哪曾想他府上竟如此阔气！真一个皇亲国戚！"

　　至中堂，李匡已在堂下等候，一见王载便笑道："扶光好生健忘，我前几日便邀你前来吃茶，怎么今日才到？"王载答曰："李兄莫要笑我，前几日家中安置房屋，朝中多事，家宰便将此事交付于我，昨日才安置好，便想起李

①对男子、读书人的敬称。
②对全国已判罪犯实行普遍赦免或减刑。

③唐代的住宅布局正处于由廊院向合院的过渡阶段，此处将李匡的住宅设为合院式。
④也称影壁、影墙、照墙，是古代寺庙、宫殿、官府衙门和深宅大院前的一种建筑，即门外正对大门以作屏障的墙壁。
⑤小孩子。
⑥唐代园林始有自雨亭，自雨亭即水流从屋檐流出的亭。

兄之邀，故延误了几日。"

李匡早已命人备好饼茶①、茶食②和茶具，仆人又端来一掐花金盒。李匡将盒盖打开，但见几枚茶饼躺于其中，制成虽已数月，色泽却没有半分衰弱。另有一仆人拿过许多小罐，摆于案旁，只留一昆仑奴，二人坐上胡床。王载叹道："早听闻这昆仑奴乃异域所产，极为罕见，未曾想在李兄这里见到，真是羡煞我也！"李匡答道："扶光说笑了，这昆仑奴也是我托好友从真腊国所得，其中也颇费了一些钱，只是好奇于他们卷发黑身，与中原之人大不同罢了。"

① 依据茶的形状和加工工艺，可分为四种：觕（同粗）茶、散茶、末茶和饼茶。
② 点心。

唐釉陶昆仑奴俑　朝阳博物馆藏

李匡取出饼茶，放于茶磨之上，小心研磨起来，王载也上前帮忙，不到半个时辰，那茶饼就化作了"黄金粉"。早有仆人送来山水和用炭，二人将茶舀入釜①中，又取葱、姜、枣、橘皮、茱萸、薄荷等物，一齐放入釜中煮，约莫半个时辰过去，釜中腾波鼓浪，是为三沸。二人又取出两只青碗，将茶倒入其中，待其沫饽均匀②，便双手端起慢酌，碗色青，茶色绿③，青绿相融，茶香溢出，再就些茶食小果④，好不惬意。茶、果入腹，王载只觉意犹未尽，李匡看穿其心思，便道："正好已近午时，我二人且去外面吃晌午饭，西市距此路途不远，此行莫要骑马，正好消食。"说罢，二人便出了府，往西市走去……

　　修德坊距西市有约莫四坊之距，待二人到达，西市已开。二人从北门入市，各色各样的人已塞满了道路，波斯人、回鹘人、大食人、天竺人、南诏人、林邑人、新罗人……二人早已见怪不怪，径直往里走。李匡道："想来扶光已是腻了吃羊肉，今日我且带你去品鱼鲙。"说话间，他用手指一食肆道，"此间厨子原是宫中御厨，因得罪宦官陈弘志⑤被逐出宫，只得在此做事，你我二人今日就在此一饱口福。"待二人进门，早有伙计上前引二人入座，李匡曰："听闻贵店近日新募得一宫中御厨，有红丝鲙一菜颇为拿手，且与我二人做来！"伙计应声道："二位相公来得正是时候，此菜用鱼乃江南所产，近日甚

①一种锅，圆底圆口，安置在炉灶之上或是以其他物体支撑煮物，可以直接用来煮、炖、煎、炒等。

②茶水煮沸时产生的浮沫。

③当时以用青瓷碗饮茶为上。

④中国的茶食历史悠久，在唐代就已经成型，有糕饼和小果等。

⑤唐末宦官，一说其杀宪宗。

为紧俏,恰今日新到几条,且稍作歇息,仆家这便去报菜。"

不到半个时辰,伙计端着一盘两碗上前来,只见那盘中鱼肉红丝如柳叶般静躺,其上铺着一层浅棕酱料色,想必是秘制,味道鲜美不已;碗中乃稻米,色泽清透,莹玉白皙,颗粒饱满,宛若两碗银珠。须臾,伙计又端来乳酪①。二人拿起碗筷便开始享用,鱼丝带着酱料入口,王载只觉得口中一阵酸咸,却无半点鱼腥,嚼下,又觉得鱼丝如活物,尚在嘴中活动,咽下,又觉着意犹未尽,只叫人不再想其他。"好一个宫中御厨!"王载不禁呼出声。李匡却不管他,只是自顾自地吃……

吃了七八分饱,二人结了饭钱,便往西市西侧走去,那儿有一青白色旗望②,上书"望江楼",原来是一酒楼。二人熟门熟路地进门,登楼,命伙计取绿蚁酒一石和葡萄酒二两。望江楼颇高,应属西市酒楼前列,二人正坐于楼阁中,透过窗正可望见西市路道。楼间酒香四溢,又有焚香之味;烛火照于四壁,好似黄金做墙;几步一绿植,宛若翡翠玉立;屋内挂满诗画,应是过往酒客所书;楼里伙计穿戴整齐,两头娘子③作席纠,琵琶音、歌音、诗音、叫好声不绝于耳,真是叫人流连忘返。

顷刻,一貌美女子引一众人过来,为首的女子端一酒盘,上有几壶,后几人也各拿碗壶,一一摆于桌上。李匡教她们先斟两杯葡萄酒,那酒色泽泛紫红,澄澈透亮,

① 奶制品。

② 酒旗。

③ 酒伎。

好似西域宝石。王载不是没有见过葡萄酒，也喝过多次，但像这等品相的，还是第一次见。见王载挪不开眼，李匡举碗道："听闻望江楼酒家新进一批上品的葡萄酒，想必此便是了。太宗皇帝破高昌国，得其葡萄及酿酒之法，此祖宗之功也！"谈及此，李匡眼中便溢出崇拜之色，真一个祖宗之功，子孙恒享之！王载也举起碗，言道："我等能饮此等美酒，赖太宗皇帝之武功也！"说罢，二人一饮而尽。此酒入口先为清甜，后为酸涩，回味不已。

二人相饮间，忽听得几声胡琴响，引得周围伙计及其他酒客都侧身去看，二人也顺着响声望去，只见三名眉眼深邃、卷发绿眼，衣着绚丽、手执丝带的胡姬缓步进入酒楼中央。李匡笑曰："今日我二人又有眼福了。"

说话间，那三名胡姬一一跃上酒楼中央地毯，起舞举袖，旋转起来，箜篌、琵琶、筚篥等①也齐齐响起，胡姬们顺着音乐或快或慢转身，心应弦，手应鼓，舞姿轻盈，身姿灵动。细看，三人所执丝带竟是不同，一为银色，一为绿色，一为紫色。三人站作

唐彩绘陶抱琵琶女立俑
陕西历史博物馆藏

①胡姬舞蹈常有乐器伴奏，使舞蹈呈现出热闹欢愉的景象。筚篥，一种双簧管乐器。

三角，自顾自舞着，一似寒冬之玉雪，浮于半空；一似立夏之碧草，与风同舞；一似仲夏之紫薇，宛若惊鸿。一曲结束，众人如痴如醉。过不多久，众人尚沉浸在胡旋舞中，忽地曲调一变，响起中原曲调，原来是白居易的《胡旋女》，曲曰：

> 胡旋女，胡旋女。心应弦，手应鼓。
> 弦鼓一声双袖举，回雪飘飖转蓬舞。
> 左旋右转不知疲，千匝万周无已时。
> 人间物类无可比，奔车轮缓旋风迟。
> 曲终再拜谢天子，天子为之微启齿。
> 胡旋女，出康居，徒劳东来万里余。
> 中原自有胡旋者，斗妙争能尔不如。
> 天宝季年时欲变，臣妾人人学圜转。
> 中有太真外禄山，二人最道能胡旋。
> 梨花园中册作妃，金鸡障下养为儿。
> 禄山胡旋迷君眼，兵过黄河疑未反。
> 贵妃胡旋惑君心，死弃马嵬念更深。
> 从兹地轴天维转，五十年来制不禁。
> 胡旋女，莫空舞，数唱此歌悟明主。

曲毕，却看酒楼众人，皆默然不语。王载竟泣不成声，李匡也两眼微红。王载轻声道："尝闻我玄宗皇帝喜胡旋舞，而彼时善胡旋舞者，一为杨氏[①]，一为逆贼[②]。想彼

① 杨贵妃。
② 安禄山。

陕西西安唐韩休墓墓室东壁男女对舞胡旋图
陕西历史博物馆藏

时之长安，内有妇人蛊我圣人，乃至于奸人当道；外有逆贼思篡逆，以至于生灵涂炭。其后社稷几衰，若无郭汾阳、李临淮①等，我等今日不知几人尚存？"

言及社稷，李匡也无意观舞，曰："扶光兄所言极是！幸而当今圣上慕太宗之伟业，能用忠谋，不惑群议，施明政，图大治，乃聪明圣智之主也。君不见，李光颜大将军征讨李师道，屡破平卢兵。自圣人，承接大统以来，中外咸理，纪律再张，海内归顺，万众臣服，此国家中兴之状也！"

听及此处，王载声音更低了，道："我也颇知当今圣上之志，只是一时感慨，如今宦臣当道②，今早见那

①郭汾阳即郭子仪，李临淮即李光弼，二人平定安史之乱，皆为唐代中兴之名将。

②唐宪宗重用宦官，任用宦官统领禁军。

神策军于京中行走，甚是霸道威风，再想那秦汉亡国故事……唉！"

李匡又悄声安慰道："扶光兄切莫担忧，现今国家兴兵戈，正值用人之际，此无奈之举也！想那内侍只管神策军，又掀得多大风雨？待四方藩镇归服，我等必联名上表，请诛其以谢天下矣。"

听及此处，王载才收起悻悻之色，只顾喝酒了。待二人将壶中酒饮尽，钲声已响起。他们相扶着走出市门，北门口早有仆人牵马等待，二人兀自上马，作揖道别……

王载骑马行至家中，天色已晚。坊门关闭，偌大的长安城也在这早春的夜里沉沉睡去，东北角的宫城里依旧灯火通明，似是守护这个庞大的帝国。王载倒头便睡，在梦里，他看见了一个大唐盛世……

（王子鑫）

长路漫浩浩①
——老农张荣宝被迫从军那天

长庆元年七月②甲辰日，时近五更③，乡间寂静，星河耿耿。河阳镇④农民张荣宝不知道梦里遇到了什么，毫无征兆地一翻身自榻⑤上坐起，擦了擦脑门，竟出了一头大汗。

这种不寻常惊醒了妻子，妻子低声劝慰片刻，张荣宝剧烈起伏的呼吸才终于安定了下来。遥遥地听见了五更打更之声，张荣宝便心事重重地下了榻，妻子则去准备早饭。

茅房里黑漆漆的，张荣宝夫妻二人平日省吃俭用，自然也不舍得掌灯。微凉的晨雾并未使张荣宝感到清醒，他小心翼翼地在自家制作的厕床⑥上坐稳，那梦里的一幕幕又更加清晰地浮现在眼前。

破碎的盾，豁口的刀，断弦的弓，血染的甲，交叠着堆在一起的躯体，有的断了气，有的时不时逸出几声微不可闻的呻吟……带着湿气的阴惨惨的雾气笼罩着

唐十七娘有话说

①汉乐府诗《涉江采芙蓉》："还顾望旧乡，长路漫浩浩。"文中多处均为化用。

②公元821年，为唐穆宗李恒即位初年。

③凌晨3:00—5:00，天即将亮起来。

④蒲镇名。

⑤寝榻与寝床相似，大的为床，小的为榻。

⑥厕所里的坐床，古代厕所中的坐器，形似现在的马桶。

张荣宝的梦境，让他认不清那些倒伏着的人的脸庞。

梦里，他的视线被一具没了声息的尸体所吸引。他伸手奋力拨开那雾气，看到了一条缠绕在脖子上的细细的红绳，它已经被血浸透了，黏糊糊地依附在那人的脖颈上，红绳下边吊着半块圆润透亮的小石头。

张荣宝心里又是一颤，眼泪哗地就要掉落。虽然看不清脸，但他总觉得那个倒下的人是他半年未归的儿子，要知道，儿子身上确有这么一条项坠。那个红绳是妻子系的，那块小石头还是自己拣的呢！

妻子的呼唤声打断了张荣宝的思绪，他抹了一把脸，在心里告诉自己，不会的，据好心老实的里正讲，儿子的户籍并未被划去，一定是自己日有所思才夜有所"想"。早餐是温软可口的汤饼，张荣宝一边吃一边决定趁着农闲时节，再去打听一下儿子的下落。

洒扫庭院，喂鸡喂猪，将家里的事安顿好，张荣宝便戴上幞头，找出了一件自己看起补丁还不算多的麻布上襦①，一件干净整洁的裈②，一改劳作时的赤足，穿上一双草鞋③，便慢慢出门去找里正。到了里正家，却发现院子已经站了不少人。大概都是像自己这样，来问亲人消息的。乡里乡亲的，人群中也有熟悉的面孔，打过招呼，便都默然站着，等着里正出来。里正客客气气地说道："丈人，您儿子贯籍未销④，某多次受丈人之托去县里询问，

①下层劳动人民在日常生活中并不常穿袍服，而更愿意穿着及膝的半臂袍，款式简单，穿着轻便，材质简陋。

②裤长及膝，便于行走，类似于今天的短裤。是气候极热时下层劳动者的装束。

③下层劳动者有热天赤足的习惯。

④士兵战死，按例需要向地方政府通报，由地方政府在户籍上除名。

亦复如此啊。"他又皱了皱眉头,最终像下决定似的说,"不过,跟您儿子同时入伍的乡人张怀洛倒是被放归养病①了,丈人不妨去问问……"

张荣宝长叹一声道:"老汉亦问过怀洛,只是他归乡之后生计窘迫,不是在奔走谋生就是烂醉如泥,对老汉不是敷衍了事就是一言不发,使得老汉这心更不得安了啊!"

里正沉默良久,终于道:"丈人,某倒是听闻,昨日县衙新送来一批半年前河阳征发的兵役档案,按照贯籍都归在本县之下。今日某再去县衙仔细问问,一定为丈人求个结果。"他又想了想,还是委婉地劝道:"不过丈人啊,圣人言'死生有命'②,无论您儿子消息如何,丈人切莫过于焦急,不如先回去歇息,毕竟年岁大了,还需要多多注意身体啊。"

尽管心里没底,张荣宝还是选择相信这位有威望的里正,答应回家等待消息。想起自己早上做的那个梦,张荣宝冥冥觉得,今天一定可以得到儿子的确切音信。想到这里,他本来蹒跚的脚步竟轻快了一些。回到家时,已是晌午,面对妻子期待的目光,张荣宝没有多说什么,只是大口吃着粟米饭③、喝着葵叶羹④,甚至还开封了一坛自家酿的浊酒。

酒足饭饱,张荣宝的话多了起来。他先一五一十地

①唐代中后期加强了对士卒军籍的管理,对放归乡里的士卒的待遇也有所调整。但在藩镇格局之下,尤其是军事实力较弱、财政较困难的藩镇河阳镇,这些待遇并不能得到很好的落实。

②唐代对《论语》十分重视,甚至《唐律》之中也直接引用了一些《论语》原文。

③关中地区及河南以粟麦为主,稻米较少,平民只能吃糙米饭或粟米饭。

④唐代平民一般只能吃粥和酱菜,葵菜虽然是北方普遍种植的蔬菜,但是葵叶羹和粟米饭仍然罕见。

告诉妻子里正的答复，并称赞了里正的好心，最后又讲起自己那个奇特的梦，讲到了儿子，最后终于酣然入睡了。妻子看着张荣宝自儿子入伍之后终日紧皱的眉头竟稍稍放松下来，心里也莫名地轻松了几许。二子、三子相继夭折，幼子成长起来却在战乱①中失踪，家里就剩这么一个孝顺能干的长子，只要他能平安归家，三人便可安享幸福的生活。

长路漫浩浩，未来犹可期。妻子想着这些，也安然入睡了。

然而，一阵急促的敲门声瞬间惊醒了张荣宝和妻子。敲门声起初尚轻，渐渐就重起来，还传来隐约的厉声呵斥，之后破旧的柴门有了摇晃欲倒的动静。张荣宝忙披衣去开门，见门口正站着局促不安的里正和一个身着官服、面色阴沉、神情威风的陌生人。

张荣宝被那人吓了一跳，定了定神问道："是老汉的儿子有下落了吗？"里正咬了咬牙，似乎难以启齿。张荣宝心中的不安一瞬间被放大，他着急地问道："保救在哪里啊？"

那陌生人却带着一些不耐烦，厉声催促里正道："切莫耽搁公事，从速答复。"里正终于从怀里掏出了一纸文书，拿在手里，读给张荣宝听。

"元和十五年十一月廿四日，镇人②张保救于刘嗣甫

① 元和十三年（818），平卢节度使李师道请献沂、密、海三州归降，旋又反悔，后在诸镇大军围攻下失败。这里设定张荣宝18岁有长子张保救，随后10年内有二子、三子，但相继夭折，30岁有幼子，幼子长至12岁在诸镇征发混战之中丢失。

② 用"镇人"表现其士兵身份。

处贷取银钱伍佰捌拾文，限返乡之日前还本钱便了。若张身没，一仰家人及收后保人替偿。两合契立，画指为信。贷款人张保救。"

"这是……保救……没了？"张荣宝脑子发麻，耳边传来嗡嗡的鸣叫，身子一下子瘫了下去，泪水夺眶而出。

里正终于开口说道："丈人，战场上刀枪无眼，打仗就会有牺牲，您儿子是为了大唐而牺牲的……您儿子若要迁葬回乡，也并非易事①，而且，他欠下的这些银钱，恐怕还得丈人偿清。"

张保救还没有从巨大的悲痛之中回神，他喃喃地问道："老汉儿子没了……子债父偿，天经地义。只是……只是可否宽限一段时间？老汉家某仅有一子保救，如今他又……"平复了一下情绪他接着说，"老汉一生种田为业，家中只有老妻相伴，节衣缩食方勉强糊口，还请这位大人……"

这时，那陌生人终于开口，他打断了张荣宝的低声恳求，急不可耐道："那这样吧，如今魏博军再次反叛，咱们河阳又下了征发之令②。既然你家儿子军籍未销，那你顶替你儿子入伍③吧！马上出发！"言毕，他不耐烦地挥挥手，一边踱步去了。

军令不可违，张荣宝强忍丧子之痛，回到房中向妻子交代诸多家事。他并未告诉妻子实情，也没有说自己是

①唐代，战时将牺牲士兵的尸体"递送回家"难以实现，因此通常采用就地殡葬的方式，而负责此事的主要是军队或战地附近的州县；战后递送棺椁回乡的惯例是由家属来负责迁葬，地方州县给予一定方便和资助即可。因此，以张荣宝的家庭状况，是无力负担寻回儿子遗体并迁回乡里安葬的费用的。

②长庆元年，三大藩镇之一的魏博镇的士兵再次发生叛乱，河阳镇兵力薄弱，必须紧急征兵入伍。

③唐中后期，让阵亡者家属顶替入伍也是优待家属的一种做法。

替子入伍的，而是告诉妻子自己是主动应招募令入伍的，去做些备炊之役，这样可以贴补家用。让妻子留一些期盼吧，他想。

趁着妻子为自己收拾行装，张荣宝悄悄找到守在院门口的里正，祈求他对妻子加以照拂。里正眼圈泛红地答允了张荣宝，然后又轻声说："丈人，我今日才晓得其中内情啊。河阳本就兵力暗弱，军费捉襟见肘，前些日子与河朔之地又出现摩擦，死伤不少。为维持军备，只得不除死伤者名姓以求朝廷援济[①]，同时再征兵员。丈人一定保重自己，不必忧心家中。您儿子所贷钱款，某一定想办法解决。"

同心而离居，又怎能不忧心？酉时将过，张荣宝告别妻子，背起单薄的行囊，一步步地走远了。他蹒跚着前行，不顾差人的催促，执拗地回头望去，只剩妻子的自家小院被笼罩在昏暗之中，一如他即将油尽灯枯的生命与未来。

长路漫浩浩，忧伤以终老。

(郝明康)

[①]边镇士兵多有死伤，将帅常隐瞒不报以贪污军粮。

画眉深浅入时无
——朱可久"行卷"京城的一天

敬宗宝历二年（826），刚过年关，距离省试①已经不到一个月，经过去年夏季的辩答与秋季的行卷②，今年举子们将参加这次对他们人生具有重要意义的考试，朱可久（字庆馀）就是其中之一。

朱庆馀来到京城后，最为重要的事就是向一位文坛翘楚或高官显贵行卷。来到长安没几天，朱庆馀就幸运地遇到了张籍③，而他的诗作也得到了张籍的欣赏。现在，距离参加省试只剩一个月，为了抚平自己心中的忐忑，朱庆馀决定对张籍进行最后一次行卷。

没有了八月夏课④时的炎热，宿馆⑤的窗外吹来带着黄土腥味的冷风，而对于朱庆馀来说，周围环境所带来的不适已经被考前的紧张不安取代。初到长安的他，并不熟悉这里的世事人情，虽然已经行卷，但仍不能缓解他内心的不安。五更三点，他便在此起彼伏的晓鼓声中醒来了。

冬夜漫长，外面的天色仍是暗沉，隐约听见有人在

唐十七娘有话说

①包括明经科、进士科考试，一般在正月举行。

②唐代举人为提高声望，选择自己最具代表性的作品，做成卷轴，投递于公卿、文宗之门，以求荐举、赞誉，借此影响知贡举视听，从而获得功名的一种社会行为。

③张籍（766—830），字文昌，唐代诗人，世称"张水部""张司业"。

④唐代的乡贡试在秋季，举子会在这一年暑季准备夏课与行卷以提高声望及省试及第的可能性。

⑤为官客、进士、举子乃至一些僧人提供住宿的地方。

走动，应该是宿馆的杂役开始劳作了。洗了把脸，朱庆馀点上一盏油灯，又一次开始了行卷诗的创作。事实上，与其他举子一样，朱庆馀已经对所谓的夏课与行卷了然于心，无非是对一些敏感的事件论述一番来显示自己的创见，或者投当朝一些权贵所好写一些烂俗的诗句罢了。① 但对于朱庆馀这样有才华的人来说，更重要的是在合适的时机用合适的行卷得到合适的欣赏，特别是礼部官员的欣赏，这样才能最大限度展现自己的才情，以求得更多的赞赏。朱庆馀在暮夏从家乡越州进入京城以后，就幸运地遇到了张籍，因此他很早就将目光锁定在了喜爱提拔后进的张籍身上。②

张籍在工部做官，是从六品上的官职，虽然官品不高，但对于朱庆馀来说却是最好不过的行卷对象。他又回想起自己第一次与张籍相遇的情形。那天，他在街上遇到著名的大诗人张籍，交谈一番后，张籍对朱庆馀的才学很是欣赏，就问他："最近有什么诗文啊？"朱庆馀一听张大人对自己有兴趣，赶紧从书囊拿出早已准备好的卷轴（自己最优秀的 26 篇作品都在上面），双手恭敬地呈给张籍，张籍把卷轴放好，就匆匆忙忙地走了。后来，张籍抽出时间看了朱庆馀的卷轴，觉得朱庆馀的诗文写得非常好，就对同僚们极力赞扬朱庆馀。张籍当时已有很高的诗名、官望，许多人一听是张籍推荐的，就急忙把朱庆馀的作品

---

① 当时进士行卷十之有二与当朝政事有关，以显治国理政之能。

② 张籍、韩愈皆喜提拔后进。

誊写过来，以便吟诵，一传十，十传百，朱庆馀的名声很快就在长安传播起来。此后，朱庆馀又多次向张籍行卷。现在，他与张籍有过互动的事已经为世人所知，他的诗文也被张籍编成诗册大加赞赏，如果他的名字出现在通榜①上，那么他所作试卷的含金量就自然超过了其他人。想到这些，加上连日来自己的努力，朱庆馀稍微有些心安。他坐在桌前开始思考写点什么好。这时，天色熹微，一缕红光顺着窗户透了下来，轻抚着在桌子上的一卷卷帛书。

实际上，在行卷风气盛行之下，即便是张籍这样愿意鼓励后进的人，也已经对行卷感到疲惫了，每到这个时候，总会有许多行卷被投送到坊，再加上繁冗的礼节与接待，更是让这个本就性诡激、好古体诗、不喜官僚风气的张籍有些不悦。朱庆馀很清楚这一点，他知道自己能得到张籍的赏识着实不易，细想来，对于小姓士人来说，这份幸运也只有曾拜谒顾况、行卷给事中陈京的白居易和拜谒同子系酒杨敬之过的项斯②等人有过，因此他必须抓住这个机会，向张籍表明自己的决心，最好能达到让张籍为自己延誉③的效果。

再过不多时，长安城已经沐浴在阳光之中，一座座被围墙围起来的市坊，以极为整齐的排列方式，顺着街道、随着阳光的延伸，慢慢展现出它们繁荣的面貌。坊正、市令早已将门打开，居住在各坊市的居民、商人等各色人物

①正式考试前，考官根据考生的社会声望和才德评价制成的名单，供录取时参考。唐代科举不糊名，由主考官决定录取名单，而录取者往往名列通榜。

②项斯，字子迁，晚唐著名诗人，因受国子祭酒杨敬之的赏识而声名鹊起，诗达长安，于会昌四年（844）擢进士第。

③举子若有幸能获得赞赏，则可能会收到书谢，并且被京城名士赋诗夸赞，称为"延誉"。

陆续出现在街道上,开始了新一天的生活。

朱庆馀从宿馆中走出,相比较一些穷苦的举子,他的生活并不拮据,当然在试举未完成之前,他是没有心情"声色犬马"的,只想快些应付完早饭。里坊有许多卖蒸饼、面片汤和粥的,也有一些胡人在卖胡饼。朱庆馀买了一份芝麻粥,发现街道上摆着蒸饼摊,热气腾腾的,于是又上前买了两个蒸饼就着粥吃下。

回到宿馆,他开始正式创作。行卷诗讲究一个"新"字,不能落入窠臼,当然也要揣摩好行卷对象的心意。虽然张籍对他的诗文已表露了赞赏之情,但现在是考试前最后的试探,为表达诚意,朱庆馀要好好琢磨一番,写出一篇又有新意又诚恳的作品。他突然想起孟浩然行卷张九龄的一首名诗,其中有"欲济无舟楫,端居耻圣明。坐观垂钓者,徒有羡鱼情。"①两句,可谓前无古人,是以委婉而又不失气势的诗句向张九龄表达了谋官的请求,得到世人好评,想到此,朱庆馀要向张籍寻求帮助与问讯的心情更加急迫了。他想了想,终于有了一丝灵感,于是润墨、取纸、又抽出一份信书,在上面写下了自己的启②。

某启。

某月某日,以敝诗敬上③。

承张水部郎中公待以优渥,惶恐之至。某敝诗存于陋巷,蒙公推赞,僭耻于门下,窃羞以忝列,不敢稍有骄

①出自孟浩然《望洞庭湖赠张丞相》。
②一种笺,是行卷前应有的介绍信与行卷后的谢语,与刺同为请见之礼。启有一定格式,但最重要的是避讳,特别是启的内容中不能出现先达之父名。据说有人名叫陈涤,行卷时写了"涤"字,讳了先达之父名,被逐了出去。
③投启的固定开头格式,"某启。某月某日"等。

纵。某闻傅说之处版筑，扬明咸于商丁；郭林宗之游巩洛，振声于符融。天下之文，起自三代，落于孔孟，发致诗理，而贤者多斥虚缈，儒士鲜为繁缛，非今苟学者并次，而三朝文之衰可察矣。侍郎以清名定乎当时，以盛德传乎奕世，提要钩玄，兴诗文于比赋，涨近古之滥觞，明选第次要，夺进朝新士。伏惟大朝，疏平其道。家门贫贱，仕历堪岐。初贡客次，侍郎俯怜羁旅，遽赐沾濡。今以重拂尘衣，聊希藻鉴。侍郎尊清朗之名，倘以孺子可教，某谨为泰城学子。灵蓍神蔡①，惟祷所从。

谨启。②

今天要完成一件卷轴、一件启和一份刺③。朱庆馀如果顺利的话，他今天就可以面见张籍，并将行卷诗呈上。

写完启后，朱庆馀又将之前写过的一些诗词编入卷轴。考试临近，时不待人，他知道自己必须把握住机会，因此在卷轴最后，他写上了这样四句诗：

洞房昨夜停红烛，待晓堂前拜舅姑。

妆罢低声问夫婿，画眉深浅入时无？④

正午的阳光虽不浓烈却也足够温暖，长安城此时已经变得非常聒噪，这份热闹已经蔓延到了坊市旁的街道上。朱庆馀身着缝掖麻衣⑤，穿过朱雀大街，来到东市附近的张籍住处，先是投刺拜谒。此时张籍家人已经认得朱庆馀，便引他入庭前，略有遗憾地说道："张公今日外出

①投启的敬语。
②这篇启文为笔者根据有记载的唐代士人投启和朱庆馀当时的行卷情况编成，定有疏漏之处，且有一部分为摘引。

③唐代一次完整的行卷过程，前后需要笺、刺、卷轴各一件，启事两件，别裁启一件。

④此诗以新妇自比，以新郎比张籍，以公婆比主考官，借以征求张籍的意见。

⑤以示恭敬。

有务，恐一天不能回。"建议他先把卷轴与启事放下，回去等候消息。

相比其他举子，朱庆馀这次投送行卷心情轻松一些。一来他已经得张籍赏识，张籍逢人便说他的好，还把他的诗编成集册带在身上，颇有韩愈提拔后进时的风度；二来他已经多次行卷，张籍平日为人平和，对繁文缛节没有过多要求，对于其他人所看重的币、刺之礼也不在意；三来他本就有了一定名气，交游较为广泛，已经得到一些有识之士的协助。

朱庆馀便不着急了，不再多言，脚步轻松地回到宿馆，一边等候消息，一边准备最后的功课。已是初春，天气就要转暖了，功课的准备也随着考试的来临而接近尾声。

时近傍晚，朱庆馀听到有人叫他，原来是张籍的家人，手中拿着一份卷轴，这便是他之所盼了。

朱庆馀又是激动又是忐忑，缓缓地展开卷轴，那是一首赠诗，道：

越女新妆出镜心，自知明艳更沉吟。

齐纨未足时人贵，一曲菱歌敌万金。[①]

越女"新妆"却"沉吟"，不知"菱歌"可以"敌万金"，朱庆馀作为越州人，自然知道其中深意。

他大喜过望，顾不得其他，润好墨，连夜写了一篇谢启，打算第二天现去拜谒这位对自己的仕途极为重要的

[①] 此诗将朱庆馀比作采菱姑娘，相貌既美，歌喉又好，因此，必然受到人们的赏识，暗示他不必为这次考试担心。

先达。他知道，这次考试，自己的名字极有可能出现在通榜上；而他不知道的是，他和张籍的这段故事与唱和之作会穿越时空，《全唐诗》的收录让那一天成为经典的"公卷通榜"，为唐代绚丽的历史记忆又添上几笔足以给后人提供无限遐想的墨色。

宝历二年（826）二月凌晨，曙色朦胧，按惯例，朝廷会在这一天正式放榜。这一年，朱庆馀进士及第……

（朱文浩）

僧人释从善①的一天

唐十七娘有话说

① 拟释从善为真际大师从谂之师弟。真际大师从谂（778—879）晚唐高僧，临淄人，《宋高僧传》有传。

② 寺院里僧人的住房。

唐文宗开成五年（840）三月二十三日。

"梆，梆，梆……"青州龙兴寺在打板的声音中睁开朦胧的双眼，尽管熹微晨光尚未泛白天际，僧人们已有条不紊地系好直裰右侧腋下的扣子，准备参加早课。六十出头的僧人释从善也跟随众师兄师弟走出寮房②，沿着长廊有序地缓缓而行。大雄宝殿中的檀香燃起，丝丝缕缕的白烟宛如一条条小白蛇蜿蜒盘旋于大殿上空。"南无楞严会上佛菩萨——南无楞严会上佛菩萨——南无楞严会上佛菩萨——"，三称三拜后，伴着主持的木鱼声，众俱诵经。③

③ 早课内容为《楞严咒》《大悲咒》《十小咒》《心经》。

早课过后的早斋是日常的粉粥与豆酱，并未因节日而有所改善，近年蝗灾四起，龙兴寺的日子也不好过。兴许午斋会好一些吧，总得让那些新来的小沙弥有些许盼，从善心想。思绪尚未收回，一脚已跨出斋堂，却被"师父——师父——"的喊声惊回，从善低头一看，刘四郎已经扯着自己的袖子摇来摇去了,其兄刘三郎紧跟其后,急忙拉开弟弟,口中责备道:"不得无礼。"

从善笑道:"今天是寒食①,为何不去踏青玩耍,仍来听学?"

刘三郎略显无奈地答:"阿娘说我们弟弟年纪小,要勤学。并且,弟弟急于送您礼物,便迫不及待赶来了。"

"好好好,且随我去院中说话。"从善转身,嘴角上扬。

踱步到平日里授课的小四合院,从善仿佛看到了两廊下摆放着的一具具书案坐垫,耳畔仍飘扬着"知止而后有定,定而后能静,静而后能安……""天地玄黄,宇宙洪荒……"②的读书声。此时刘四郎反倒扭捏起来,犹豫半晌,才从袖中掏出一张不大却叠得整整齐齐的纸,递给从善:"请师父过目。"接过,展开,几行稚拙却认真的字映入从善的眼帘:"上大人 丘乙己 化三千 七十士 尔小生 八九子 佳作仁 可知礼也。"结尾处还有模有样地题上了"龙兴寺学郎 刘四郎"③。从善用手抚着四郎的小脑袋,赞许道:"嗯,勤奋可嘉,字已近乎横平竖直,也未忘惜纸,要更加勤苦,愿更上一层楼。"转身又对三郎道,"去年你已记诵了《论语》,年后便可以开始学习《佛说阿弥陀经》了。此经虽仅一万八千余字,但其与小本《无量寿经》、中本之《华严经》皆是我宗根本,万不可忽视。"④三郎顶礼致敬。从善想起还要去帮典座僧⑤收拾新罗院⑥,

①清明节前一二日。禁烟火,只吃冷食,后世逐渐发展出祭扫、踏青、秋千、蹴鞠、牵勾、斗鸡等风俗。

②敦煌文书有大量的儿童教材,如《开蒙要训》《百行章》《千字文》等。

③抄书写文的孩子会在结尾署名"龙兴寺学郎某某"。

④龙兴寺虽为禅宗道场,但禅师也会因弟子根性不同推荐不同的经卷以修学。《佛说阿弥陀经》《观无量寿佛经》《华严经》虽为净土法门经典,但适合一切根性的人修学,尤其是中下根性者。

⑤掌管寺中杂务的和尚。

⑥寺院中用以接待客僧的院落。

①依佛教戒律比丘可拥有的三种衣服，谓之三衣。

②监院（库房负责人）为八大执事之一，负责综理全寺事务，掌管全寺经济。

③北方气候寒冷，僧众三衣不够，所以我国僧众在袈裟里面另穿一种常服，这种常服是就古代俗人的服装略加改变的。

④坐禅最常见的姿势。

⑤圆仁（793—864），日本佛教天台宗山门派创始人，以请益僧身份随遣唐使到中国求法。

⑥永泰元年（765）五月，龙兴寺建造了一座石质长明灯，并为此竖立由邵贞撰文、王世则行书及篆额的《龙兴寺长明灯颂》碑刻。龙兴寺长明灯雕成后，与寺内的小镬与釜相搭配，一直燃烧。

便嘱咐兄弟二人去找新来的小沙弥玩耍。

行至新罗院，见典座僧带着几个师兄弟忙里忙外，忙上前询问准备进程。典座道，僧伽梨、郁多罗、安陀会三衣①已备齐，但考虑到此时天气尚寒，便吩咐从善去库房让监院②取几件常服③来。

"梆，梆，梆……"不知不觉中，已忙碌了一上午，午斋时间到了。虽说出家人要力求断除一切贪欲，但瞥见色香味俱全的午斋，从善还是不禁心生欢喜。摊开一张金黄香糯的煎饼，放上脆而甘的蔓菁菹和烹葵菜，再卷起来，"嘎吱"一口咬下，黍麦的醇香混着新鲜菜蔬的汁水顿时爆开，充满整个口腔。一个煎饼卷下肚，从善意犹未尽，不消多虑，即刻开吃第二个，而那些新来的饱受蝗灾之苦的小沙弥，更是大口大口地吃着，表情充满了惊喜，面色也红润起来。大家对于龙兴寺的感恩之情又增多了几分，在这蝗灾猖獗的年头尚且能吃到这般食物，还怎能不让人更加勤苦修学参禅呢？

午休亦是一天中十分安详的时刻，从善的思虑在这安宁中仿佛也消散了……醒来，从善感到身上轻快了不少，结跏趺坐④时也竟比平时轻松了许多。

下午又忙了一阵子，到了傍晚时分，自扶桑而来的僧人圆仁⑤一行终于到达了龙兴寺，从善跟随典座僧一同去接待。此时天色已暗，寺庙的长明灯⑥静静燃烧着。几个小沙弥打着灯笼，在灯火的照耀下首先看到了"龙兴之寺"①四个大字。遒劲有力，雄健洒脱。经过天王殿，一行人进入大雄宝殿顶礼西方三圣②。伫立于三丈九尺的佛像下，圆仁不禁由衷赞叹，口道"阿弥陀佛"。拜完西方三圣，典座僧又引导圆仁等来到观音殿，只见一尊贴金彩绘石雕观音菩萨立像③，椭圆形脸，面容安详，双目低垂，肩披帔帛，胸佩连珠、兽头衔花蕾的项饰，前后饰以华丽璎珞，腰系贴体长裙，裙前坤带雕有精致的化佛、兽头、摩尼珠、宝相花……跣足立于莲台之上。刹那间，圆仁恍若入定，竟忘记了问讯膜拜。一行人又参拜了地藏菩萨等，经过钟楼鼓楼，再路过老柏院④，终于到了新罗院。

等把圆仁一行安置好，从善道：

"阿弥陀佛，圆仁大士⑤这些日来定是受苦了，近年来蝗虫灾起，百姓也愁于口腹，想必路途中借宿化缘实属不易。"

圆仁却不以为意，答道：

"无妨，路上倒是有众多柔善、有道心的主人热情款待，承蒙佛菩萨加持，并未断粮。"

几句寒暄后，已到了做晚课的时辰。"如是我闻……"⑥在悠扬的唱诵声中，从善忽然又灵光一现，悟到了生活禅更深的含义，典座僧每天琐碎的忙碌是修行，圆仁万里入唐求法的艰难是参禅。再远一些，无论是像慧能大师在斋

①开元天宝年间（742—756），一代书法宗师、北海郡（今青州市区）太守李邕挥毫为龙兴寺题写了"龙兴之寺"匾额。

②又称阿弥陀三尊，中间是阿弥陀佛，观世音菩萨立于佛左，大势至菩萨立于佛右。西方三圣乃是净土宗专修对象。

③1996年10月出土于山东青州龙兴寺遗址佛教造像窖藏，是1996年全国十大考古新发现、中国20世纪百项重大考古发现中众多出土造像的代表作。

④龙兴寺的布局一直保持院落式的结构。

⑤对高僧的敬称。

⑥晚课唱诵《佛说阿弥陀经》《礼佛大忏悔文》《蒙山施食仪》，边念边礼拜。

堂舂米的平凡生活，还是鉴真大师六次东渡弘法的伟大人生，乍看似千差万别，实则理一分殊，万法一如。原来，环境与经历并非开悟与否的决定性契机，反观自省，看破放下，当下开悟，立地成就。

夜晚止静后，渐渐地，从善已听不到窗外的风声……

（安子钰）

山海不可平
——杜牧寻若下酒①

"哒，哒，哒……"

乌程县②外，蹄声渐近。

时大中四年（850），孟夏将及。三笺③之后，终归湖州的杜牧草草处理了任上琐事，便吩咐人备马，径自前去应许之地。

其时尚早，路程尚远，在马上晃晃摇摇的杜牧忽地回想起了十四年前，那时他三十五岁，正在崔郸手下做宣州团练判官……

一

"素闻牧之生性朗纯，不拘于时，今湖州名郡，风物妍好，且多奇色，不知顺意否？"

"湖州自古名郡，天琢地衍，其人妖姿要妙，尚难所见。实是某心中攘乱，一时不知所属。"

"呵，自古万物同理，你可知这杯中若下之酒，其由来几何？初有水上若，有水下若，上若之水清冽甘甜，

唐十七娘有话说

① 唐代产自乌程（今浙江湖州）的一种名酒。

② 秦王政二十五年（前222）于菰城（今浙江湖州南菰城遗址）置乌程县，以乌申、程林两家善酿酒而得名。

③ 杜牧在大中三、四两年中，四次上书于宰相，请求外放，先求杭州，不能得，始求湖州。这里为杜牧三求湖州。

下若之水艰涩乏味，人皆饮其上若并以之酿酒。偶有幼稚提水嫌路遥，取得下若之水备家中做酒，初觉苦烈，及复日再品，醇美胜百倍于上若，后即曰其若下。这若下，却是……"

"舟行将止，舣岸啰喂——"

不待船止，崔也便被拥簇上岸，未及告别，早已不复踪迹，留下另一撮小吏随杜牧漫行。而若下之后如何，早已被熙攘人丛抛却。

杜牧无心游欢，匆匆略过丛人，想觅得静谧地方排解愁绪，昂头一瞬，却见远方有女十余岁，凭一双鬟青衣立，明眸皓腕，举步清雅，吐笑如铃。湖州黛粉如云，初见其女，杜牧并不觉有何。待此女稍觉异样回眸凝睇，巧笑倩目，却忽觉神朗目明，天轻气爽，熙攘不存，天地间只剩了此女，忙不迭吐出一句："此女真国色，前所见真虚设罢了。"

眼见小吏前来，小女与其姥有些生惧，并不知所为何事，待小吏吐出一句"请随某来"，才缓作口气，随他前往湖中小筑。小筑下，两人稍稍仰首，面前一疏朗清癯君子，朗朗说道："今之来，非为他事，直求居而已。愿偿平生之志，但未知命也若何？"

听明来意，两人脸色平复，姥姥侧身，见小女满是欢喜，率先开口："此之幸事，小儿当得君子之事而难辞，

唐 李思训 《江帆楼阁图》

惟吾儿尚小，难为此际。"

"且非现时即纳，当为后期而已。"

"今时易许，他年失信，复当何如？"

杜牧登时语塞，复观其女，顾见双眸，凌波玓瓅（dì lì），尔后缓曰："吾不十年，必守此郡。十年不来，乃从尔适。"

二

一阵嬉闹，将杜牧从回忆中拉出，距当初立下盟誓已经十四年了，辗转黄、池、睦三州数年，终于得了机会，连上三笺候丞相批复，蹉跎岁月，佳人怕是已不复当初。重金定下的婚约就在面前，杜牧迟疑了起来，这里是乌程，他想喝点酒。

嬉闹声来自前方的几个小儿，正挥舞着手中的香蒲，骑在竹马①上互相追逐，煞是活泼。杜牧下马，叫住其中一小儿："小儿，这附近可有草店食肆？"

"郎君前面多行几步，便是一板桥店②，是他们娘亲所营，郎君不妨前去歇息。"

勒马，面前就是简陋小店，数间房舍，中有大堂，外是草棚，下是食案一张，并数条长凳。看是几人刚走，食盘上果实烧饼未撤，瓦罐酒碗尚存，正有一布裙荆钗③女子收拾狼藉。

"娘子，这里可有若下酒？"

①一种儿童玩具，典型的式样是一根杆子，一端有马头模型，有时另一端装轮子，孩子跨立上面，假作骑马。
②沿村旅店多称"板桥店"。
③唐代平民女子多为布衣荆钗。

女子回头,才得见其容貌,正是平常农家女子装扮,葛布包头,衫襦套裙,脸上可见岁月无情,眼角不乏青涩流光。杜牧无心多看,垂腿而坐①。

"郎君想是远路而来,仆仆风尘,正是饥渴十分。这若下酒当是不缺,只怕君子无缘消受。"

"何乎,某早前曾知气味,初觉苦烈,不足道之。"

"这若下酒,本是粗人所饮,一天辛劳俱寄这杯解乏上了。郎君日夜欢愉,什么酒没吃过,怎么就要这浑浊酸败之物?"

杜牧抬头注视着酒娘,心疑这乡野农妇这般难缠。注目之下,酒娘脸颊微微泛起红晕,忙不迭地转身假做收拾杯盘。暮光之下,杜牧突然觉得酒娘好看起来,他想多聊几句。

"娘子,这若下酒久负盛名,郢州富水,乌程若下,怎么就成了浑浊酸败之物?"

"路长途远,山高海阔,进了那些人嘴里的若下早不是原初的酒了,那都是坏了的若下。"酒娘停下手上的活,继续说道,"若下本味就是浑浊酸败,哪配得上贵宦富吏?只是怪了,放置愈久,其酒愈醇。山海难平,这一路运送下去,自然醇美百倍。"

"此番有趣,幸是某前来,且一尝这若下原浆。"

"郎君何不听劝,天色渐晚,还是紧着上路吧。"

①唐时已有垂腿而坐之坐姿,并不都是跪坐。

"娘子好是难缠,一碗若下,某有何吃不得?"

"也罢,吃完这酒,也叫你断了念想。"酒娘回转大堂,不时便捧出一粗碗。杜牧接过,这酒看去清冽无色,纯澈如水,只是无甚酒味。

"呸。"

杜牧放下粗碗,只觉口内艰涩乏津,这若下酒不仅毫无酒味,更入口如刺,难以下咽。

酒娘笑着说:"若下原浆委实如此,乡野之人耐不得等,时候一到便早早饮尽。奴倒是等得,奈何家里想多得些利,便想早早就卖了酒,等不得了。"

"倒也可惜,既是如此,那某便喝些茶水吧。"

"奴这里无甚茶水。"

"你这妇人,三番两次与某作难,是怕某吃不起一碗茶水耶?"酒娘撇过头去,故作生气,顺手拭去眼中昏黄流光。那,与他一碗如何?"奴安是此种重利之人,只是确无茶水。如此,郎君既跋山涉水而来,奴且调一碗杏酪与吃吧。"

"也好,也好。"

① 杏仁茶或杏仁粥。

不大会儿,酒娘用细瓷碗端出一碗杏酪①,隐隐泛着琥珀光泽。杏酪很好吃,与此前所有杏酪都不同,杜牧没有吃完,他有点不舍得,碗中的琥珀杏酪刚好映射出酒娘的背影。他晃动着碗,眼看着背影漾在琥珀中,凝成了天

边的云，云上，是这十四年的颠沛流离，是四年前的哀痛与思念，是自己不顾前程回到湖州的狂喜与失落，是一句"吾不十年，必守此郡。十年不来，乃从尔适"的失信。没有吃酒，杜牧却感觉有些醉了。

走吧，走吧。他上了马，慢慢向着远方低矮的房屋接近，当初立下盟誓的时候，约定的地点就在那里，那屋前有着两棵平仲①树的地方。远方消失在夕阳下，杜牧消失在远方。他努力睁开眼，又不由自主地想合上。我这是怎么了？他笑了笑，酒娘的身影烙在了眼里，就像遥远岁月里的留影，就像一个人，那双眸子惊鸿流转，随后慢慢模糊，直至整个身影和黄昏融在一起，旋转着，旋转着，收缩成了一道斑痕。他有些记不起来这里的初衷了，他是醉了。那么，再回去吃碗杏酪吧，今天有些晚了，且休整一晚，明早再整齐风光地去吧。

① 银杏，唐时称平仲，多在湖州种植。

三

"阿娘，渴，渴。"玩了身汗的两孩子回来了。

"宝儿，这里有水。"稍大的孩子把粗碗递给了酒娘的小儿子。

"别喝，那是下若水。"

酒娘还没说完，小儿子已经开始哭了起来。慌忙间，大女儿已经端起那剩的半碗杏酪喂给了小儿子。

"不得碰。"酒娘劈手夺过，将碗摔碎在地上，像是摔碎了自己琥珀色的梦。然后，她怔了一下，便牵起小儿子进了大堂，去找今早刚打的下若水。

大女儿还不明白发生了什么，蹲在地上尝了尝杏酪，这才发现，那竟不是杏酪，而是阿娘酿的若下酒。她家窖里最深处有一个坛子，却未有灰尘，她问阿娘坛子里是什么，阿娘告诉说，那是十年前阿娘亲手酿的第一坛若下，放到现在正该是黏稠浓腻如琥珀一般，那是为一位贵客所酿的，至今没有开封。酿好之后，阿娘就每日擦拭这坛子，免得自己忘了这酒。

那今天是什么日子呢？阿娘开封了这坛酒，可阿耶两年前被抓去了清水[1]还没有回来呢。大女儿正想着，面前醉醺醺地站着一个人，把她吓了一跳，这不是之前问路的人吗？

"小儿，你娘亲呢？"

"宝儿不小心喝了下若水，阿娘带他进屋了。"

"下若水，下若水，真想知道这下若水究竟是何味，连着这酒都毁于此水也成于此水。"

"呶，你刚才喝的那碗就是。"大女儿随意一指，不在意地说着。

"这不是若下酒吗？"

"这才不是若下酒呢！它只是水！阿娘说，真正好的若下酒黏稠浓腻，像琥珀一样，和别的酒不一样，反倒

[1] 848年，唐代远征吐蕃，十二月，平复清水。

是喝得越少越醉，会让人想起许多许多以前的事呢。"

"呵，这酒倒有趣。"

"诶，偷偷告诉你啊，阿娘有一坛十几年前酿的若下今天启封了，你不妨去向阿娘讨要一碗呢。可阿娘说这酒要等到重要的客人再打开，今天也不知道是什么日子呢，是不是阿耶回来躲起来了？"

"也好，也好，这酒娘悭啬，拿这下若水诳我，今日正好借此尝尝这若下酒。"

正说着，酒娘走了出来。

"郎君果然又来了。"

"娘子可是知晓某会折回这草店？不妨将这若下酒，再来一碗与某。"

"今日此劫，怕是逃不过了。也罢，也罢！"她转身出去，不多会儿又端了一个细瓷碗回来，"且吃了这碗若下酒吧。"

"娘子又拿这杏酪诳我，可是忘了某刚刚吃过。"

"奴家不做亏心买卖，这就是若下，奴藏了十四年的若下。"

不再理会酒娘，杜牧将这碗若下慢慢饮下，与刚才不同，他竟突觉神色清逸，微醺之态渐渐消下。

"若下之酒，果名不虚传，今某吃了这若下，此生无憾。"

"既是若下已尝，刺史请回吧。"

杜牧诧异这酒娘怎知自己身份，昂头，便撞上了酒娘的目光。

那双目，如流风含恨，秋水剪瞳。

陡然，杜牧跌进了酒娘的眉眼盈盈。

"刺史可还记得十四年前？"

"某……记得，记得……"

"人道人心易变，山海难平。原是杜郎，亦不过如此呵。"

"某并无变心，只惜……"

"只惜何事？杜郎公务繁忙，何须记挂奴家？奴区区十年相等，又算得何事？杜郎既已吃了若下，已此生无憾，且离开吧！"

"某刚才只是无心戏说，无心戏说……"

"杜郎是否为无心戏说，奴家四年前便知了。可笑奴家十四年前初见杜郎，心中便定下芳属。杜郎十年未至，家里逼迫得紧，暗自将奴家配给他人。

"两年前良人远征，娘家婆家俱无人接济，当初杜郎所给财物亦被哥哥消耗一空，幸尔奴女家当初私藏些许钱财，才苦苦撑起这一家草店。不想等来杜郎，竟已不识奴家面目了。

"'吾不十年，必守此郡。十年不来，乃从尔适'，

期限早过，杜郎又何必前来，宁知奴家早已为他人妇？可笑奴每日痴等，等的只是杜郎当年随口的戏说罢了。"

杜牧上前，试图拂去酒娘脸上的泪痕，却被酒娘打下手。

"杜刺史请回罢。"

迟疑之间，酒娘已转身，不再看他，两孩子在一旁哭哭嚷嚷。

酒娘将杜牧一把推开，"刺史请回。"便不再回头……

四

是夜，月明星稀，杜牧宿在邸店，让店家送来一坛若下酒。夜迟，无法安睡，杜牧抱起酒，来到月光下，自斟自饮，酒色在月光下更显诡谲，浮出十四年前酒娘清澈的眸子。"早该认出来的，不，是早该回来的。"杜牧抱起酒坛，大口吞下，酒洒出来，流了一地相思。借着月光，杜牧似乎看到，那地上流出十个字：

所爱隔山海，山海不可平。

（刘林林）

玉楼逢春
——郑举举做媒记

唐十七娘有话说

①唐代长安名妓，性格豪放，以口才出众、颇具大将风度、善以快刀斩乱麻处理尴尬场面而著称；郑举举到后来年华渐老，又性情傲僻，因而渐渐隐退。

②两侧开叉，属于圆领袍的一类，在隋唐时期非常流行。

③唐代上元节的一种特殊食物。

"盈儿，你瞧这梅花怎的没有精神，眼下也不过正月而已。"郑举举①眉头微蹙，拈着叶子问道。

四周寂静，惟余回音绕耳，良久仍无人应答。举举心中愈发焦急，高声呼喊盈儿。当她心下思量是否要出去寻时，却见一个白色身影在阁外徘徊，定睛一看，原来是一位文弱少年郎，身着白色圆领窄袖开胯袍衫②，头戴软裹垂脚幞头，虽略显朴素，但仍掩盖不了那份书生意气。

举举让那书生进入阁中，他便向举举作了一揖。举举回了一礼，仔细回想自己与这位郎君并不相识，便开口问道："郎君今日到此可否有事？"书生答道："某今日唐突拜访，还请娘子见谅。正值上元佳节，某特为阁中盈娘子送来食糕③，可否烦请娘子代为转送？"举举当即了然，这是送给盈儿的。她便应下，又询问了他的姓名。虽然举举再三邀留，但书生谢绝了她的好意，没有多作停留便告辞离去。举举送书生离开，回来望着食盒陷入沉思。

　　怀着诸多疑惑，举举开始对镜梳洗。她一向疏于妆面与服饰，盈儿为此数落了她多次，但她的化妆技艺依旧增进不大。今天是个好日子，确不能像平日那般随性散漫，盈儿此时不在，她便先进行一些简单的洁面，将澡豆①涂于脸上，再将其洗去，接着再涂以面脂②。正在她涂面脂的时候，盈儿回来了。

　　举举瞧见盈儿回来，便一直盯着她看。盈儿与平日并无二般，只是手中多了一个食盒。举举询问盈儿早上去了何处，盈儿一边摆动好食盒，一边给她答话。原来，辰时刚过，盈儿便外出采购食物，路上又遇到潇湘院的楚娘子，楚娘子送了她一碟巨胜奴③并托她向举举问好，两人寒暄许久，这才耽搁了时辰。举举听罢，对盈儿说："方才有位元郎君来寻你，并送了食糕。只是我从未听你提起这位元曜元郎君，你且细细道来。"

　　听到元曜来找自己，盈儿脸上闪过一丝惊诧，随即露出娇羞之色。原来，这位元郎君是盈儿的青梅竹马，二人本以为会执子之手与子偕老，未料突遭变故，盈儿被卖为婢女，来到长安，二人便只有书信往来。前段日子，元曜也来到长安，二人见过一面，盈儿告诉他自己住在平康坊④的玉楼阁，他今天便来造访。举举又问元曜缘何来长安，盈儿说："轩之⑤是来求取功名的，他是个读书人，

①一种洁面品。
②也称面膏、面药。面脂大多为白色，主要为护肤润面而用，作用同今日的润肤霜。

③"巨胜"是一种胡麻，"奴"字通常用于动植物及器物等名词之后。所谓巨胜奴，就是一道添加黑芝麻、酥酪以及蜂蜜的油炸干制甜点，类似于今天的馓子。
④唐长安丹凤街有平康坊，为妓女聚居之地，亦称平康里、平康巷。其中最出名的地段叫"北里"，在当时是"京都侠少"和"新科进士"两种人最常活动的地方。后成为妓女所居的泛称。
⑤元曜字轩之。

①干谒，为某种目的而求见。干谒诗是古代文人为自荐而写的一种诗歌，类似于现代的自荐信。唐代干谒十分盛行，是入仕的一个重要途径。

②唐时期青楼歌馆经常举行文酒之会，除了散闲官员之外，也常邀请文人雅士凑趣。场子里，除了丝竹管弦、轻歌妙舞，还必须有一位才貌出众、见多识广、能言善道的名妓主持宴会节目，称为"都知"。当时整个平康里，真正能得到客人认可的"都知"只有三人，即郑举举、薛楚儿和颜令宾。

③敷面的白色粉末，包含铅、锡、铝、锌等，而最主要的成分为铅，因此又被称为"铅华"。铅粉在唐代极为盛行。

④"朱"主要分为两类：一类是粉质的；另一种则属油脂类，黏性强，易浸入皮层，不易褪失。

寒窗苦读多年，只为一朝登第。"举举点头，说："那位元郎君虽只与我说了两三句话，但容貌气度皆为一流，卓尔不群，日后前途必不可限量。"

盈儿听闻此言，脸上顿时浮现出笑容，但旋即又开始叹息："元曜虽有才华和抱负，却无人引荐，所作的干谒诗①也鲜有人问津，我看这登第的机会是微乎其微了。"举举看着一脸愁容的盈儿笑道："这件事嘛，你倒无需多虑，只要元曜有真才实学，我就可以助他一臂之力。"

"盈儿莫要忘了，我虽因年老而隐退，但也曾当过都知②，那些达官贵人还是会给我几分薄面的。你且去请元郎君过来，我想与他切磋一下诗文，试试他的才华。"举举边吃点心边对盈儿说。

"我的娘子啊，这倒不是最急的，且让我给你梳妆吧。若是你自己来，我真真是放心不下，不知会化成什么模样，可别活脱脱像个耍杂技百戏的。"盈儿笑着对举举说。"你可莫要抬高我了，我可做不来杂技，也就只能赖在阁中偷闲了。"说完这话，举举便和盈儿一起笑个不停。

盈儿将举举带到梳妆台前坐定，先给她梳了一个高髻，再进行敷粉。这粉可不是一般的铅华③，盈儿很有巧思，往其中加入了米粉等加以调和，这粉华便更加温和细腻。接下来是施朱④，举举向来不喜艳妆，盈儿便给她淡淡扫上一层，以增添气色。对此，举举常戏称古有

"慵来妆"①，今有"桃花妆"②。画眉时，举举询问元曜的住处，盈儿说他借住在安仁坊的一座寺院中。盈儿边说边拿起石黛③，给举举画了一个小山眉④，随后开始贴花钿、画妆靥⑤。最后一步是点唇。盈儿选择了绛唇⑥，省去了描斜红⑦这一步骤。妆饰完毕，盈儿帮举举选了一件冬季襦裙穿好。这一切都收拾停当后，已近午时。举举让盈儿

①赵合德所创妆容，大体为：淡扫胭脂，衬倦慵之美，薄施朱粉，浅画双眉，鬓发蓬松而卷曲，给人以慵困、倦怠之感。

②先抹白粉，再涂胭脂于两腮，所以双颊多呈红色，而额头及下颔部分则露出白粉的本色，称"桃花妆"，多用于青年女子。

③古代女子画眉的工具。

④唐玄宗曾命人作《十眉图》，记载了当时流行的十种眉形，分别为鸳鸯、小山、五岳、三峰、垂珠、月棱、分梢、涵烟、拂云、倒晕。

⑤用朱砂或胭脂轻点双颊酒窝处，是唐代女子极爱的一种妆饰。

⑥深红色唇脂。

⑦斜红妆，又名"晓霞妆"，是在面颊两侧、鬓眉之间，用胭脂或红色颜料精心勾勒两道弯曲的痕迹，模仿即将消散的朝霞。

唐代泥塑彩绘仕女俑头像的女子妆容
旅顺博物馆藏

①普遍认为此菜是以羊奶烧煮的全鱼。

托人去给元曜捎信，邀请他来一起品茶论诗。盈儿早上买了饆饠、蒸饼还有鱼肉，可以做一个鱼脍，再做一道乳酿鱼①，这样午饭就极其丰富了。

午后休憩后，元曜便到了，盈儿带着他来拜见举举。元曜是陇西成纪人，为家中长子，父母均为平民，与盈儿自幼相识。举举笑了，说："你与李太白是同乡，诗情想必与诗仙也不差上下。"元曜连称惶恐，说自己诗情浅薄，怎敢与青莲居士相提并论？举举接着说："轩之，今日天合人顺，诗兴正浓，不如赋诗一首，聊以慰藉。"元曜当即同意，并请举举出题。为表隆重，举举与盈儿决定准备一番，便请元曜先在这儿稍候，询问他是要痷茶②还是清茶，元曜表示要清茶，于是举举让盈儿为元曜端上清茶。

②古代饮茶术语。将葱、姜、枣、橘皮、茱萸、薄荷等物与茶叶同煮，熬成一锅百沸汤或千滚水。

元曜谢过举举后，便开始饮茶。此时，他才真正仔细观察起这个阁楼，虽门庭不甚广，而室宇严邃，院中有山亭，竹树俱全，池榭幽绝，一株老梅傲然挺立，

唐代粉彩仕女陶俑　西安博物院藏

在这正月里一枝独秀，旁边还有几株迎春花。从整个院子的布局以及一花一草都可看出屋主人的不俗品位和独特匠心，元曜心中对举举的敬佩之情又增加了几分。

这边，举举换好衣服，和盈儿将笔墨拿到院中亭榭里，又拿了几坛翠涛酒和抛青春①，以助兴。举举和元曜约定以"隐"为主题写诗，诗的格式体裁不限，要求一炷香后完成，双方进行互评。

元曜拿起纸笔，略加思索便开始动笔。举举也气定神闲地饮了一口茶，慢慢悠悠地开始提笔。一炷香过后，两人均已完成。

举举先来看元曜写的诗："空谷无人花自芳，水清云淡碧天长。不闻武陵山外事，乱世风烟自采桑②。"她点评道："意象与诗句皆佳，淡泊隐逸之情浑然天成，颇有几分五柳先生的韵味，轩之此诗应在我之上。"元曜答道："谬赞了，愚所作只是献丑，惭愧惭愧。"盈儿瞧着两人互相谦让的模样，不禁捂嘴轻笑。

二人又接着赛诗，乐此不疲地互相品评。举举作了一首诗："夜闻更漏③缺，风送芦花雪。寒浸八尺琴，樽浮半轮月。"元曜对诗末的"浮"字极为赞赏："这一'浮'字，活灵活现，意趣绝妙，倒叫人真切看到了那月影飘摇的情态，可谓一字活全诗！"三人越说越激昂，索性开始饮酒，抒发心中郁结。举举说起她不喜官场逢迎，因而隐退于此，

①酒名。

②谈桑道麻，传达出特有的乡土气息。桑树不会像梨树、槐树等植于庭院之中，只会长于乡野郊次，因而是田园乡村的标志。

③古时夜间凭漏壶表示的时刻报更，所以漏壶又叫更漏。又用以指夜晚的时间。

又说起她与盈儿相依多年，早已情同姐妹，互相扶持，自己这一生已成定局，唯愿盈儿可以觅得如意郎君，也算是了却了她的一桩心愿。三人开怀痛饮，直到盈儿提醒时辰已经不早了，举举这才停下，对元曜说："人生尽兴之事，莫若得一知己，可以畅谈痛饮。今日与君品酒论诗，感怀颇多，快哉，快哉！"元曜也说："今日得遇知己，获益良多，幸哉，幸哉！"

此时，举举已有几分醉意，她拉过盈儿的手，把她交给了元曜："汝实乃盈儿良人，'皎如玉树临风前'①。吾知汝心悦盈儿已久，她既双亲已故，吾便为其做主，今日便将她托付于汝，唯愿汝真心待之，疼之、惜之、爱之、珍之。"元曜郑重允诺，拉紧盈儿的手。举举满心欣慰，对二人说："今日上元佳节，宵禁暂开，你二人可去观灯游玩，欣赏这长安繁华。"盈儿本欲推辞，但举举却极力劝说，无奈之下，盈儿只得答应。二人携手告辞，朝朱雀大街②走去。

举举站在高处，望着二人的身影在万灯闪烁中渐渐隐去，心中实在高兴，觉得这空无一人的玉楼阁倒有了几分暖意。她又走到梅花旁，竟看到一旁的迎春花悄然露出了花苞。她自言自语道："缘是春意到，何怪寒梅落。"远处的灯火依旧明亮，仿佛在诉说着今夜的美好。

（吴廷颖）

① 形容男子容貌气度一流。

② 朱雀大街在当时的长安城是唯一一条可以进入长安内城的大道。盛唐时期的朱雀大街又名天门街，简称天街。